当代高等教育管理与实践研究

于 漫◎著

吉林出版集团股份有限公司

图书在版编目（CIP）数据

当代高等教育管理与实践研究 / 于漫著. — 长春 : 吉林出版集团股份有限公司, 2022.7

ISBN 978-7-5731-1658-1

Ⅰ. ①当… Ⅱ. ①于… Ⅲ. ①高等教育—教育管理—研究—中国 Ⅳ. ①G649.2

中国版本图书馆 CIP 数据核字 (2022) 第 111016 号

当代高等教育管理与实践研究

著　　者 于　漫

责任编辑 郭亚维

封面设计 林　吉

开　　本 787mm×1092mm　1/16

字　　数 230 千

印　　张 11

版　　次 2022 年 7 月第 1 版

印　　次 2022 年 7 月第 1 次印刷

出版发行 吉林出版集团股份有限公司

电　　话 总编办：010-63109269

发行部：010-63109269

印　　刷 北京宝莲鸿图科技有限公司

ISBN 978-7-5731-1658-1　　定价：65.00 元

前　言

高等教育是一个复杂的多层结构的开放系统，因此，作为对高等教育现象、问题及规律进行研究的研究方法也呈现出多种形态。比如，哲学思辨的方法、逻辑分析的方法、观察法、实验法、定性的方法、定量的方法、系统方法、数学方法等等。但对高等教育方法进行仔细辨析，我们发现，有关方法的分类尚没有一个比较清楚、统一的标准，许多方法分类也不符合“排他率”或“平行率”等逻辑关系。

当前，一些关于方法的新名词、新概念层出不穷，但其含义却不确定、指向不清晰。如“质的方法”“行动研究”“人种学方法”等等，新旧概念之间容易产生混淆，引起方法分类上的混乱。如有的学者把“质的方法”作为定性方法，而有的学者则认为定性方法与“质的方法”大异其曲。另外，每一种方法的背后又蕴藏着不同的认识论、方法论，如实证主义、解释主义、后现代主义等等。方法与方法论之间容易引起歧义，如有的人把实证的方法等同于实证主义，有的人则主张实证与实证主义不尽相同。所以，要对目前高等教育的研究方法现状进行分析，首先必须进行方法的分类及概念厘清。

按照科学研究方法的最基本的分类，高等教育研究方法可以从定性、定量、定性定量结合的维度加以划分。由于研究方法的不断发展与创新，目前学术界对定性研究、定量研究并没有公认的定义，一些学者也反对这一区分。目前理论界对定性研究与定量研究的定义更多的是从哲学层面上进行的区分与界定；而在研究实践中，方法的运用要复杂得多，也具体得多。另一种对方法常见的区分是思辨方法与实证方法，这也是科学研究中两种基本的研究范式。

由于编写时间和水平有限，尽管笔者尽心尽力，反复推敲核实，但难免有疏漏及不妥之处，恳请广大读者批评指正，以便做进一步的修改和完善。

前言

目 录

第一章　高等教育中的行政与政策管理研究

第一节　高等教育行政管理基础知识

高等教育行政是指国家行政机关,主要是教育行政机关对高等教育事务的领导和管理。随着现代政府职能的转变，高等教育行政在教育规划、政策指导、行政执法、财政拨款、教育评估等方面的职能日益凸显。

一、行政、教育行政、高等教育行政

“行政”一词，从字面上理解，“行”是“推行”或“管理”，“政”是“政务”和“众人之事”，“行政”即推行、管理政务或众人之事。我国古代就有“行其政事”“行其政令”之说。在英语中,“行政”一词,英文表达为“Administration”,来源于拉丁文“Administrare”,是指治理、管理事务的意思。可见，关于行政最一般的解释，是指政府事务的管理和指导。在这一基本理解的基础上，人们对行政一词有广义和狭义两种不同的界定。

广义的“行政”观则认为：“行使国家权力从事国家管理的活动，称为行政。”行政活动不仅包括行政机关的独自活动，而且包括与行政机关相联系的一部分立法活动、司法活动。依据上述表述，行政活动作为一种国家管理活动，存在于国家机关，但不限于行政机关。若从政治与行政关系立论，则认为“政治是国家意志的表现，行政是国家意志的执行”。可见，广义的行政观认为，凡属执行国家意志的活动即为行政活动。

而狭义的“行政”观认为：“行政是国家行政机关行使国家权力，管理国家事务的活动。”欧阳雄飞在《行政管理学基础》中指出：“行政一般是指国家行政机关运用行政权，执行和实现国家意志的活动。”若从“三权分立”角度立论，认为行政是与立法、司法并立的“三权”之一，凡属行使行政权力的活动，即属行政活动。可见，狭义的行政观认为，行政是国家行政机关的活动。

本书倾向于狭义的行政观，所谓行政，主要包含以下几层意思：第一，行政是一种国家行为，通过运用国家权力来完成。第二，只有国家行政机关（包括民族区域自治地方的自治行政机关）的活动才是行政活动。第三，行政是对社会事务实施的公共管理。

根据对“行政”的理解，我们认为，教育行政是国家行政的重要组成部分，是国家行政机关，主要是教育行政机关对教育事业的领导和管理。教育行政的主体为国家行政机关，且主要是教育行政机关；教育行政的层次既包括中央的教育行政，也包括地方的教育行政；

教育行政的范围大到方针政策法规和教育体制的构建，小到具体规章制度及其实施。

因此，高等教育行政是指国家行政机关，主要是教育行政机关对高等教育事务的领导和管理。《中华人民共和国教育法》第十四条规定："国务院和地方各级人民政府根据分级管理、分工负责的原则，领导和管理教育工作。"第十五条规定："国务院教育行政部门主管全国教育工作，统筹规划，协调管理全国的教育事业。"《中华人民共和国高等教育法》第十四条规定："国务院教育行政部门主管全国高等教育工作。"由此可见，高等教育行政具有以下特点。

1. 高等教育行政是国家教育权力的组成部分

国家教育权力包括教育立法权、教育司法权以及依法行使的教育行政权。高等教育行政是国家为规范和促进高等教育事业的发展，有效地发挥高等教育对国家政治生活、经济生活和文化生活的重要作用，而对高等教育事业进行的领导与控制，属于国家依法行使的高等教育行政权。高等教育行政与其他行政活动一样，在履行职责时一般都重视体现国家的理念、意志和愿望，注意贯彻国家的政策和法规，并在国家法律许可的范围内行使管理教育的权限。

2. 高等教育行政的特殊性

高等教育与基础教育有着共同的本质特征，即都是以传递知识为基础的活动。但由于高等教育是培养高级专门人才的社会活动，其鲜明的个性特征主要表现为：它传递高深学问而非一般知识；高等教育是建立在基础教育之上的专业教育，以培养高级专门人才为目标；高等教育与社会发展有着密切的联系。高等教育行政的对象是高等教育事务，为了更有效地提高高等教育行政活动的效率，人们研究和从事高等教育行政活动，既要注意它作为教育活动的一般规律，也要注意遵循高等教育内在的特殊规律。正因为如此，高等教育行政成为与基础教育行政相并列的一个相对独立的教育行政职能。

3. 高等教育行政主体的多元性

高等教育行政主体不仅仅包括各级教育行政机关，还包括其他国家行政机关和教育法律、法规授权的组织。教育部，各省、自治区、直辖市的教育厅（局、委），各省辖市的教育局（委）等是高等教育行政最重要的主体。国务院除教育部以外的其他部委和省一级的其他业务厅、局中的一些部门也直接主管着部分高等学校，并负责组织职业培训等方面的教育工作，也是高等教育行政的主体。除此之外，省、市级人民政府和其他行业部门也是高等教育的行政主体。此外，有些组织本身不属于行政机关或者不具有独立的行政法人资格，但经教育法律法规授权，依法能以自己的名义实施教育行政行为，也是高等教育行政的主体，如全国高等教育自学考试指导委员会等。

二、高等教育行政的职能

行政职能指行政管理活动所具有的能力和作用，是行政组织为实现其目标、完成其任务所进行的职务活动，体现着行政组织的性质和基本活动方向。高等教育行政职能是政府行使管理公共事务权力的行政职能之一，是政府对高等教育事业的维持与发展所应承担的职责和所应发挥的功能。它既代表了高等教育行政活动本身所具有的能力和作用，又体现在国家行政机关，主要是教育行政机关管理高等教育事业所进行的职务活动之中。

1. 高等教育行政职能的性质

（1）高等教育行政职能决定着高等教育行政体制和高等教育行政组织的基本特征

高等教育行政职能实际规定了政府在高等教育事业发展或运行中的地位、作用及其实现方式，是设计高等教育行政组织架构的前提。这也就从根本上决定了高等教育行政体制的基本特征：有何种职能，就应该建立与之相适应的高等教育行政体制和组织体系。

（2）高等教育行政职能不断变化的动因在于政治、经济体制的变化

作为政府职能的有机组成部分，高等教育行政职能总是处在不断演变的过程之中。这种演变的动力则来源于社会政治、经济体制的发展变化，即一定社会的高等教育行政总是要与现实的政治、经济体制保持基本一致。这是任何一种高等教育行政体制得以确立和顺利实现其职能的必要条件。

（3）高等教育行政职能的确定必须以客观反映高等教育的特性和有利于高等教育的发展为原则

高等教育作为一个特殊的实践领域，有其特殊的规定性。举办或发展高等教育事业，必须遵循高等教育自身的发展规律。政府对高等教育的管理不能违背这种特性，不能有悖于高等教育发展的客观需求。从根本的逻辑上来说，政治、经济体制对高等教育行政职能提出的种种要求也要经过高等教育特性的折射，要有利于高等教育事业的发展。

2. 高等教育行政的主要职能

各国由于政治、经济、文化背景的差异，不同国家高等教育行政的职能也各有偏重。如德国认为教育行政是统治性的，高等教育行政职能偏重于法律规范；美国认为教育行政是服务性的，高等教育行政职能偏重于提供教育服务，保障教育条件。1993 年中共中央、国务院发布的《中国教育改革和发展纲要》，首次明确提出了政府要由对学校的直接行政管理，转变为应用立法、拨款、规划、信息服务、政策指导和必要的行政手段进行宏观管理。尽管不同国家的高等教育行政职能各有侧重，但各国的高等教育行政职能存在着相同之处，主要表现在以下几个方面：

（1）教育规划

高等教育规划是在调查和评价高等教育及其他有关信息，对未来高等教育发展做出预测的基础上，选定工作目标，拟定相应行动方案的过程。高等教育规划是保证高等教育与社会协调发展的依据，是解决人才供需矛盾、调整教育结构的重要手段，是科学管理高等教育事业的基本要求。高等教育规划本身既是一种宏观调控职能，同时又是政府对高等教育事业进行宏观调控的主要手段，在高等教育行政中发挥着特别重要的中介作用。它既发挥着将党和政府的重大教育方针、政策、法规、战略等具体化和方案化的功能，也起着指导和规划其他各项高等教育行政活动的作用。如它可为高等教育投资和拨款提供依据，避免高等教育投资的随意性；它也可为高等教育评价提供依据，避免评价工作中因人而异、因事而异的现象。无论是实行中央集权制、地方分权制的国家，还是合作制国家，规划职

能在高等教育行政活动中都占有一定的地位。

高等教育规划主要包括：1）高等教育事业发展目标。在目标中，政府要确定规划期内高等教育事业发展的重点，同时确定各级各类高校的数量、规模、结构与各级各类高校在校生的数量、层次和专业结构等。2）保障措施。保障措施包括教师、校舍、教学设备等的数量和质量。3）经费预算。经费预算包括必须提供的高等教育事业经费和基建经费及其他专项投资等的数量、来源与分配、使用的方案。4）实施的具体目标。它包括实现总体目标需要的年度发展目标、工作指标以及方法、手段、程序和步骤。

当今许多国家的教育行政管理都十分重视教育规划，多数国家在其教育行政机关设有专门研究或制定教育规划的部门，如美国联邦教育部设有教育计划和预算司，英国教育和科学部设有计划统计及师资司，法国国民教育部设有计划委员会规划与协调司，德国教育部设有教育计划司，日本文部省的大臣官房和大学局都设有计划课。就世界各国正在实施的教育规划而言，教育规划的范围和种类也在日益扩大。有的国家单独制定国家的教育规划，有的国家把教育规划作为国家综合计划中的一部分，也有的国家将教育规划纳入国家的经济计划。

在我国，高等教育规划的制定主体是中央政府的教育行政部门和地方政府的教育行政部门。根据授权，作为国务院教育行政职能部门的教育部，承担着编制有关高等教育事业的发展规划，研究确定高等教育事业的发展重点、规模速度和步骤，指导、协调和监督教育规划和计划实施的责任。教育部对内设的发展规划司在教育事业规划方面的职责做了具体规定。地方政府的教育行政部门及其内设的规划职能部门，也被同级政府作为行使教育规划职能的主体。

（2）政策指导

教育政策是中央教育行政部门或其他部门或地方人民政府在法定职权范围内所制定并公布的规范性文件的总称，一般通过“通知”“规定”“办法”等文件反映。高等教育政策是国家意志在高等教育领域的体现。高等教育政策与其他公共政策一样，具有指明方向、规范行为、协调关系等作用。按其作用的范围，高等教育政策可分为基本政策和具体政策。基本政策是指党和政府为发展高等教育事业规定的根本指导原则。如《中国教育改革和发展纲要》中关于我国高等教育的发展目标、战略和指导方针，以及教育体制改革的有关规定；具体政策是党和政府为解决高等教育事业发展中某些具体问题而规定的行动准则，如招生和毕业生分配政策、教师职称评定政策、留学生政策等。

各国正是通过制定、实施和不断完善高等教育政策来领导、控制和调节高等教育实践活动，使之根据一定的目标，朝着特定的方向发展。无论是在教育体制上实行集权制的国家，还是分权制的国家，在高等教育的宏观管理上都十分重视政策的指导作用。西方有学者指出，过去一二十年来，高等教育的发展以众多的新政策和新改革为特征。高等教育的每一次改革都表明或反映一种政策。随着政府机构改革的逐步推进和深入，我国政府正由过去的以直接管理为主转变为以间接管理为主，由微观过多干预转变为以宏观管理为主。政府及教育行政部门管理职能和方式的转变，要求加强高等教育政策的制定，不断提高高等教育政策在引导、规范教育工作中的作用。

（3）行政执法

现代国家权力的运用与传统相比，一个突出的特征就是从“人治”向“法治”的转变。这一转变反映在高等教育管理上，就是把高等教育纳入法律调节的领域，严格按照法律规范运转，依法治教。对于国家行政部门，尤其是教育行政部门来说，教育法律、法规既是其进行教育行政管理的规范化指导依据，又是其在教育行政管理过程中约束自身行为的依据。根据我国宪法关于行政机关职权的规定，教育行政部门行使教育行政执法职能的形式主要有三种，即教育行政措施、教育行政处罚和教育行政强制执行。

新中国成立后很长一段时间，由于实行高度集中的计划经济体制，教育行政管理主要通过行政手段来实现，教育行政执法非常薄弱。从 20 世纪 80 年代开始，我国逐步加强教育法制建设工作。全国人民代表大会及其常委会先后制定了《中华人民共和国学位条例》《中华人民共和国义务教育法》《中华人民共和国教师法》《中华人民共和国职业教育法》《中华人民共和国高等教育法》《中华人民共和国民办教育促进法》等法律，国务院颁布了《普通高等学校设置暂行条例》《高等教育自学考试暂行条例》等教育行政法规，教育部发布了教育行政规章两百余种，地方政府及其教育行政部门制定或发布的地方性法律法规更是数量众多。随着我国教育法制工作的加强，教育行政执法成为教育行政管理的一项重要职能。1995 年 3 月第八届全国人民代表大会通过的《中华人民共和国教育法》在第九章“法律责任”部分，对教育行政机构的行政执法内容和权限做了明确规定。1995 年 8 月，原国家教委办公厅印发了《关于开展加强教育执法及监督试点工作的意见》，对各级政府及教育行政部门开展教育执法及监督工作提出了进一步的要求。

（4）财政拨款

教育投资是发展教育事业和提高教育质量的物质保障。高等教育是耗资巨大的事业，政府拨款是高等教育资金的主要来源。

美国联邦政府对高等学校没有直接的管理权，联邦政府通过立法拨款、科研拨款、学生资助拨款来实现干预和促进高等教育的目的。例如，1958 年《国防教育法》颁布，国会拨款 10 亿美元发展教育；1963 年《高等教育设施建设法》颁布，仅 1965—1966 年联邦教育总署提供的高校建设拨款就达 5.27 亿美元；1965 年《高等教育法》颁布，建立了联邦学习贷款计划；1972 年，联邦政府通过科研合同，集中资助和发展了对国家利益具有战略作用的一流研究型大学。在英国，包括两所古典大学在内的所有大学，都以国家的财政拨款作为大部分经费来源，除了北爱尔兰的两所大学是从爱尔兰政府直接获得资助金，其他大学都通过高等教育基金委员会，根据国会的承认接受 5 年期制的国家财政拨款。德国大学按照法律规定都是州教育部领导下的公共机构，经费主要由州拨给（联邦政府拨给主要经费的 50%）。

发展中国家的高等教育系统大都是在国家独立后由政府帮助建立起来的，高等学校的办学经费几乎全部来自政府，因而政府对高等教育的控制更为直接。

（5）教育评估

高等教育评估是以高等教育为对象，依据教育目标，利用一切可行的技术和手段，系统地收集信息，对教育活动进行价值判断并不断改进教育工作的过程。高等教育评估对于加强国家对高等教育的宏观指导和管理，建立高校的自我调节机制，加强高等教育与社会之间的密切联系，推动高等教育的改革、发展和提高，有着极为重要的意义。

由于文化背景和社会制度的不同，各国形成了不同的高等教育评估模式，主要有美国的社会评估型、法国的中央集权型和英国的多元评估型等。美国的高等教育评估由教育界或专门职业界自己组织和承认的鉴定机构分头进行，如六大地区院校协会和 40 多个专业协会的认证，就对高等教育具有广泛的影响。法国由国家评估委员会负责高等教育评估的全部工作。1977 年前英国的高等教育评估机构既有代表政府的，也有代表大学校长协会的。1997 年英国再次对高等教育基金委员会和大学校长委员会的评估机构进行整合，成立了单一的高等教育质量保证机构。此外，各国还有众多由社会机构、大众传媒等进行的社会评估，以及高等教育机构内部为维持和提高教育质量而实施的质量控制和自我评估。

我国政府高等教育政策部门从 1985 年开始开展高等教育评估，表现出以政府为主导、学校和社会为补充的特征。本科教育是普通高等教育的主体，政府高等教育行政部门始终把本科教学工作评价作为质量保障的重中之重。1995—2001 年，通过合格评价、优秀评价和随机性水平评价等三种本科教学工作评价的高等学校达 200 多所。2002 年，三种评价形式统一为《普通高等学校本科教学工作水平评估》。2004 年教育部成立全国高等教育评估中心，统一领导和组织政府高等教育评估工作。

三、高等教育行政的改革趋势

高等教育行政系统是一个开放的体系，生存于一定的社会环境之中，与环境不断进行着信息、能量的交换，使自己与环境保持动态平衡，从而维持自身的生存和发展。而社会总是处在不断变化之中，社会环境的变化，必然要求革新高等教育行政。第二次世界大战后，尤其是 80 年代以来，随着高等教育逐步从社会的边缘走向社会的中心，各国高等教育为适应社会的迅速变化而加强改革，各国高等教育行政也进入了一个重要的变革时期，主要表现为以下几个方面。

1. 均权化

为了加强中央对国家高等教育事业的统一领导和管理，同时又充分发挥和调动地方办高等教育的积极性和主动性，在现代社会，实行高等教育行政管理中央集权制的国家正在采取措施，加强地方的管理权和高校的自主权，给地方以更多的权限，给高校以更多的权利；而实行高等教育行政管理地方分权制的国家也在采取措施，将涉及全国利益的高等教育事业归由中央统一管理，逐步加强中央的权限。

美国是当今世界最典型的高等教育分权制的国家，根据美国的《宪法修正案》，管理高校的责任主要由地方教育行政部门承担，联邦政府无权控制全国的高等教育。“二战”后，联邦政府频繁颁布以高等教育为主题的法案，将其对高等教育调控的意图合法化。如通过颁布《国防教育法》（1958）、《高等教育法》（1965）、《成人教育法》（1966）等，达到了增拨巨额教育经费，资助高等教育发展，实施国家战略的目的。1979 年，联邦政府还设立了一个独立的中央教育行政机构——联邦教育部，被授权负责联邦关于教育法规的执行，并管理和分配联邦高等教育补助经费。这一教育行政管理的重大变化表明美国高等教育体制在一定程度上出现了集权趋势。

与此同时，实行高等教育行政管理中央集权制的国家正逐步加强地方高等教育行政管理的作用，给地方适当的权限，以满足地方的特殊需要。法国于 1968 年颁布了《高等教育指导法》，赋予地方及高等教育机构更大的自主权，强调了大学的自治性和独立性，大学在行政、财政、教学方面享有自治权。1982 年又公布了《地方分权法》，1983 年颁布了新的权限分配法，进一步赋予地方更大的自主权，使中央和大学区的权力出现逐级下放的趋势。

2. 自治性

现代教育行政认为，平衡是教育行政的基本价值取向。在教育行政平衡论的影响下，“二战”以来尤其是 80 年代以来，无论是实行中央集权教育行政体制的国家，还是实行地方分权管理体制的国家，或是中央与地方实行合作制的国家，都程度不同地扩大了高校办学的自主权。

法国自 60 年代以来，多次调整高等学校与国家的关系，扩大高校本身的自主权。1968 年 11 月颁布的《高等教育指导法》第一次系统地阐明大学是公共高等教育机关，其任务是传播知识、开展科学研究、培养人才、组织和发展国际合作，第一次明确提出高等教育要贯彻“自主自治、民主参与、多科性结构”三原则，改变了国家任命大学区总长并由其同时兼任所辖大学区几所大学校长的传统做法，不再允许总长兼任校长，大学校长要由该大学的理事会选举产生。进入 80 年代，法国社会党政府更加强调扩大高等教育的自主权。1982 年通过了《关于权力下放的法令》，1984 年以教育部长萨瓦里的名字命名通过的《萨瓦里法》，确认高等学校在教学、科研、行政和财务等方面均享有自主权。1986 年上台的右翼新政府更加强调减少国家干预。1986 年制定的《高等教育改革法》（又称《德瓦凯法案》）明确地指出：要减少国家对高校的干预，使其在经费、教学、科研、招生和管理等方面享有完全的自主权。1989 年，法国政府拟定了一份《2000 年教育发展规划》，重申减少中央对教育的集权领导，确保学校享有自主权。

1985 年，原西德颁布的《第二个高等学校总纲法》明确提出，要给予高等学校更大的办学自主权，包括允许大学根据自身特点和优势，确定自身的科研和教学重点；允许大学自行制订教学计划；允许大学自行决定增设新课程，并为有特殊才能的学生开设专门课程。

英国扩大高校办学自主权基本上是以削弱地方教育当局的权力为代价的。《1988 年教育改革法》自颁布以来，在加强中央政府权力的同时，赋予了学校更大的自主权。尽管公立高等院校脱离地方教育当局的管理并不能直接说明其独立性有所增强，但从英国保守党政府的高教政策来看，与高等教育的私有化措施相伴随的必然是高校自主权的进一步扩大。日本也提出要活跃并积极地发挥高校的职能，在“临教审”的四个咨询报告中均提出要重视大学在管理方面的自主权。

3. 法制化

第二次世界大战后，为了适应现代科学技术迅速发展和改革与发展高等教育的需要，世界各主要国家全面加强高等教育法制建设，建立起了比较完备的高等教育法规体系。例如，1958 年美国政府颁布《国防教育法》，授权联邦政府以各种渠道资助高等教育，是美国历史上头一次以法律形式把教育置于事关国家安全的重大战略地位。1965 年，美国颁布了《高等教育法》，这是美国历史上的第一部高等教育法。法国政府于 1968 年、1984 年先后颁布《高等教育方向指导法》《萨瓦里法》，推动了高等教育的重大改革。这些法律涉及高等教育管理的诸多方面，包括管理体制、教育决策、学术自由与教学组织的自治、教育财政与投入、教师与课程、学位与考试等。同时，一些发达国家还以法律为依据，对教育行政制度做出原则性规定，确立自己国家的教育行政体系基本结构。如日本制定了《文部省设置法》《地方教育行政的组织和管理法》《临时教育审议会设置法》等教育行政法规，规定了从中央到地方各级教育行政机关的组织结构、职责权限及管理原则等。

4. 民主化

由于现代教育的社会影响越来越大，许多教育问题日益复杂化，单凭教育行政人员的经验和主观判断，往往难以有效地解决复杂的教育问题。为此，各国教育行政机关相继设立了种类多样的审议或咨询组织，为高等教育决策提供各种指导性建议和方案。

美国教育理事会是全美主要的协调高等教育的独立的、非营利性机构，一部分公益性社会基金组织也致力于高等教育各方面的研究，为政府决策提供指导服务。英国教育和科学部设有中央教育审议会、研究委员会审议会、全国地方高等教育审议会等，地方教育行政机关也设有区域性教育审议会等。法国除中央设有国民教育最高审议会外，还设有全国高等教育及研究审议会、全国学校配置委员会以及各类职业教育审议会等 10 多个审议组织，大学区教育行政机关也设有地区高等教育及研究审议会、大学区学校配置审议会等数个审议机构。日本文部省设有许多审议会，与高等教育有关的审议会有“大学审议会”“大学设置学校法人审议会”“教职员培养审议会”“学术审议会”等。

5. 专业化

高等教育行政管理人员的专业化问题越来越受到世界各国政府的重视。各国教育行政管理官员基本上都是由学有专长的教育专家担任，负责教育内部事务。许多国家对教育行政管理官员都有较高的要求。如法国规定，大学区总长，必须由获得博士学位且担任过大学校长或教授的人担任。日本教育委员会的成员由教育专家组成。有些国家的教育行政管理官员既有教育专家，也有非教育专家，但一般都是由教育专家负责处理教育内部事务，非教育专家处理教育外部事务。如美国的州教育委员会虽没有规定委员的学历资格，但州教育厅长必须是教育专家。德国和英国的教育行政管理长官也大致相同。

随着教育事业和教育科学的发展，各国都十分重视教育行政管理人员的专业训练，其中以美国最为显著。美国目前在各大学普遍设有教育行政研究所，培训教育行政人员。此外，还设有完善的在职进修体制，为教育行政管理人员提供进修机会。英国的一些大学也开设了教育管理课程，供在职人员进修。法国国民教育部在其组织与行政人事司中特设一个行政人员教育科，专门负责推进教育行政管理人员的专业教育工作，而且该部在全国各大学区亦分别设有教育行政人员训练中心，负责教育行政人员的在职进修。德国的州政府与教育学院、研究发展中心或教育人员在职教育组织合作，开设了教育行政管理课程，供教育行政管理人员在职进修或供即将担任教育行政工作的教师学习。日本也在大学增设了教育行政管理课程，供在职教育行政管理人员进修。

第二节 高等教育行政体制与组织

一、高等教育行政体制的类型

根据中央与地方、政府与高校之间关于高等教育行政权力的分配方式，我们把高等教育行政体制主要划分为六大类型。

1. 中央集权制、地方分权制与中央地方合作制

（1）中央集权制

中央集权制的高等教育行政体制是一种直线式的领导管理制度，高等教育行政的权力集中在组织的上层领导。

法国是实行中央集权制的典型代表。法国高等教育管理和决策的权力主要集中在中央政府及其高等教育主管部门。中央政府直接管理和调节高等教育活动，高等教育资源配置由政府按计划分配。在法国的高等教育体制中，中央政府的国民教育部拥有很大的权力，包括制定方针政策，审批学校专业文凭授予权，批准各级人事安排，确定限额招生专业及其招生数，分配教育经费等。几乎涉及高等教育系统运行的所有方面。法国虽然设有大学区，但大学区不是一级教育行政单位，而是中央政府国民教育部的派出机构。大学区总长由教育部长提名，总统任命，代表教育部长直接管理大学。大学的教育经费绝大多数来自国家，高等教育规划是国民经济发展规划中的一个组成部分。

（2）地方分权制

地方分权制是指中央政府居于监督和辅助地位，将高等教育行政权力授予地方政府，由后者在其管辖范围内全权决定并自主运作高等教育事务的一种教育行政体制。从程度上来看，地方分权制可以有不同的表现形式：任务下放，即原来可能由中央高等教育行政部门做的事，转移到地方高等教育行政部门去做，但决定权仍在中央；授权，即一般事务由中央转移到地方，但地方行使权力必须在中央的政策框架内，而且中央保留了对重大事项的最终决定权；放权，即完全由地方自主，中央不做任何干预。这三种模式中，权力下放

的程度是依次递进的，属于地方分权制的国家有美国和德国等。

美国奉行“自治办教育”的思想，高等教育的管理权限在各州，美国联邦教育部处于指导和资助的地位。州通过几个州机关对高等教育进行协调和规划，干预程度根据州立高等教育机构的类型而异。根据州宪法有独立法人资格的大学，有较大的自治权限，受州宪法、州议会及州政府的规定保护，而较少受政府有关部门的干预；多数州立大学根据州宪法的规定具有法人资格，但在办学上受州议会和州政府的支配；还有一类没有法人资格，被看作州机关一部分的大学，在州长或者州教育委员会的指导下，接受教育系统之外的行政当局的支配。私立大学和学院须得到州的批准才可设立。私立大学和学院成立的批准权，原来属于州议会，现在根据州议会制定的法律，由州行政机关来行使。有时，已被承认的私立大学由于办学条件发生变化，不符合要求，州有权取消其办学资格。州机关也行使对私立大学的监督权。

德国“基本法”规定，在整个学校制度、大学以及一般的艺术、文化等方面的立法权都是属于各州的权限，各个州可以根据自己州的文化、历史、地理、社会情况自主决定。这就是所谓的“文化最高权力”。据此，德国建立了教育地方自治制，在文化教育管理上实行联邦主义，即把文化教育的管理权、立法权交给各州。大学一般都是州立的，置于各州法律的监督之下。联邦教育科学部成立后，加强了联邦政府对高等教育的管理，教育科学部主动与各州合作，推动高等教育改革的进行。但从总体上看，德国仍然是各州具体管理高等教育。

（3）中央地方合作制

中央地方合作制是介于集权制与分权制之间的体制，其特点是高等教育的决策和管理权力部分属于中央政府，部分属于地方政府或其他利益集团。有的在政府和高等学校之间有一种缓冲组织或力量，用以协调国家和高等学校之间的关系。英国和日本等国就是实行中央与地方合作制。

在高等教育管理上，英国长期实行双轨制，即把高等教育分为“自治”的大学部分和大学以外的各种学院构成的“公共”部分。一方面，政府承认大学是独立和自治的机构，政府通过大学拨款委员会分配经费的途径来实现对大学的影响。但大学拨款委员会又是相对独立于政府的机构，政府无权直接干预其活动。另一方面，不属于大学性质的公共部分的高等院校由地方教育当局负责管理和提供经费，中央政府对这类高校的影响取决于它与各地方教育当局的关系是否融洽。直到20世纪80年代初，英国学者仍把这种体制称为“地方管理的国家制度”。80年代中期开始，特别是《1988年教育改革法》颁布以来，公共部分的高等院校逐步取得了与大学同等的独立法人地位。这类院校通过新成立的多科技术学院和其他学院基金委员会（PCFC）与中央政府发生关系，地方教育当局不再担负管理这类院校的责任，而只负责本地区的继续教育以及部分非学位和部分时间制的高等教育。1992年英国高等教育体制改革后，多科技术学院更名为大学，由统一的高等教育基金委员会负责分配经费和评估指导。这样，中央政府实际上扩大了高等教育的管理权限，地方教育当局的权限被大大削弱。

“二战”前的日本，在教育行政体制上采取高度中央集权制。“二战”后，在美国的影响下，日本又将地方分权作为高等教育管理的基本原则。中央文部省通过建立指导、援助制度，加强对高等教育的宏观控制，在保护地方办教育的积极性、创造性的前提下，统筹全局，使全国各地高等教育平衡发展。但自 1952 年，特别是 1956 年之后，文部省对高等教育的管理权限得到了显著加强。文部省对高等教育的管理主要集中在高等教育的设置标准、审查、审批、国立大学行政事务官员任用，以及对高等教育的拨款和资助等方面。几十年来，日本以立法和资助手段逐步加强了中央政府对高等教育的宏观调控，对私立大学的经费投入占学校教育经费的 40%。因此，日本的高等教育行政管理体制表现出中央和地方合作的特点。

2. 大学从属型、大学自治型和国家控制与大学自治并存型

依据政府与高校之间高等教育管理权力的划分及行使方式的不同，可将高等教育行政体制分为大学从属型、大学自治型和国家控制与大学自治并存型。一般来说，在高等教育行政管理方面，集权程度越高的国家，其高校自主权也越小。但对于分权程度较高的国家来说，其高校未必就有较大的自主权。这主要是因为中央分权一般只是分给地方政府，至于地方政府又能放多少权给高校，则取决于多种其他因素。

（1）大学从属型

法国高等教育体制属于大学从属型。法国高等教育行政实行中央集权制，集权程度很高。但在重大决策上，法国由议会通过法案，以立法的形式来影响高等教育。不过由于高等教育传统的影响，除一些宏观和共性问题主要由国民教育部管辖外，学校内部的具体事务，国民教育部往往不加干预，大学的独立性和自主性较高。如法国各类大学的性质、从属关系、培养目标等都由教育部规定，学校无权改变，但在课程设置、学分标准、考核方法以及教学、研究的组织等方面各校有较大的自主权。再如国家通过对各专业的年限和各阶段任务的规定，各种职业资格考试，尤其是文凭与学位来控制高等教育发展的规模，保证高等教育质量，但除了学士、硕士、博士三个国家学位之外，大学有权自行颁发大学学位、大学文凭和大学证书。

（2）大学自治型

美国高等教育体制属于大学自治型。美国实行地方分权制，在《宪法修正案》的“保留条款”中，将高等教育管理权赋予各州，而各州的宪法一般都对此有明确的规定并且再往下分权。因而它实行的是“分散型”的分权制，大学拥有相当的自主权，私立大学更是如此。由于美国实行高等教育分权领导体制且形成了高等学校自治的传统，任何一个地区或任何一个团体和组织都可建立高等学校。美国的高等院校不管是公立的还是私立的，都有权做出聘任、晋升和解聘教师的决定，无须经政府批准。私立院校可以自己确定招生标准和数额，公立院校最起码在其研究生院和专业学院拥有类似的权力。美国高等学校可以自行制订课程计划、授课内容和学位标准。美国的认可鉴定组织为相应的专业规定了最低限度的标准，但这些组织也并非官方组织，而是各高校自愿参加的民间组织。总之，美国高等院校在行政、财政和学术各方面都有相当的自主权，它们的董事会或管理委员会确定

学校的发展目标及大政方针，校长是最高行政负责人，教授对学术问题负有直接责任。

（3）国家控制与大学自治并存型

德国和英国高等教育体制属于国家控制与大学自治并存型。德国的高等学校都是自治机构，享有传统的学术自由，基本法以及各州宪法保证了研究和教育的自由，即大学的自治权。但这并不等于国家对大学毫无限制。德国的大学由于是国家（联邦）设立与维持的机构，其经常性的或临时性的经费，即包括建筑费在内的各项经费的支付都由国家来承担。另外，作为国家官员或雇员的大学教职员，按法律规定，也由国家聘用。值得注意的是，招聘教员的时候，大学行使自治机构的提案权，聘任则由州政府机关负责。

英国虽设有国家最高高等教育行政机构教育和科学部，但传统上不与大学发生直接关系。英国大学都是具有法人地位的自治团体。政府承认大学是独立和自治的机构，不受中央政府的管辖，也不在地方政府的控制之下。政府对大学的影响传统上是通过大学拨款委员会分配经费的途径来实现的。但大学拨款委员会又是相对独立于政府的机构，政府无权过问其活动。英国《1988 年教育改革法》规定“公共”部分的高等院校脱离地方教育当局的管辖，通过新成立的多科技术学院和其他学院基金会（PCFC）与中央政府发生关系。这种关系使得中央政府掌握了对这部分院校的间接管理权。1989 年，存在了 70 年之久的大学拨款委员会被新成立的大学基金委员会（CUFU）所取代。大学基金委员会不单单是审定与拨给政府财政拨款的机构，还肩负着协调大学发展与国家需要相适应的责任。1992 年大学基金委员会被高等教育基金委员会（HEFCE）所取代，政府对高等教育的协调作用因此得到强化。

二、新中国成立后我国高等教育行政体制的发展历史

新中国成立 70 多年来，随着我国政治、经济制度的发展及教育事业的不断变革，我国高等教育行政体制也经历了一个从初步确立到逐步完善的演变历程。改革开放以来我国高等教育行政体制改革不断深化，正在努力构建与社会主义市场经济体制及我国社会发展相适应的全新体制。

1. 新中国教育行政体制的初步确立及其逐步完善

新中国成立初，国家对高等教育实行集中统一领导。1950 年政务院通过《关于高等学校领导关系问题的决定》，明确提出全国高等学校由中央人民政府教育部统一领导。1953 年政务院公布《关于修订高等学校领导关系的决定》，再次明示，中央高教部根据国家的教育方针、政策与学制，遵照中央人民政府政务院关于全国高等教育的各项决定和指示，对全国高等学校实施统一领导。这一时期，国家政权组织虽经调整与变动，但高等学校主要还是由政务院的有关业务性部委举办和管理。到 1955 年年底，全国 227 所高等学校，基本上都隶属于高教部和中央有关业务部门。这一时期的高等教育行政体制与当时高度集中的计划经济体制基本上相适应。

1958—1963 年，我国实行了地方分权为主的高等教育行政体制。1958 年中共中央颁发的《关于高等学校和中等技术学校下放问题的意见》指出，“除了少数综合大学、某些

专业学院和某些中等技术学校仍旧由中央教育部或者中央有关部门直接领导以外，其他的高等学校和中等技术学校都可以下放，归各省、市、自治区领导”“地方性较大的学校（例如综合学院、医学院、师范学院等）可以比统一性较大的学校（例如综合大学、工业学院等）更多地下放”。1958 年，全国 791 所高等学校中，由中央业务部门领导的为 86 所（包括教育部属院校 6 所），由地方领导的为 705 所，主要由中央有关部门领导管理的 229 所高校中有 187 所下放给地方政府领导管理。这一时期所进行的权力下放，对改变教育管理权限过分集中，发挥地方、学校特别是高等学校的办学积极性，起到了很好的作用。但是，由于国家对高等教育管理缺乏宏观指导，没有建立必要的调控机制，也没有制定必要的法规加以规范，在当时“大跃进”这样一个特殊的社会环境中，仅三年时间，全国高校数就由 229 所猛增至 1289 所，不仅超越了国民经济的承受能力，也违背了教育自身的发展规律。

1963 年国家开始实行统一领导、分级管理的高等教育行政体制。在总结 50 年代经验教训的基础上，中共中央、国务院于 1963 年颁布了《关于加强高等学校统一领导、分级管理的决定（试行草案）》。该《决定》指出，“对高等学校实行统一领导，中央和省、直辖市、自治区两级管理的制度”，并对两级分工做了具体规定。到 1965 年，经调整后全国共有 434 所高等学校，其中高教部直接管理 251 所。至此，我国高等教育形成了条（中央部门）、块（地方政府）分别办学、分级管理的基本模式和格局。

“文革”期间，高等教育行政体制遭到严重破坏。1969 年中共中央发布的《关于高等院校下放问题的规定》指出，国务院各部委所属的高等学校，设在北京市的，仍归各有关部门领导；如果搬到外地，可交由当地省、市、自治区革命委员会领导；设在其他地方的，交由当地省、市、自治区革命委员会领导。教育部所属的高等院校，全部交由所在省、市、自治区革命委员会领导。革命委员会对高等教育事业的领导管理无章可循，高等学校遭到破坏性的大规模下放和撤迁，高等教育事业受到严重摧残。

“文革”结束后，我国高等教育行政体制又基本恢复到 60 年代初实行的统一领导、分级管理的格局。1979 年，中共中央批转教育部党组关于建议重新颁发《关于加强高等学校统一领导、分级管理的决定》的报告，同意对高等学校实行统一领导，归口管理。综合大学、多科性工业大学、高等师范院校由教育部和省、市、自治区教育行政部门管理；工、农、医、财经、艺术、体育等科高等院校，由中央或省、市、自治区有关业务部门为主负责管理。

2. 我国高等教育行政体制的全面改革及其现状

十一届三中全会以后，我国高等教育发展进入了一个新的历史时期。1985 年《中共中央关于教育体制改革的决定》明确指出：“当前高等教育体制改革的关键，就是改变政府对高等学校统得过多的管理体制，在国家统一的教育方针和计划的指导下，扩大高等学校的办学自主权，加强高等学校同生产、科研和社会其他各方面的联系，使高等学校具有主动适应经济和社会发展需要的积极性和能力。”《决定》还提出：“为了调动各级政府办学的积极性，实行中央、省（自治区、直辖市）、中心城市三级办学体制。”1986 年，国务院颁布《高等教育管理职责暂行规定》和《普通高等学校设置暂行条例》，分别就原国家教委、国务院有关部委、省（自治区、直辖市）政府在管理高等教育方面的职责、关系以及高等学校的设置标准和审批手续等问题做出明了确规定。这一时期通过高等教育行政体制改革，扩大了地方、高等学校办学权限，调动了中央、地方、学校及社会的办学积极性。

进入 90 年代以后，我国明确提出了建立社会主义市场经济体制的目标。面对社会发展的新形势，1992 年起，我国对高等教育行政体制进行了大规模的改革。这一改革按照“调整、共建、合作、合并”八字方针，采取“共建、合并、划转、协作、合作”五种改革形式，在中央与地方的关系上，正朝着“国家和省级政府两级管理、分工负责，在国家宏观政策指导下以省级政府统筹协调为主”的方向迈进；在政府与高校的关系上，正在逐步形成政府依法宏观管理、高校依法自主办学的新机制。

（1）调整中央政府与省级（自治区、直辖市）政府权限的划分，高等教育由中央政府统筹管理为主转向由省级政府统筹管理为主

1993 年颁布的《中国教育改革和发展纲要》（以下简称《纲要》）指出：“在中央与地方的关系上，进一步确立中央与省（自治区、直辖市）分级管理、分级负责的教育管理体制。中央直接管理一部分关系国家经济、社会发展全局并在高等教育中起示范作用的骨干学校和少数行业性强、地方不便管理的学校。在中央大政方针和宏观规划指导下，对地方举办的高等教育的领导和管理、责任和权力都交给省（自治区、直辖市）。”“中央要进一步简政放权，扩大省（自治区、直辖市）的教育决策权和包括对中央部门所属院校的统筹权。”1994 年召开的全国教育工作会议上讨论通过了《国务院关于〈中国教育改革与发展纲要〉的实施意见》（以下简称《意见》）进一步指出：“高等教育逐步实行中央和省、自治区、直辖市两级管理，以省级政府为主的体制。认真贯彻落实国务院关于《高等教育管理职责暂行规定》中有关中央和地方对高等教育的管理权限。逐步扩大省级政府的教育决策权和统筹权。”到 20 世纪 90 年代末，上述改革目标已经达到。1993 年，中央政府直接管理普通高等学校 358 所，到 2000 年年底，减少到了约 116 所。而同期省级政府管理的普通高等学校由 704 所增至 925 所。高等教育管辖权由以中央政府为主向以省级政府为主的转变，一方面有利于各省（自治区、直辖市）统筹规划，因地制宜地发展本地的高等教育；另一方面有利于中央政府集中力量办好和建设好“一部分关系国家经济、社会发展全局”的重点大学和重大教育工程项目，如 1993 年原国家教委实施的“211”工程重点建设项目、1998 年教育部设立的“创建世界一流大学计划”（简称“985”计划）等。

（2）改变政府与高等学校的关系，由政府直接办学转向政府引导和监督办学

1994 年《意见》明确了政府与高校、中央与地方、教育部门办学与行业部门办学等之间的关系。《意见》指出，“深化高等教育改革，建立政府宏观管理、学校面向社会自主办学的体制”“通过立法，明确高等学校的权利和义务，扩大学校的办学自主权，使学校真正成为面向社会自主办学的法人单位”“政府要切实转变职能，改善对学校的宏观管理。……属于学校的权限，坚决下放给学校”。1995 年和 1998 年出台的《中华人民共和国教育法》和《中华人民共和国高等教育法》均规定，“学校自批准之日起取得法人资格”，

行使“按照章程自主管理”的权利和履行“遵守法律、法规”的义务。1998 年，政府对中央教育管理部门等政府组织进行了重大重组，将原国家教育委员会更名为国家教育部。新的教育部的职能由过去国家教委对高等学校实行直接的行政管理转向宏观的统筹规划与管理。这一转变标志着政府宏观调控，高等学校依法自主办学的新的运行机制开始形成。

（3）调整中央政府高等教育主管部门与其他业务部门的关系，改造部门办学体制

我国原有高等教育系统的主要特点之一是部门办学。中央政府的各业务主管部门几乎都有自己的学校系统。1990 年，全国共有普通高等学校 1075 所，其中中央部门所属高校达 354 所（原国家教委所属 36 所），占全国高校总数的 32.9%。在地方所属的 721 所高校中，很大一部分也是由省级政府的业务部门主办的。

1994 年《意见》指出：“逐步改变高等学校条块分割、‘小而全’的状况，优化高等教育的结构与布局，提高办学效益。”“为推进部门所属院校管理体制改革，加快探索部门所属院校由各省、自治区、直辖市政府领导或实行中央部委和省、自治区、直辖市政府之间多种形式的联合办学。”“争取到 2000 年或稍长一点时间基本形成以省级政府为主办学与管理的条块结合的新体制的框架。”

1998 年，在国务院机构改革中，原机械工业部、煤炭工业部、冶金工业部、化学工业部、国内贸易部、国家轻工总会、国家纺织总会、国家建筑材料工业局、国家有色金属工业总公司等 9 个部门改组或组建为国家经贸委管理的 9 个国家局。同年 7 月，国务院做出《关于调整撤并部门所属学校管理体制的决定》，对上述 9 个部门所属共 211 所学校（其中普通高等学校 93 所，成人高校 72 所）的管理体制进行调整。93 所普通高等学校中，除 2 所（中国矿业大学和华北矿业高等专科学校）暂时仍由国家煤炭工业局管理外，其余 91 所都实行中央与地方共建，72 所成人高校全部划转地方管理。这是 90 年代我国高等教育“难度最大”的“一项全局性改革”，标志着中央部门院校管理体制改革工作已经驶入“快车道”。

三、我国高等教育行政体制中存在的问题及改革趋势

我国高等教育行政体制，从总体上看是中央集权制，不过又与世界上一些高度集权的国家（如法国）有所不同。在那些国家，教育行政权完全集中于中央机构，地方只有执行权。而我国高等教育行政，在强调统一的教育方针政策的同时，也重视地方对高等教育的领导和管理责任。所以我国实行的是一种统一教育大政方针和分散、分权管理相结合的制度。

1. 我国高等教育行政体制中存在的主要问题

（1）中央与地方之间分权限度无序

在中央和地方高等教育行政部门的纵向行政权的划分上，虽然有关法规规定了中央政府高等教育主管部门负有统筹规划、政策指导、组织协调、监督检查和提供服务等职能，但在具体实践中，中央和地方的高等教育行政机关处于并行的同一行政层级，它们通过对所属高等学校的直接管理，共同行使高等教育行政职权。

由于我国实行三级办学、两级管理的体制，不同办学主体举办高等教育的目的各不相同。中央一级举办的高等教育主要为全国经济与社会发展服务；地方省、市（地区）和中

心城市两级举办的高等教育主要为地方经济和社会发展服务。三级办学主体条块分割，少有协调和沟通。虽然有关法规规定了中央与地方政府管理高等教育的权限是中央统一领导，中央和省级政府分级管理，但法律上对统一领导和分级管理的内容与范围、责任与权限等都未做出明确的解释和界定，加上不同办学主体受各自利益导向的影响，致使中央政府对全国高等教育难以实施统一有效的领导，省级政府也难以对地方或区域内的全部高等教育实施必要的协商和沟通，所以造成了中央、省、市（地区）和中心城市各自独立管理所属高等学校的格局。

（2）政府行政权力过于集中，高校缺乏办学自主权

我国高等教育行政体制是在高度集权的计划经济体制下建立起来的，具有集权性特征。其集权性主要体现在政府主管部门对高等学校的管理上，政府各部门（单位）对所属高等学校，事无巨细，一概行使管理职能。主管部门不仅要负责高等教育的政策、规划、拨款、督导，还要对高等学校办学过程中的具体事务，包括组织人事、教学科研、基建维修、招生分配、财务预算等进行管理。如果把高等教育看作是一个系统，那么，政府对高校的控制属于内部的全过程控制。这种集权式管理模糊了高等教育行政职能和高等学校管理职能之间的界限，导致主管部门角色不明确，高等教育的举办者、管理者和办学者三位一体，高等学校法人地位受到侵犯，办学缺乏必要的自主权。

（3）政府高等教育主管部门与其他业务部门之间行政权威无序

业务部门办学问题是我国高等教育管理体制中的一个重要问题。政府高等教育主管部门和其他业务部门在行政实践中，实际上都处于同一行政层级，它们通过对所属高等学校的直接管理，共同行使高等教育行政职权。尽管有关法规规定了政府高等教育主管部门负有统筹规划、政策指导、组织协调、监督检查和提供服务的职能，但是事实上存在的高等教育部门所有制导致政府高等教育主管部门统筹协调的能力有限，其地位几乎等同于政府其他业务部门。在中央一级，包括教育部在内的多个中央业务部门和单位都对所属高等学校平行地行使直接行政职权；在地方一级，地方政府高等教育行政部门与其他业务部门都对高等学校行使直接行政职权。由于高等学校各主管部门之间并不存在直接的行政隶属关系，各主管部门对所属高等学校独立承担行政责任和义务，导致中央和地方各行政部门各自为政管理本系统高等教育的格局。这种分散的高等教育行政权力结构，造成了高等教育行政中的行政权威无序、政出多门、多头领导等问题。其后果就是政府各部门以部门利益为重，封闭办学，政府高等教育行政部门难以实施有效的统筹规划与协调，致使高等教育常常处于一种宏观失控状态。虽然 20 世纪 90 年代以来的高等教育行政体制改革着力解决部门办学的问题，获得了明显的成效，但不论在中央还是在地方，部门办学的问题仍然没有得到完全解决，政府高等教育主管部门与其他业务部门之间行政权威无序的问题仍然存在。

2. 我国高等教育行政体制改革

高等教育行政体制改革是我国高等教育改革的重要内容。在 21 世纪，我国高等教育行政体制改革是：在转换政府职能的基础上逐步建成与社会主义市场经济相适应，以统一

领导、分级管理和自主办学为基本特征的高等教育行政体制。

（1）合理划分中央与地方的行政权限

《中华人民共和国教育法》总则的第十四条、第十五条、第十六条对中央政府和地方政府在教育发展管理上的职责权限做了明确的法律规定。《中华人民共和国高等教育法》第十三条要求，明确划分中央和省级政府的高等教育行政权力，加强政府的宏观调控，即中央教育行政机关负责掌握高等教育的大政方针政策，统筹整个高等教育事业的发展，协调各部门有关高等教育的工作，统一部署和指导高等教育的体制改革；在高等教育行政权统一的条件下，加强省级政府的统筹决策权。1999年《中共中央国务院关于深化教育改革全面推进素质教育的决定》指出，为了促进教育与当地经济社会发展紧密结合，要进一步简政放权，加大省级人民政府发展和管理本地区教育的权力以及统筹力度。

为此，应根据适度集中与分权原则，划分中央政府与地方政府的高等教育行政权力。将那些影响国家高等教育事业建设与发展全局的权力集中在中央，比如全国性高等教育政策、法律、标准的制定权，对地方有关政策、法律、标准、计划的终审权或备案权，对全国高等教育事业的督导权，运用政策、拨款等手段对全国高等教育发展的调控权等都应由中央统一掌握；而对于那些有利于调动地方举办高等教育的积极性，加强和完善地方高等教育宏观管理的权力则划归地方。比如，地方高等教育法规、政策、规划的制定权，地方高等教育事业（包括在地方的中央所属高等教育）的统筹权，地方高等教育发展资金的筹集权，高等学校、专业学科点、学位授予权、高级专业技术职务等的审批权等等，都应归属于地方。

（2）实现政府宏观调控和高校自主办学

长期以来，我国政府把高校看成是行政附属的机构，几乎垄断了所有的权力。尽管《高等教育管理职责暂行规定》《国务院关于〈中国教育改革和发展纲要〉的实施意见》《中华人民共和国高等教育法》以及《中共中央国务院关于深化教育改革全面推进素质教育的决定》等政策法律文件对政府宏观管理和高校自主办学都有明确的规定，但是高等学校的自主权仍然很小，很多应由高等学校行使的权力依然掌握在教育部和其他政府机构手中。

治理理论认为，在社会公共管理领域，政府与其他社会团体组织共同构成了相互依存的治理体系。政府与社会组织、个人之间存在着权力的依赖与互动，它的运作逻辑应以谈判为基础，强调行为者之间的对话与协作。基于此，随着政府行政由“政府控制模式”向“政府监督模式”的转变，政府与高校之间应建立起合作伙伴关系，根据管理者与办学者分离的原则，强化办学者的办学权力与责任，明确划分高等教育宏观管理权力和自主办学权力的范畴。政府行使宏观管理权力，高等学校拥有微观管理权力；政府负责高等教育的大政方针、事业规划、标准规范、宏观协调、检查评估等，高等学校在内部组织人事、教学科研、财政预决算、后勤基建等方面拥有自主决策、自主管理的权力，真正成为一个独立的法人实体。

（3）打破业务部门管理学校的界限，淡化学校隶属关系

在政府高等教育行政部门与其他业务部门的关系上，根据高等学校举办者与管理者分离的原则，强化政府其他部门的高等教育举办者地位，明确其权利和义务，逐步淡化其管理者角色，使政府其他部门所属高等学校的管理逐步过渡到由政府高等教育行政部门专门管理，变条块分割为条块有机结合，落实政府高等教育行政部门的高等教育管理者的权力和地位。

四、高等教育行政组织

在管理理论中，“组织”一词一般包括两层含义：一是作为名词的组织（organization）；二是作为活动过程的组织（organize）。作为名词的组织，是指为达到一定目的，根据一定规则建立起来的实体。它包括两个基本的方面：一个是组织结构，即组织机构中各种关系和资源的连接方式，它是组织内部各种关系的“网络”，是组织的架构；另一个是组织机构，是组织结构的表现形式，是组织结构功能的载体。组织结构及其内在联系要通过组织机构表现出来，如果说组织结构是组织内各种关系的“网络”，那么，组织机构就是这些网络的物化形态。

行政组织是国家为实现行政目标而建立的机构，承担着对社会实施公共管理职责，也就是人们一般所说的政府组织，包括一级政府及其所属的政府机构。行政组织作为一种人为设计和创建的正式组织，有广义和狭义两种理解。广义的行政组织泛指一切具有计划、组织、指挥、协调、控制等功能的机构，包括政府中专门性的行政机关和立法、司法等部门中管理行政事务的机构，以及各类企业、事业单位和社会团体中管理行政事务的机构。狭义的行政组织，仅指政府中专门性的行政机关以及由这些机关组合而成的组织系统。

在对组织做静态理解和对行政组织做狭义理解的基础上，我们认为，教育行政组织是依据国家制定的教育方针、政策、法令以及规章制度等，领导和管理教育事业的机构，是国家行政组织的一个组成部分。从行使职权的业务性质来划分，可分为一般权限的教育行政组织和专门权限的教育行政组织。如国务院是一般权限的教育行政组织，教育部则是专门权限的教育行政组织。这里所讲的主要是专门权限的教育行政组织。

综上所述，我们认为，高等教育行政组织是指国家教育行政部门对高等教育事业进行领导和管理的机构体系。其具有以下几个特征：

1. 高等教育行政组织是国家性质的社会组织

高等教育行政组织是教育行政组织的组成部分，是国家行政组织系统中的分系统，具有国家行政组织的诸种特性。它的设置和活动，服从于国家的整体利益和部署，符合政体的性质和方向，具有一定的国家行政权，并代表国家行使这种权力。

2. 高等教育行政组织是国家领导和管理高等教育事业的专门职能机构

在教育行政组织中，根据功能分化的原则，高等教育行政组织肩负着特定的使命，即规划全国或各地区的高等教育事业，指导、协调各级各类高等教育和高校工作，主管各项高等教育事宜。现代世界各国政府总是通过各种途径和手段，控制和干预高等教育事业。

为此，几乎都采取了相关组织措施，设置专门性的教育行政组织，如我国教育部设有高等教育司、日本文部省设有高等教育局等。

3. 高等教育行政组织具有严密的体系性

教育行政组织是由职权分明、纵向和横向诸多专门职能机构组成的网络体系。在教育行政组织系统中，高等教育行政组织作为一个分系统，自成体系，形成内部的机构网络。从纵向来看，有中央和地方各级高等教育行政组织；从横向来看，在一级高等教育行政组织内，按一定标准进行水平方向的分化，设有职责分明、相互关联和协作的若干工作部门。如日本文部省设有高等教育局，该局设有大学审议室、大学课、教育大学课、大学入学考试室、专门教育课、学生课以及私立学校部。每一个教育行政组织在实现其职能时，需要同上下左右进行沟通与协调。现代各国高等教育行政组织系统内部纵向划分的层级和横向分化的部门，其数量不等。

五、高等教育行政组织结构

组织结构是指一个组织系统内部各构成部分或各构成要素之间有机结合、整体运行的方式。高等教育行政组织结构是指高等教育行政组织内部的各组成要素及其构成方式。任何一个国家高等教育行政组织都是以权力为中心，由上下层级和水平层级的不同组织机构共同组成的纵横交织的网络结构。根据高等教育行政组织上下层级和水平层级之间组织机构的权限划分和活动方式的侧重点的不同，我们将高等教育行政组织结构分为三种类型：

1. 垂直结构

所谓高等教育行政组织的垂直结构，指高等教育行政组织的层级结构，是在高等教育行政组织纵向垂直分工基础上形成的层级节制的阶梯系统。上下层为领导与服从的关系，上下层级关系是一种权力和责任分配关系，上级在其管辖范围内全权处理各种事务，有关信息沿着直线垂直传递。

高等教育行政实行集权制的国家，把高等教育作为国家事业的重要组成部分，建立代表国家权力的中央教育行政组织，负责管理高等教育事业。高等教育管理权力集中于中央政府，由中央政府及其主管部门统一领导和监督全国高等教育事业的发展，制订全国统一的高等教育课程标准和教学计划，中央直接干预和支配全国高等教育系统的运作，使全国形成整齐划一、自上而下的垂直型组织体系。地方高等教育行政组织必须贯彻执行中央政府制定的方针政策，很少有或没有自主权，一般只能奉命行事，在授权允许的范围内处理教育事务。法国的高等教育行政组织是垂直结构的典型代表。

法国的高等教育行政机构分为中央和地方两级。在中央一级设有教育部和大学部两个部，大学部独立于教育部之外。教育部作为国家的代表，由部长主持工作，设高等教育全国审议会作为咨询机构。法国大学部主管所有的高等教育、科学研究与图书典籍。教育部下设 27 个学区，学区总长公署的职责权限是主管辖区内的学术研究、教育行政与学校教育机构，并协调高等教育与其他教育间的关系。过去由学区总长兼任辖区内大学的校长，现在各大学校长已单独设立。作为学区总长的咨询机构有高等教育地方审议会。在教育部和大学共同体之外，成立全国公立高教机构评价委员会，定期地、系统地审查评价公立高教机构在正规教育、继续教育、科研、传播文化以及国际合作等方面的成果和效率，并提出改进意见。

2. 水平结构

高等教育行政组织的水平结构，是指在一级政府及其高等教育行政职能部门内部都存在权限相当、管理范围相对独立、职责分工明确的行政机构，这些机构之间是互补、协调和合作的关系，而不是领导和服从的关系。

美国实行地方分权的高等行政体制。在州政府机构中，从 20 世纪 50 年代开始设置独立的高等教育管理机构。1955 年，得克萨斯州和威斯康星州相继建立了州高等教育委员会，负责全州高等教育的管理工作，特别是加强高等教育的立法工作。而后，其他各州纷纷效仿，成立本州的高等教育管理机构，但是名称不尽相同，各州高等教育管理机构的组织结构也略有区别。如有的州设立单一的高等教育管理机构，统管各种不同类型的公立高等学校；而有的州对三类不同类型的公立高等学校（研究型大学、四年制本科学院、社区学院等三类学校），分别设立独立的高等教育管理机构，它们之间的关系就是一种水平结构关系。

在美国高等教育管理中，不但联邦政府与州政府间不存在垂直隶属关系，联邦政府不能直接对州政府发布有关高等教育问题的指令，而且联邦政府、州政府与其他相关高等教育团体间也是一种平行关系。在美国，有重要影响的高等学校间横向组织有五个：目前有美国教育委员会、美国大学协会、美国公立及赠地大学协会、美国州立学院与大学协会、美国社区学院协会等。联邦教育部与这五个组织保持着密切的联系，经常与它们一起研究美国高等教育发展中遇到的问题，包括制定联邦政府对高等学校的资助政策等。这些横向组织还与国会保持密切的联系，以影响国会对高等教育有关政策的制定。

3. 网状结构

网状结构是指某级高等教育行政机构的上下层为领导与服从关系的同时，还接受同级地方政府的领导和管理的构成方式。

我国高等教育行政组织之间存在错综复杂的关系。下一级政府及其高等教育职能部门不但受同级人民代表大会及其常务委员会领导，而且必须接受上级政府及其高等教育职能部门的领导和指导。比如省级政府高等教育职能部门既要受省政府的直接领导，执行省政府的高等教育政策指令，还要接受中央政府及其高等教育主管部门的领导和指导，执行国家高等教育政策法规。与此同时，还要接受中国共产党省委及其相关职能部门的领导和指导。因此，高等教育行政组织之间的关系复杂而多样，犹如一种网状结构。

六、我国高等教育行政组织的发展

新中国高等教育行政组织是在继承解放区教育行政组织建设传统，学习苏联等社会主义国家的经验，接受并改造国民党政权教育行政组织的基础上建立起来的。随着社会主义政治、经济、文化事业的发展，新中国高等教育行政组织随着单一性与综合性、统一管理与分散管理、集权与分权之间关系的演变也经历了一个不断调整、完善、发展的历史过程。

1. 新中国高等教育行政组织的建立

1949 年 11 月 1 日，中央人民政府教育部成立，作为政务院教育职能部门统管全国教育事务。随后，地方教育行政组织也根据新的政权体系和政府结构陆续建立起来。根据 1949 年政务院《大行政区人民政府委员会组织通则》，各大行政区都设立文教委员会或文教部，对中央教育部负责，统管本区域的文教事务。

2. 新中国高等教育行政组织的完善与发展

1952 年年初，社会政治、经济体制不断调整与变化。在这样的背景下，高等教育行政组织得到了进一步的完善与发展。1952 年 11 月，原中央教育部被分设为教育部、高等教育部、体育运动委员会、扫盲工作委员会，形成了多头领导、分散管理文教体育事业的格局。1958 年 2 月，高等教育部和教育部又合并为中央教育部，重新形成了对全国教育进行统一领导、集中管理的格局。1964 年 3 月，中央教育部再度分为高等教育部和教育部，形成高等教育与基础教育分散管理的局面。受中央教育行政组织调整、变化的影响，这一时期的地方教育行政组织，主要是省级教育行政组织也进行了相应的调整、变化，即由省教育厅统管全省教育事业或者由省高教厅和教育厅分管本省高等教育事务与基础教育事务。

随着教育行政机构的调整，教育行政职能权限也进行了相应的调整。1953 年 10 月，政务院颁布《关于修订高等学校领导关系的决定》，强调中央高等教育部必须与中央人民政府有关业务部门密切配合，有步骤地对全国高等学校实行统一与集中的领导，中央教育行政机构在高等教育事务上的管理权限得到了扩大和强化。1958 年 8 月发布的《中共中央、国务院关于教育事业管理权力下放问题的规定》，根据中央集权和地方分权相结合的原则，加强了地方对教育事业的领导管理，地方教育行政机构对教育事业的管理权限由此得到了扩张。1963 年 6 月，《中共中央、国务院关于加强高等学校统一领导、分级管理的决定》（试行草案）又提出要加强对高等学校的领导和管理，决定对高等学校实行中央统一领导，中央和省、市、自治区两级管理的制度，更多地强调了对高等教育事业的统一领导和集中管理。

3. 新中国高等教育行政组织的非常时期

“文革”十年，教育行政组织与整个国家的社会生活一样处于一种非正常状态，机构的设置、职能的变化完全为社会政治生活所左右，基本上脱离了现代国民教育事业在组织管理上的正常要求。1966 年 7 月，中共中央将高等教育部、教育部合并为教育部。随着“文革”的发展，中央教育行政机构陷于瘫痪状态，地方教育行政机构也陷于无序状态。1970 年 6 月，中央决定撤销教育部，成立国务院教科组，全国教育行政工作由国务院教科组负责，地方教育行政机构基本上由各级革命委员会的文教组等组织取代。1975 年 1 月重建全国教育行政机构——教育部，地方教育行政机构也随之得到恢复。

4. 新中国高等教育行政组织的改革与发展时期

1978—1980 年是教育行政机构的恢复和重建时期，其主要标志是各级教育行政机构比较完善地恢复重建。

从 20 世纪 80 年代中期开始，在经济、科技体制改革的推动下，教育体制改革也全面启动，教育行政组织进入了改革与发展的全新时期。1985 年 6 月，教育部改建为国家教育委员会，其目的是进一步保证党和政府对教育工作的统一领导，加强对教育事业的宏观指导和管理，加强教育主管部门和计划、财政及其他相关部门的联系和协调。1986 年 3 月，国务院发布《高等教育管理职责暂行规定》，对国家教育委员会、国务院其他有关部门以及省级人民政府在管理高等学校事务中的职责、权限进行了明确规范，其基本精神是强调国家教育委员会的综合规划和协调职能，适当扩大省级人民政府的相关职能、权限，明显扩大高等学校的办学自主权。

1998 年 3 月，根据国务院机构改革方案，国家教育委员会又改建为国家教育部，并对其职责和权限做了相应的调整和变更。其中，教育部内设机构包括办公厅、政策法规司、发展规划司、人事司、财务司、基础教育司、社会科学与思想政治教育司、高等教育司、职业教育与成人教育司、师范教育司、教育督导团办公室、高校学生司等职能司（厅、室）和机关党委。另外，教育部还设有国务院学位委员会办公室、中国联合国教科文组织全国委员会秘书处，归口管理相关事宜。除高等教育司外，其他各司都分别管理相关高等教育事务，如人事司具体管理高校领导干部选拔任用、高校教师工作等，国际合作司负责管理高等学校的对外交流、国际合作办学等。比较而言，地方高等教育行政组织除大多数省（市、区）将教育委员会改为教育厅、部分省（市、区）将省教育厅与省高工委合署办公外，其内部机构设置和权限分配变化不大。

七、我国高等教育行政组织的改革

教育行政组织与其他组织一样，必须随内外因素的变化而不断变革和调整，以保持应有的活力，满足社会发展的要求。目前我国高等教育行政组织虽然在机构设置方面有了一定的改善，但还存在性质上的集权化、职能范围的扩大化、行政途径的单一化、行为主体的非专业化等弊端。高等教育行政组织是高等教育行政的重要载体，为了保障和促进我国高等教育行政从微观管理向宏观管理的转变，高等教育行政组织应在服务理念、社会中介组织、队伍建设等方面进一步改革。

1. 树立公共行政的服务理念

当代行政的本质是服务于社会和公众。在高等教育行政中，应树立为高校、公众服务的公共行政理念。英国于 1991 年制定并颁布的《公民宪章》共包括 40 种国家宪章，为学校等服务业规定了明确的服务标准和公众享有的权利，把需要服务的公众视为公共组织的顾客，通过调查倾听顾客的意见，向顾客做出承诺以及赋予顾客选择“卖主”的权利，以实现改善公共服务质量的目的。

随着政府由“无限政府”向“有限政府”的转换，高等教育行政组织必须明确其服务者身份，逐渐减少对高等学校内部事务的直接干预，进一步调整高等教育行政组织的管理范围与内容，将注意力集中于宏观管理调控，尊重高等学校在高等教育体系中的中心地位，平等地协助高等学校做好人才预测、经费筹措等服务工作。同时，高等教育行政机关在行使职责时也应树立服务意识，在行政过程中向公众说明要达到什么目标，解释为何这么做；如出现差错或造成损失，应依法承担相应的责任。

2. 实现高等教育行政组织行为的法定化

所谓“法定化”，就是要“深化行政体制改革，实现国家机构组织、职能编制、工作程序的法定化”。职能、工作程序的法定化是行政机构能否依法行政的基础。高等教育行政组织改革的目的就是要实现办事高效、运转协调、行为规范。其中高等教育行政组织要做到行为规范，重要的是要依法行政。

从20世纪80年代开始，我国逐步开始了高等教育法制建设工作，先后制定了《中华人民共和国学位条例》《中华人民共和国教师法》《中华人民共和国教育法》《中华人民共和国职业教育法》《中华人民共和国高等教育法》《中华人民共和国民办教育促进法》等法律，颁布了《普通高等学校设置暂行条例》《高等教育自学考试暂行条例》等教育行政法规。随着我国高等教育法制工作的加强，教育行政执法成为教育行政组织的一项重要职能。我国虽然还没有一部专门的教育行政组织法，对教育行政机关的性质、权力、职能等的界定散见于一些行政组织法和教育法律中，但1995年3月第八届全国人民代表大会通过的《中华人民共和国教育法》在第九章“法律责任”部分，对教育行政机构的行政执法的内容和权限做了明确规定。高等教育行政组织作为教育行政组织的重要组成部分，应加强相关的高等教育行政法律法规的建设，依法治教，为高等教育行政改革提供组织保障。

3. 完善高等教育的社会中介组织

中介组织是指按照一定法律、法规、规章，或根据政府委托，遵循独立、公开、公平和公正原则，在社会经济和文教活动中发挥服务、沟通、公证和监督功能，承担具体服务行为、执行行为及部分监督行为的社会组织。教育行政的社会中介组织包括教育决策咨询研究组织、教育信息管理组织、教育拨款审议组织、学校设置和学位评审组织、教育评估组织、教育考试组织、资格证书组织等。此类机构一般可以适当分解教育行政部门的某些业务性较强的管理职能，有助于发挥社会各界广泛参与教育决策、管理的作用，为相关问题的决策提供一种更为民主和专业化的机制，使政府对教育的决策和管理更加科学化、民主化。《中共中央国务院关于深化教育改革全面推进素质教育的决定》明确指出：“在高中及其以上教育的办学水平评估、人力资源预测和毕业生就业指导方面，进一步发挥非政府的行业协会组织和社会中介机构的作用。”

就国际范围来看，这类社会中介组织已经有很长的发展历史，其作用和效果得到了世界各国的普遍肯定，如美国的院校协会、英国的高等教育基金委员会等。在我国，这类中介组织在80年代后期才开始逐渐得到发展，在教育事业规划、教育质量评价、教育信息服务等方面发挥了积极的作用，如全国普通高校本专科教学工作评估专家委员会、学位与研究生教育评估所等。当前，政府行政体制改革后，必然将分化出一些原属于政府的高等教育行政职能，由社会中介组织来承担。在高等教育行政体制改革中，应强调这些中介组织的经费来源的社会化，避免因过多接受政府资助而成为新的政府职能部门。

4. 更新管理手段和方法

随着社会主义市场经济体制的建立和高等教育运行机制的根本性转变，高等教育行政组织在管理高等教育的过程中必须采用灵活多样的手段和方法。除了沿用传统的政策引导和行政干预之外，应高度重视运用法规规范、评估督导、拨款资助等手段管理高等教育。

现代高等教育规模庞大、体系复杂，要求高等教育行政向专业性发展，高等教育行政人员应当具有专门的知识和业务工作能力。随着高等教育行政职能的进一步转换，对高等教育行政从业人员的专业化要求将日趋加强，大力培养一支高水平的专业化的高等教育行政公务员队伍已是当务之急。

第三节　高等教育政策基础知识

政策是指国家和政党为了达到一定的目的，根据自己的政治路线，结合当前情况和历史条件制定的一切实际行动准则。政策是理论和实践、理想和现实的结合点，同时也是处理各种利益关系的原则和行为。高等教育政策是国家公共政策的重要组成部分，集中体现了国家关于发展高等教育的意志和行动。高等教育政策涉及多方面的内容，主要包括高等教育在社会发展中的地位和作用、国家举办高等教育的目的、关于教育对象和教育内容的限定、关于教育的组织形式及资源的投入，等等。概而言之，高等教育政策主要包括政策目标和政策手段两个方面。

一、高等教育政策的本质

由于哲学信仰和分析问题的角度不同，对于高等教育政策的本质问题，不同的研究者会产生不同的观点。理性主义者认为，高等教育政策是无所不能的人类理性的产物；渐进主义者认为，高等教育政策并不完全是理性的产物；精英主义者认为，高等教育政策是社会上少数人意见和行为的结果。这些观点，由于方法论上的欠缺，都未能真正揭示高等教育政策的真正本质。

由于高等教育政策是一种特殊的高等教育活动，因此，它具有其他教育活动所没有的特殊矛盾。

第一，高等教育政策是有关高等教育的政治措施。

高等教育政策的制定和实施本身就是一种重要的政治行为，同时又是各种政治行为综合影响的产物。高等教育政策从根本上反映了统治阶级的高等教育愿望和要求。亚里士多德把教育看作是政府职能的一个重要方面，是一项重要的公共事务。他认为，“邦国如果忽视教育，其政治必将毁损”。

高等教育政策之所以是一种重要的政治措施，其根本原因是，高等教育政策是统治阶级意志的根本体现形式这一根本性质决定的。不同阶级、不同集团具有不同的阶级意志，因此不同的阶级和集团为了实现自己的意志，都制定了不同的高等教育政策。由于不同的阶级和集团在社会中所处的地位不同，所制定的高等教育政策也在社会发展中发挥着不同的作用。统治阶级由于在社会的物质生产和精神生产上居于统治和支配地位，使其得以在高等教育政策制定和实施中获得更多的权力、手段和资源，可以有力地运用高等教育政策，使本阶级获得更多的利益。我国是社会主义国家，中国共产党是社会主义现代化建设的领导核心，代表着全国各族人民的利益，所制定的高等教育政策无论是在理论方面还是在实践方面都处于统治地位，统摄着其他各种高等教育政策。

在当代西方政策学研究中，有学者认为，政策与其说是政治斗争的产物，不如说是社会经济等因素作用的结果，这种观点以美国著名的政策学家托·戴伊为代表。他认为，党派之争、民主党占优势的程度及选民参与程度不同的州之间，在政策上也存在着明显差别，而且政治系统不同的州在政策选择上存在的差别主要是由不同的社会经济条件造成的，而并非由某种政治因素造成的。事实上将高等教育政策这类复杂的社会现象完全作为社会经济条件的产物，与实际不符，其研究方法存在着偏差。因为政治体制、政党政治、政治文化、政治气候等一系列的政治因素总是在广泛地对高等教育政策的制定、实施和评价产生影响，高等教育政策是这些政治因素综合作用的结果。

第二，高等教育政策是有关高等教育权利和教育利益的具体体现。

无论在任何时代，无论在任何社会制度中，政策始终都与人们的权利和利益相关，而高等教育政策则具体体现了不同阶级在高等教育领域中的权利与利益，真实记录和反映了不同时代、不同社会制度中不同阶级接受高等教育的基本状况。

在高等教育产生之初，高等教育的权利完全为贵族（或奴隶主阶级）所垄断，接受高等教育只是统治阶级所享有的一种特权。到了封建社会，由于社会生产力的不断发展，与奴隶社会相比，接受高等教育的对象和范围有所扩大，但其根本目的仍是维护统治阶级的权利与利益。发展到资本主义社会，由于社会生产力的迅速发展及资产阶级为了自身竞争的需要，部分工人阶级及其子女具有了接受高等教育的机会，今天有些发达国家自称已经普及高等教育。这似乎在告诉人们，高等教育的阶级性已经不存在了，在高等教育这神圣的殿堂面前，所有人都可以公平地接受高等教育，高等教育政策所具有的“高等教育利益的权威性分配”的根本特征已经不再存在。政治学中的团体理论可以使我们清楚地认识和理解高等教育政策的本质。团体理论认为，无论政策如何变化，都不会偏离利益这个核心和轨迹。“公共政策实际上是在任何特定时候，通过集团斗争而形成的一种均衡，在它所代表的这种均衡之下派别和集团不断为获取自己的最大利益而斗争。”

既然高等教育政策是有关高等教育的权利和利益的具体体现，因此在制定高等教育政策时，能否兼顾各个阶级和集团的利益，优先考虑统治阶级利益尤为重要。今天由于民主、平等等价值观念日益深入人心，高等教育政策能否既保障统治阶级的利益，又不以牺牲其他阶级和集团的利益为代价，成为高等教育政策研究亟待解决的重大问题。我国是无产阶级领导的人民民主专政的国家，各劳动阶级和各社会集团都是国家的主人，他们之间已不存在根本性的利益冲突，接受高等教育成为全体公民所拥有的共同权利和利益。《中华人民共和国高等教育法》规定，“公民依法享有接受高等教育的权利。国家采取措施，帮助少数民族学生和经济困难的学生接受高等教育。高等学校必须招收符合国家规定的录取标准的残疾学生入学，不得因其残疾而拒绝招收”。但由于历史原因和现实生活中种种因素的影响（尤其是我国地域差异的原因），使得不同社会阶层和集团、不同地区的同一阶层的公民接受高等教育的机会存在着不同，使部分地区、部分阶层的公民接受高等教育的权利和利益受到了不同程度的伤害。我国政府在制定高等教育政策时既应考虑全体公民的根本利益和长远利益，也应充分考虑到不同阶层公民接受高等教育的愿望和要求，特别要保护弱势群体接受高等教育的权利和利益，统筹兼顾，综合平衡，这样才有利于国家和社会的和谐发展。

二、高等教育政策的特点

教育理论研究者对教育政策特点的研究各有千秋，作为教育政策的下位概念，研究者对高等教育政策的特点看法也不尽一致。参照已有的研究，笔者认为，高等教育政策具有目的性与可行性、稳定性与可变性、权威性与实用性、系统性与多功能性的特点。

1. 高等教育政策的目的性与可行性

高等教育政策是统治阶级根据自身需要而制定的，体现了统治阶级的主观意志，也是统治阶级主观能动性的产物，具有明确的目的性。统治阶级制定高等教育政策，为行动做出设计和谋划，其目的是为了解决一定的紧迫问题，因此明确的目的性是高等教育政策的基本特征。没有目的性的高等教育政策是不存在的。如果认为，高等教育政策制定在先，确定其目的性在后，是不现实的，也是荒唐可笑的。教育政策的目的性要求教育政策的内容必须要有明确的针对性，即围绕高等教育政策要解决的问题和实现的目标，有针对性地提出解决问题的规划和步骤，应避免泛泛而谈和语义模糊不清。

高等教育政策不但具有目的性，同时也具有可行性。因为无论高等教育政策的目的多么好，都必须符合现实条件，脱离现实条件的政策难以实现，也注定要失败。因此在制定高等教育政策的过程中，必须将其目的性与可行性紧密联系在一起，使二者有机联系起来。因此，全面理解高等教育政策目的所包含的内容及其相关因素，把握其本质，详细了解实现高等教育政策目的所必需具备的相关条件、手段和可能性，对正确制定高等教育政策具有重要的意义。

2. 高等教育政策的稳定性与可变性

如果高等教育政策朝令夕改，变化频繁，它就失去了其作为规范和准则的作用，也将会影响民众对高等教育政策的信任程度和执行政策的坚定性。因此高等教育政策制定公布后，在一定时期内应保持一定的稳定性，一般不随意发生变动。

高等教育政策的稳定性是相对的，世界上并不存在绝对的高等教育政策。高等教育政策具有其时效性。随着高等教育外部环境的变化及高等教育自身的变化，高等教育政策也必然要随之做出相应的调整。因为事物总是不断变化的，而人类的认识能力总是在实践过程中不断地逼近事物的本质。根据对事物矛盾分析而制定的政策，这种人类的意识活动也必然不断发生变化。高等教育政策就是在不断变化、不断修改和调整中走向成熟和完善的。

3. 高等教育政策的权威性与实用性

我国的高等教育政策一般是由中国共产党的领导机关、人民代表大会或政府部门分别或联合制定发布的。党和国家行为的合宪性决定了其所颁布的高等教育政策的合法性，合法性决定了高等教育政策的权威性。

高等教育政策的权威性在高等教育实践中体现为它的实用性。因为高等教育政策不同于高等教育理论，非概念、范畴、体系的组合，而是连接理论与实践的中介。高等教育政策的内容不是以抽象的概念出现的，而是具体的行为准则和规范。

4. 高等教育政策的系统性与多功能性

任何高等教育政策都是在与其他政策相互作用的过程中发挥其功能的。高等教育政策是整个政策体系中的一个有机组成部分，自身又是一个相对独立的体系。高等教育政策的系统性，一方面表现为横向上的，与其他公共政策的相互支持、相互制约，共同组成了社会发展的整体政策；另一方面表现为纵向上的，中央高等教育政策与地方高等教育政策之间的关系，也表现为高等教育政策自身在不同时代的关系。

高等教育政策的系统性决定了其多功能性。高等教育政策的功能无论是在性质上还是具体内容上都是丰富多彩的，既可能表现为与政府和社会的期望相符合的正功能，也可能表现为与政府和社会期望不符的负功能。

三、高等教育政策的功能

高等教育的功能指高等教育政策的作用，指高等教育政策在教育实践中为实现一定的教育目的所发挥的效力。

1. 高等教育政策的导向功能

高等教育政策的导向功能，是指高等教育政策对高等教育实践、对人们行为的引导作用。高等教育政策的导向功能一般表现在两个方面：一是为高等教育事业的发展提出明确的目标；二是推行一整套旨在促进高等教育事业发展的重大措施。

高等教育政策的导向功能具有直接导向与间接导向之分。直接导向指高等教育政策对其调整对象的直接作用。间接导向指高等教育政策对其调整对象间接发生的作用。在一般情况下高等教育政策制定者在制定高等教育政策时，比较重视其直接导向功能，而忽视间接导向功能。

2. 高等教育政策的协调功能

高等教育政策的协调功能，是指高等教育政策在社会发展过程中所起到的协调和平衡各种教育关系的作用。教育事业是一个庞大的系统工程，高等教育与系统中的各种教育（中等教育、职业教育、成人教育）之间存在着各种各样的关系。而且高等教育系统与社会母系统之间也存在着复杂的物质、信息、能量的交换关系。它们之间有时相安无事，有时却是矛盾重重，冲突不断，这时就需要高等教育政策的协调，高等教育政策的本质属性——高等教育的权利和利益的具体表现，使其具有协调的功能。

实践表明，高等教育政策的协调功能是以一个全面、配套的高等教育政策体系为条件的。各种高等教育政策之间只有纵向一致、横向协调、相互配合、相互补充，高等教育政策才有可能发挥其协调功能。高等教育政策在协调高等教育发展过程中的各种不平衡关系时，应掌握利益需求的最佳满足界限，妥善处理各种矛盾和利益关系，如果违背了适度原则，难免物极必反，产生新的不平衡。

3. 高等教育政策的控制功能

高等教育政策的控制功能，是指高等教育政策具有约束规范人们行为的作用。高等教育实践表明，高等教育政策的贯彻执行往往不是一帆风顺的。高等教育政策制定者和政策对象的错误思想及错误行为，会在很大程度上影响和妨碍高等教育政策的贯彻落实，如因认识不足导致对高等教育政策采取消极态度，因理解不当导致错误地执行高等教育政策。而且高等教育政策的适时调整更新也离不开政策的控制。在实施高等教育政策的过程中，因为外界情况发生变化、出现新情况新问题，都需要高等教育政策不失时机地做出调整和更新，因此，无论是保障高等教育政策的正确贯彻执行，还是为了防止和纠正高等教育实践中的不良现象和不正确的行为，都应加强高等教育政策的控制功能。

高等教育政策发挥其控制功能需要一定的条件。第一，高等教育政策必须明确合理，制定合理的控制指标是高等教育政策发挥控制功能的前提和基础。缺乏明确、合理的高等教育政策控制标准，就无法检查、评价高等教育政策的执行效果和产生的偏差，也无法采取正确有效的控制措施。第二，发挥高等教育政策控制功能的手段必须严密、封闭。管理学认为，系统的管理手段只有形成严密、封闭的回路，才能发挥有效的管理手段。因此，为了发挥高等教育政策的控制功能，首先要建立、健全高等教育政策控制的各个机构；其次是形成各种控制制度、法规和措施，在时间上形成连续完整的“回路”，在空间上形成严密合适的“网络”，使被控制对象在任何阶段、环节都受到有效的控制。

第四节　高等教育政策的制定与实施

一、影响高等教育政策制定的因素

研究高等教育政策的制定，首先应明确影响高等教育政策制定的因素。

1. 环境因素

高等教育活动不可能在真空中进行，必然要依赖于一定的外部环境。在影响高等教育活动的环境因素中，主要包括政治、经济、科技、人口、地理、自然资源等。

政治因素指国家或地区的政治制度。不同的政治制度可导致不同的政治理念，不同的政治理念又会产生不同的制定高等教育政策的思想基础。我国的社会主义制度决定了我国将马列主义的政治理念作为制定高等教育政策的思想基础。

经济因素是指国家或地区的经济制度和经济实力，这是制定高等教育政策的最主要的物质基础。高等教育政策的基本构思、框架、程度和方向，都受经济因素决定。

人口因素对制定高等教育政策的影响也不容忽视。高等教育资源的分配、教育机会均等、师资培养、高等学校布局等方面的政策，都受国家人口因素的制约。

2. 利益因素

利益因素主要涉及制定高等教育政策的人、组织和各种利益集团。参与高等教育政策制定的人都有可能对高等教育政策产生影响，只是发生影响的程度大小不同而已。由于参与高等教育政策制定的人或组织有其特有的知识背景、经验和利益取向，又受各种外在利益的制约，致使其在讨论和制定高等教育政策时无法采取完全公正的态度，而不得不以某一集团的利益为重，对高等教育政策发挥作用。

3. 价值因素

价值因素主要包括文化传统、思维方式、舆论导向等。文化传统对高等教育政策制定的影响最明显。中国与美国的文化传统存在着很大的不同，因此两国高等教育政策也必然存在着很大的不同。西方重视分析、东方重视归纳的思维方式，也使东西方的高等教育政策存在着很大的不同。社会舆论对高等教育政策的影响非常大，社会舆论通过大众传播媒介反映广大群众对高等教育需求的呼声，在一定程度下甚至会产生决定性的影响。

除这些主要影响因素之外，宗教信仰、民族气质和心理特点、已有的法律制度、国民对高等教育的态度、信息收集和整理的水平等，都会对高等教育政策的制定产生影响，但影响力较之前面的主要因素要小很多。

二、高等教育政策的种类和制定机关

高等教育政策一般可以分为总政策、基本政策和具体政策三大类。其中总政策是一个国家总的高等教育方针。基本政策是对高等教育工作具有普遍指导意义的政策，涉及的范围较广，数量也较多。我国高等教育基本政策包括：高等教育的基本方针、高等教育行政管理政策等。具体的高等教育政策是针对高等教育工作的某一方面而制定的，涉及领域更广，内容更加具体，如高校收费政策、高校毕业生分配政策、派遣留学生政策等。这些政策构成了我国庞大的高等教育政策体系,保证我国高等教育事业沿着健康的轨道顺利发展。

由于高等教育政策体系的庞大，国家的政治制度也不尽相同，因此制定高等教育政策的组织和机关也不尽相同。一般而言，单一政体的国家，高等教育总政策的制定机关是国家的最高权力机关或执政党（如我国的高等教育政策由党中央制定）；高等教育基本政策可由国家的最高权力机关或执政党制定，也可以由国家的教育行政部门制定；高等教育具体政策由国家或地方的教育行政部门制定。在联邦政体国家，高等教育政策与单一政体的国家存在很大不同，主要表现在：不存在高等教育的总政策，即使存在对下面的高等教育部门也不具有实质性的约束力;高等教育的基本政策由地方政府或地方教育行政部门制定;各种利益团体对高等教育政策制定的影响极大；由于利益和信息表达的多元化，经常会发生意见不统一的情况，因此很重视专家委员会的作用。由于现代高等教育事业的不断发展，无论国家的政体如何，无论由何种机构来制定高等教育政策，人们逐渐将高等教育政策的科学化和民主化作为制定高等教育政策的基础和前提。

三、高等教育政策制定的模式

从严格意义上来讲，不存在专门的制定高等教育政策的模式。制定高等教育政策实际上是较高层次上的决策，即对某个或某一组较为重要的高等教育问题做出带有指导意义的决定。

关于政策制定的技术和方法，政策学家提出了种种不同的模式。在这些模式中影响较大的有：理性模式、渐进模式、综合审视模式、政治协商模式、精英模式等。这些政策模式同样适用于高等教育政策的制定。

1. 理性模式

理性模式也称为科学决策模式，这是以追求最佳的政策和最好的解决方法为目标的决策模式。实施这一模式的顺序是：政策制定者全面掌握决策所需信息—客观和尽可能量化地分析信息—提出各种解决方案—对每一方案进行关于利弊及实施后果的评估—选出最佳方案。这一模式假定，决策中的每一个步骤都是出于理性考虑的，因此最后的抉择一定是最科学和最合理的。

以高等教育为例，一个国家的高等教育资源总是有限的，而民众对高等教育的需求是无止境的，因此按照理性决策模式，国家在分配高等教育资源时，必须制定一个能使高等教育资源得到最大限度利用的高等教育政策。从理论上讲，理性模式是以选优方法为基础的，因而也是最理想的模式，但在实际应用这一模式时，存在着很多的困难。第一，很多政策问题都是新问题，决策者很难全面把握与此相关的信息和知识。第二，所谓的最佳或最优的标准难以确定。如果社会中存在的价值彼此冲突，实际上是不存在一个可以共同接受的最佳标准，那么如何进行决策？如我国政府实行的“211 工程”“985 工程”，有人认为是最大限度地利用了高等教育资源，也有人认为是高等教育机会的不均等，那么究竟是以合理利用高等教育资源为最佳标准，还是以高等教育机会均等为最佳标准？显然因性质不同是无法相互比较的。第三，在高等教育中很多问题是难以准确量化的，并非所有的问题都具有确定性。第四，很多问题可以采用多种解决方案，如果决策者将所有方案的优点、缺点、利益、影响和效果都一一进行分析，决策者是否有这么多的时间、精力及决策所需要的知识、能力？决策的成本是否太大？第五，很多非理想因素的影响，如民族、宗教、文化等因素对理性决策的影响很大。

正因为理性决策模式在实际决策中存在很多的困难，所以在很多的决策过程中，开始制定决策时，决策者采取理性模式，但由于各种因素的限制，决策者不得不放弃最佳办法而改用实用的办法。这种情况在高等教育决策中是不少见的。

2. 渐进模式

渐进模式是指在制定政策时只对过去的政策做局部的调整和修改，使新政策成为过去政策的延伸和发展，而不是全面替代过去的政策，因此也称为连续有限比较模式。在政策制定过程中，常常会遇到一些问题，即使这些问题所涉及的内容并非很复杂，但后果也是难以预测的，因此有学者提出，最适当的决策模式应该是渐进模式，而非理性模式。因为越复杂的问题就越难预测其后果，考虑这类问题如果完全不顾以前的政策而采用全新的政策，则很难得到大众的认同与支持，还有可能产生很多消极作用。因此，在遇到问题时，应对现有的政策进行局部的小范围的调整，使其在现有政策的基础上实现渐进发展，以适应社会和教育的发展变化，也就是政策的改变仅限于“边缘改变”（marginalchange）。

采用渐进模式的优势在于：

第一，可以大大简化决策过程。因为采用这种模式决策者可不必去设计和评估所有的政策方案，只需要考虑与现行政策相关的内容即可。

第二，可节省决策者较多的时间和精力。采用这种模式只需分析现有环境与可能选择方案之间的差异即可，不必全方位地考虑问题的性质、目标。

第三，可以节省很多的成本。因为新政策与原有的政策具有密切的关联，因此不需要像实施新政策那样花费大量成本去宣传和解释。

第四，民众的接受度较高。因为有原有政策的实施基础，实施新政策时民众的心理障碍比较小，接受程度比较高。

当然，制定政策采用渐进模式也并非十全十美，也存在着不足。如果民众对现行政策普遍不满意，强烈要求变革，渐进模式的效果会非常不理想。另外，如果遇到的是一个全新的问题，没有既有的政策可以提供参考，渐进模式也就无从谈起。因此，渐进模式适用于稳定和变化缓慢的社会环境，而不适用于急速变化的社会环境。

3. 综合审视模式

这一模式将理性模式和渐进模式结合起来应用。具体来讲，先运用理性模式观察分析一般性的政策要素，分清主次，选取重点，然后再运用渐进模式来探讨决策者认为必须仔细调查的特殊项目或方案。这样决策者既可以避免忽略基本的政策目标，又可保证对最重要的问题做深入的科学分析。

综合审视模式试图结合理性模式和渐进模式两者的优势，并根据政策环境来灵活运用决策方法，以达到保证政策制定质量的目的。

4. 政治协商模式

政治协商模式也称为团体解决模式。决策者在制定政策时，广泛听取各政党、团体和社会阶层的意见，注意协调各种不同群体的利益关系，在达成妥协谅解的基础上做出决定。这一模式一般是在制定多方面问题和多种目标的政策时采用，实际上采用这种模式出台的政策往往是政治妥协的结果。

5. 精英模式

由于普通公众对政策问题缺乏兴趣，也很少向政府提出政策性的要求，对政策制定的过程也了解很少，因此政策实际上只反映了担当统治责任的精英的价值观念和偏好，政府只是在执行少数精英已经制定的政策而已。

虽然精英只是少数人，但是根据少数人观念和价值观制定的政策并非一定会违背大众利益。因为精英们一直认为，自己担负着为公众谋福利和为社会发展做贡献的重任，在制定政策时他们可能会考虑大众的利益。

精英模式是从社会实践出发，承认少数精英对社会政治、经济、文化的巨大影响力和在制定政策过程中的决定作用。但由于高等教育涉及千家万户，而且现代社会民众的参与意识不断增强，在高等教育领域中，精英模式的实用价值越来越受到怀疑。

除上述所介绍的制定政策模式外，组织模式、类比模式等一般的政策制定模式也同样对制定高等教育政策具有一定的参考价值。

四、高等教育政策制定的程序

虽然存在各种不同的高等教育制定模式，但就一般意义而言，制定高等教育政策的程序，基本上可分为五个步骤：

1. 发现问题

这是制定高等教育政策的第一步。高等教育领域存在着形形色色的问题，但并不是所有的问题都是政策问题，需要决策者去发现和确认。有时由于某一问题已经影响到公众的利益，或者成为社会舆论议论的中心，那么这类问题应引起重视，已成为政策问题。如，我国高校实行收费制度后，部分学生由于无力承担学费而被迫辍学，社会舆论对此议论纷纷，这一问题已成为政策性问题。在这种情况下，国家出台了大学生贷款制度，银行部门为此设计了学生贷款项目和优惠政策。在很多情况下，很多问题藏而不露，不易引起关注，或政府公务人员忙于公务无暇过问；因此政府部门和综合性大学均设有教育政策研究所（中心），为政府制定高等教育政策提供帮助。

2. 分析问题

发现问题并不意味着这些问题都可以进入制定政策的范围，需要对这些问题进行分析。需要分析的问题包括：所发现的问题属于哪一类性质的；这些问题是属于高等教育内部的还是外部的；属于区域性的问题还是属于全国性的问题；属于体制问题还是属于技术性问题；等等。为了解决这些问题需要大量收集信息，并需要对这些信息进行详细的分析与评估。

3. 形成政策目标和思想

如果政府认为发现的问题很重要，需要采取有效措施加以解决，这就需要形成政策目标和思想。也就是思考需要解决的问题在政策目标层次上应解决的程度，解决问题的思想是什么。而且在形成政策目标的过程中，决策者既要考虑理想状态，也要考虑实际可行性，避免在设计政策方案时走弯路。

4. 设计政策方案

明确政策目标后，便可以设计政策方案。根据实际情况科学合理地采用前面所介绍的政策制定模式，设计政策方案。在设计政策方案时无论采取哪一种或两种模式组合，都需要将设计方案的后果进行周密的预测和评价，应考虑到可能会出现的问题和相应的解决措施。

5. 确定政策并颁布实施

在充分论证政策方案的基础上，将确定政策并予以颁布实施。这个过程一般是由政府高层人士或决策部门来完成的。一旦政策正式出台，政策制定阶段便结束，开始进入政策实施阶段。

五、高等教育政策实施的意义

1. 高等教育政策实施是运用高等教育政策解决教育实践中存在问题的最直接的手段

高等教育政策的主要目的就是为了解决问题。高等教育政策的制定过程是认识问题、研究问题、得出解决问题方案的过程，而高等教育政策实施的过程是将解决问题的愿望转化为解决问题行动的过程。

2. 高等教育政策实施决定着政策目标是否实现及实现的程度

高等教育政策是为解决一定的高等教育问题而制定的，因此只有政策得到了完全或很好的实施，才能实现高等教育政策的目标。如果高等教育政策在实施过程中出现了问题，就有可能造成政策目标和实际效果之间的偏差，甚至会出现背道而驰的情况。

3. 高等教育政策实施是检验政策正确性的重要途径，也是制定后续政策的重要依据

高等教育政策属于主观认识的范围，是否符合客观实际，是否有效，需要通过实践，即高等教育政策的实施来检验。而且政策实施的效果如何，都会对以后的政策制定和政策实施产生一定的影响。

六、影响高等教育政策实施的因素

在高等教育实践中并不是所有的政策都能得到有效实施，有的可能会中途夭折或无法执行，因此高等教育政策的实施受一些因素的影响。

1. 高等教育政策方案

高等教育政策方案是政策实施的出发点，决定政策实施的过程，也决定政策实施的最终结果。高等教育政策方案对政策实施的影响体现在三个方面。

第一，高等教育政策利益调控的影响。从社会利益调控的角度区分，政策可分为两类，即分配性政策和限制性政策。分配性政策是指通过调动政策对象积极执行政策从而使其获得社会利益的政策。限制性政策是指通过规范政策对象行为从而使其获得社会利益行为受到约束的政策。政策利益调控直接影响着地方政府执行中央政策的积极性。就一般情况而言，在执行分配性政策时政策执行者会表现出更多的积极性和主动性，而在执行限制性政策时则会表现为更多的消极性和被动性。

第二，高等教育政策目标的影响。政策目标从性质上可以分为定性目标与定量目标。定量目标指用具体的数字描述政策，定性目标是指用模糊语言来描述政策。具有定量目标的政策比较容易实施，而定性目标的政策在实施过程中存在很多困难。

第三，高等教育政策措施完备性的影响。实现政策目标是依靠政策措施来实现的。政策措施可分为完备性措施和非完备性措施。完备性的措施应具备政策方案自身措施的完备

性、政策体系的完备性和政策措施的可操作性。不具备这些的政策措施为不完备政策措施。政策措施比较完备，政策实施的效果则较好；相反，政策实施的效果则较差。

2. 高等教育政策实施体制

高等教育政策决策对政策实施的影响表现在政策决策权力的分配上，一般来说，高度集权的政策决策权力分配体制，可保证政策实施者坚决执行政策主体制定的政策，但也容易造成政策失误；分权制的政策决策分配体制，政策主体制定的政策要经过下级执行政策转化为具体政策去实施，可保证政策决策尽可能地符合各地的实际，但也容易造成政策执行不到位。

3. 高等教育政策实施者

高等教育政策实施者是政策实施的直接参与者，对政策实施产生直接的影响。其影响主要体现在政策实施组织和实施者两个方面。

政策靠人通过一定的组织去实施，这个组织就是政策实施组织，其是政策实施的主要途径。选择合适的政策组织对政策实施会产生很大的影响。而且政策组织之间的有效配合也会对政策实施产生很重要的影响。参与政策实施的部门很多，要使政策实施有效进行，就必须使各级部门和组织有机配合，相互沟通和协调，促进政策的有效实施，并可减少成本。

政策实施者是指适合既定政策执行需要的、有相应能力的专业人员，包括和政策实施有关的各级政府和机构的领导及行政人员。这些人员的专业素质和实施政策的主动性、人员之间的相互合作等，都会对高等教育政策的实施产生影响。

4. 政策对象

政策对象对政策实施的影响首先表现在政策方案所规定的政策对象的人员数量上。一般而言，政策所涉及的政策对象的数量越少、越明确，政策实施就相对容易。

政策对象对政策实施的影响还表现在政策方案对政策对象行为调节的数量上。人的思想和行为是在一定社会环境中形成固定的行为习惯和行为模式的，如果改变这些会遇到一定的阻力。因此，如果高等教育政策对政策对象行为的要求与其原来的习惯和模式差距较大，要达到政策目标就很困难。

政策对象对政策有认同或不认同两种选择，影响政策对象认同的原因很多，其中最重要的一个方面是趋利原则，即政策对象是否接受政策取决于对政策利益的衡量。

七、高等教育政策实施的理论分析

早期的政策学研究者将政策的形成作为研究重点，较少关注政策的实施。后来人们在实践中发现，政策失败与政策实施之间存在很大的关系。于是在 20 世纪 70 年代后政策学研究者开始关注政策实施，并从理论上分析和阐述政策实施的过程。

米尔布里·麦克拉夫林（Milbrey Mclaughlin）从政策实施者与政策对象在政策实施过程中相互变化关系的角度，分析政策实施的过程，提出了“调适说”。这一理论认为，政策实施过程主要是政策执行者与政策对象之间就目标或手段进行相互调适的互动过程。政策实施的有效与否取决于政策执行者与政策对象之间行为调适的程度。在政策实施中有四种情况需要加以调适。首先，政策执行者与政策对象之间在需求与观点上不一致，双方必须做出让步和妥协，寻求一个可以接受的政策实施方式。其次，政策执行者的目标与手段应富有弹性，可依据环境因素和政策对象需求和观点的改变而变化。再次，政策执行者与政策对象在相互调适中处于平等的地位，是一个双向交流的过程。最后，政策对象的利益、价值与观点将反馈到政策上，以左右政策执行者的利益、价值与观点。

D.S. 范米特和 C.E. 范霍恩等人提出了“互动说”。这一理论认为，政策实施过程实际上是一些相关因素的变化和互动的结果。这些因素包括政策的标准和目标，政策资源，组织的沟通情况，实施机关的特性，经济、社会和政治条件，实施者的意向等。这些因素之间的变化和随之而来的互动结果，决定了政策实施的效果。政策变动与目标共识之间的不同搭配，会直接影响政策实施的效果。

此外，他们的研究发现，政策变动与目标共识之间的不同搭配，会直接影响政策实施的效果：

（1）政策变动越小，目标共识越高，则政策实施效果越成功；

（2）政策变动越大，目标共识越低，则政策实施效果越不明显；

（3）政策变动越大，目标共识越高，则政策实施效果越高；

（4）政策变动越小，目标共识越低，则政策实施效果低。

尤金·巴德克（Eugene Bardach）把政策实施过程看作一种比赛，提出了“赛局说”（game）。他认为，政策实施如同一场比赛的赛局，有利害关系的各方按照一定的规则行动，双方都希望自身获胜，会根据对方采取的策略和手段决定或选择自己的最佳应对策略和方法，并力争使损失降到最低限度。按照这种理论，在比赛中基本构成要素包括政策执行者（竞赛者）、利害关系、策略与战术、竞赛的资源、竞赛规则（取胜的条件）、公平竞赛的规则、信息沟通状况、所得结果的不稳定程度等。由于这些要素的相互牵制和影响，使政策实施过程成为一个极为复杂的动态过程，这其中最常见的赛局有四种，即政策资源遭到分散的政策执行、政策目标发生偏离的政策实施、执行机关面临各种窘境的政策实施和执行资源出现浪费的政策实施。因此，赛局说强调政策实施过程中多种因素的牵制作用以及政策实施者对策略和战术的运用。

1978 年马丁·雷恩（Martin Rein）和弗兰西斯·F. 拉宾诺维茨（Francis F.Rabinovitz）提出了政策实施的“循环说”。这种理论将政策实施分为三个阶段，即拟定纲领阶段、资源分配阶段和监督阶段。该理论认为这三个阶段不是单向流动的，而是一个相互循环的过程，而且在政策实施过程的每一个阶段必须遵循这样的原则：

（1）合法性原则：政策实施者必须遵从法律法规；

（2）理性原则：政策实施者必须同意政策是“理性”的，即道德上正当、行政上可行、行动上合理；

（3）共识原则：政策实施者在存在争议的问题上必须达成共识。

遵守这样的原则才能使政策顺利实施。“循环说”揭示了政策实施过程不是一次性的而是多次循环的特点。

这些政策实施的各种理论有助于我们从理论上认识政策实施，对教育政策实施具有一定的指导意义。

八、具有中国特色的高等教育政策实施的基本经验

1. 注重政策宣传

高等教育政策方案并不能自发地被接受，更不能自动地被执行，政策实施是人们的实践活动。高等教育政策要得到顺利实施，首先就要让政策对象对政策有所理解，而要做到这一点，必须注意政策宣传。

2. 重视政策实验

重要政策在全面实施之前都要在局部地区加以试验，以取得经验，再全面铺开。重视高等教育政策试验可以避免损失，少走弯路。

3. 强制执行与说服教育相统一

高等教育政策的实施涉及面广、对象多，是一项复杂的活动，仅有说服教育或仅有强制性执行手段都是不够的。采取强制性执行手段与说服教育有机结合的执行手段，有助于保证高等教育政策顺利实施，也有助于保证政策实施的质量。

4. 抓中心工作，以点带面

在政策实施中，抓中心工作，就是善于从纷繁复杂的工作头绪中找到并紧紧抓住最能影响全局、可以带动整个工作链条前进的中心环节，也就是抓住主要矛盾。在抓中心工作的同时，还要做到“以点带面”。

第五节　高等教育政策评价

高等教育政策评价，是依据一定的标准和程序，对高等教育政策的效益、效果和价值进行判断的一种行为。它是高等教育政策分析的重要方面，是一种具有特定标准、方法和程序的专门研究和评判高等教育政策的活动。

一、高等教育政策评价的意义

为提高高等教育政策的科学性，确保政策效益，科学实施政策，加强高等教育政策的评价具有重要的意义。

1. 高等教育政策评价可提供政策实施结果所带来的价值方面的信息

一项高等教育政策颁布实施后，其运行结果如何，很难一目了然地得出结论，必须利用科学可行的技术和手段收集政策实施效果的信息，并在此基础上进行科学分析和阐释，才可确认高等教育政策在运行过程中存在的优点和缺点，从而有助于帮助政策决策者进一步制定更有利于实现既定目标的高等教育政策。

2. 高等教育政策评价可为政策继续执行、调整或重新制定提供重要的依据

高等教育政策的实施过程是一个多层次、多方位的连续动态过程，在实践中凡符合客观情况、运作顺利、效果明显的政策，则可继续执行，甚至可上升为法律；凡与实际情况脱节的政策，在继续执行前必须加以调整；有些政策所针对的矛盾已经解决或因实际情况发生变化已不适用，则应中止。因此决策者应根据不断变化的实际情况来确定政策目标和政策措施，而这些是不能凭主观臆断的，只能根据对高等教育政策效果的科学评价后加以决定，使颁布的高等教育政策始终能最大限度地与实际情况相吻合，从而切实解决高等教育实践中存在的实际问题。

3. 高等教育政策评价可有效地检测政策效率和公平程度，为科学合理配置高等教育资源奠定基础

每一项高等教育政策的实施都需要教育资源的投入，但效率高低和公平程度却有很大的区别，高等教育评价可以借助大量的投入产出信息，检测各项政策的实际效率和公平程度，促使高等教育政策的制定者站在公众整体利益的高度，在兼顾实际效率和公平程度的基础上，使有限的高等教育资源发挥最大的效益，防止政策执行人员出于局部利益的考虑而采取不适当的政策。通过高等教育政策评价，可以确定每一项政策的价值和效果，并决定投入各项政策的资源的顺序和比例，以寻求最佳的整体效果，避免劳而无功或事倍功半。

4. 高等教育政策评价是使高等教育政策迈向科学化和民主化的必由之路

现代社会由于信息急剧膨胀，加之高等教育政策制定组织活动日益复杂，迫切需要由传统经验型政策决策向科学化决策转变，以实现对高等教育事业的科学有效管理。高等教育政策评价正是实现由传统经验型政策决策向科学化决策转变的必由之路。进行高等教育评价，不仅可有效地判断每一项政策的价值、效益和效率，科学决定各项政策投入资源的顺序和比例，而且可以了解政策实施中存在的问题和调整政策的可行性依据，提高高等教育政策实施的效益。

高等教育政策评价有助于促进高等教育政策决策的民主化。因为高等教育政策评价既可以超越少数政策制定者的有限意见，可独立地、宏观地、科学地进行评价和鉴定，又可以集中和综合来自各个方面的基本态度、倾向和褒贬，即使是政策对象也可以根据自身的感受积极参与高等教育政策评价活动，这有利于推动政策决策走上民主化的轨道。

二、目前我国高等教育政策评价存在的主要问题

1. 高等教育政策评价主体不当

高等教育评价主体行使着教育政策评价的权力。目前我国高等教育政策评价的人员一般都是由教育部门内的政策研究者、决策者及执行者来担任。由于评价者自身利益的驱动和职责所限，不仅容易忽视政策目标群体的要求使评价结果失去客观公正，而且评估的范围多局限于政策中具有可操作性的措施、方法等细节上，对政策价值取向等深层问题较少涉及。

2. 评价标准存在不足、评价方法落后

我国目前的高等教育政策评价一般都倾向于评价政策实施前后给社会总体带来的影响，很少考虑政策对不同社会阶层利益的影响，致使我国的高等教育政策存在重社会轻个体、重效率轻公平的倾向。

我国政府和教育管理部门制定了各种微观的（如实验室）和中观的（教学水平）评价指标体系，但至今却未建立宏观的、具有导向性的高等教育政策评价指标体系。由于缺乏可供遵循的高等教育政策评价指标体系，导致政策评价者无法系统地理解政策得力或不力的主要原因，也使政策评价失去了客观的根据。

我国高等教育政策评价方法存在着“两多两少”的不正常现象，即经验分析多、定性分析多，演绎推理少、定量分析少。此外，由于在使用对比分析方法分析时，对政策实施前后效果进行采样的样本数量较少，代表性不足，甚至会出现缺乏控制团体的参考，使评价结果的信度和效度大打折扣。

3. 国家相关部门对高等教育政策评价缺乏应有的重视

国家相关部门对高等教育政策评价的投入不足。高等教育政策评价需要投入大量的人力、物力、时间，但目前我国高等教育决策机关和执行机关中获得的高等教育政策评价的投入很少，无法保证高等教育政策评价的连续进行。

高等教育政策评价结论在我国缺乏影响力。由于高等教育政策评价在国家相关部门没有得到应有重视，致使高等教育政策评价结论难以发挥其应有的作用，这也是我国高等教育政策评价研究发展缓慢的一个重要原因。

4. 相应的法律法规不健全

我国政府各级教育部门颁发的政策法规不计其数，其中却都未涉及教育政策评价。《中华人民共和国教育法》和《中华人民共和国高等教育法》中有关评价的条款只规定，学校的办学水平、教育质量可以作为评价的对象，并未将教育政策纳入评价范围，更未提及教育政策的评价主体，各级政府所制定的教育政策也未对这方面有规定。这使人们无法明确教育政策该由谁评价和如何评价，这无形中降低了高等教育政策的权威性，也造成了政策制定者和实施者来充当评价者的怪圈。

5. 高等教育政策评价理论研究不足

国外的教育政策研究始于二战后。无论是作为一种教育实践活动，还是作为一门独立的学科，都呈现良好的发展势头，已成为教育研究的核心领域。而在 20 世纪 80 年代政策研究才进入我国教育研究者的视野，而且政策研究几乎是政策解释和宣传的工具。由于教育政策长期的神圣化使政策评价异化为合理论证和歌功颂德的手段，从而对政策评价的标准、方法缺乏足够的研究。教育政策的理论研究水平尚且这样，高等教育政策研究水平也就可想而知了。理论研究的不足导致了实际的盲从，我国高等教育评价主体不当现象长期存在自然顺理成章。

6. 评价人员素质不高

高等教育政策在实施过程中，受社会政治、经济、文化等多种因素制约，其影响和成本不易确定，特别是一些影响长久、广泛的政策，更难以用一时一事的情况与一两项简单的评价标准来断定，这就必然要求评价人员具有较高的素质。而我国现有的各种高等教育政策评价力量都无法在质量与数量上满足这些要求，这也是造成评价方法落后、评价结果缺乏科学性的主要原因之一。

三、加强高等教育政策评价质量的对策

1. 加强高等教育政策评价的理论研究

加强高等教育政策评价的理论研究。首先，应对高等教育政策进行合理定位，将其请下“神坛”，明确高等教育政策也是高等教育研究的对象。因为任何高等教育政策都是一个不断完善的过程，高等教育政策评价是通过诊断高等教育政策制定及实施过程中存在的各种问题，以达到改进、提高高等教育政策之目的。其次，借鉴公共政策和评价学的相关原理及国外教育政策评价的先进理论和经验，构建具有中国特色的高等教育政策评价理论，并可组织专门学会、学术会议和各种学术杂志等学术阵地，对高等教育政策评价进行学术探讨和学术研究。

2. 制定有关高等教育政策评价的政策法规

为使高等教育政策评价得到不断发展，应尽快制定有关高等教育政策评价的政策法规，明确评价主体，并依法界定高等教育政策管理部门与政策评价部门的职能。高等教育政策评价主体应是专门的、独立的政策评价机构，是政策评价的唯一主体，与教育行政部门不具有行政隶属关系；高等教育政策管理部门拥有政策制定、传达、宣传、执行、监督等职能，不具有组织政策评价和发布政策评价结果的职能。专门、独立的高等教育政策评价机构作为政策评价的主体，不会为了迎合上级或本部门的利益而放弃科学的评价结论，可较为公正、客观地进行政策评价，可保证评价的信度和效度。

3. 建立科学的高等教育政策评价指标体系，完善评价方法

为了提高高等教育政策评价质量，应尽快建立行之有效的高等教育政策评价指标体系，使评价做到有据可依。评价指标体系应力求做到效率与公平的统一、过程与结果的统一、当前与长远的统一。

完善评价方法，首先应认真地用好对比法这一政策评价的最基本方法。选足样本、选好样本，并充分利用政策实施过程中收集到的各种信息，对政策实施前后、政策地区与非政策地区、政策试点地区与推广地区进行多方面的比较，采用定性与定量相结合、归纳与演绎相结合的方法，对高等教育政策的作用、影响得出客观的结论。其次，利用公共政策评价常用的定量方法（如马尔代夫模型、贴现率法）与定性方法（如头脑风暴法、德尔斐法、脚本定作法、运筹博弈法）等，多种方法相结合，对高等教育政策进行科学、客观的评价。

4. 提高评价人员素质

高等教育政策评价的各个环节最终由评价人员来完成，教育政策评价人员素质是决定

高等教育政策评价水平高低的关键。国家应规定政策评价人员应通过国家的执业资格考试，政策评价机构应定期对专职评价人员进行集中培训，使其了解高等教育政策、法规及国内外最新的评价理论和方法、技术等。国家可组建高等教育政策评价专家库，高等教育政策评价机构选用。高校的高等教育研究所应加大高等教育政策评价方向研究生的培养力度，充实高等教育政策评价队伍。

5. 建立高等教育政策评价的信息管理系统

信息是评价的依据。缺乏真实、详尽的信息资料，无法保证高等教育政策评价的客观性、科学性。因此，为了提高高等教育政策评价的质量，应建立相应的高等教育政策信息管理机构，制定信息管理办法，建立覆盖全社会的信息管理网络系统，规范评价信息的采集、加工、传输，最大限度地防止信息的漏损，从而保证高等教育政策评价组织可获得真实、详细的评价信息。有关高等教育政策制定的背景、实施状况、评价结论等内容（法律规定的应保密内容除外），应通过公告、报纸、电视、网络等媒体及时向社会传播，增加政策的透明度。

第二章　高等教育中法规与规划管理研究

第一节　高等教育法规基础知识

一、高等教育法规的法源与体系

1. 高等教育法规的渊源

法的渊源，又称“法源”或“法律渊源”，其原意为法的“来源”或者“源泉”。法的渊源在不同的国家有不同的表现形式。在历史上，法的渊源主要有习惯法、判例法、君主敕令、规范性法律文件、国际条约及法律学说等等。在法律史的早期，习惯法是法的主要渊源。随着社会生产方式和法律文化的发展，制定法和判例法的地位逐步上升，成为法律的主要渊源。但在不同法律传统的国家，制定法和判例法在法律渊源中的地位不同。在大陆法系国家，正式制定的成文法是主要的法律渊源；而在英美法系国家，判例法则是主要的法律渊源。在我国，社会主义法的主要渊源是制定法。

我国高等教育法的渊源指高等教育法的形式渊源，即高等教育法律规范的效力来源。根据《中华人民共和国宪法》和有关组织法的规定，我国高等教育法的渊源主要是由国家机关制定并发布的具有普遍约束力的高等教育规范性文件，有以下几种形式：

（1）宪法关于高等教育的法律规范

宪法是国家的根本大法，它在我国的法律体系中处于最高的法律地位，是其他各种法律规范的根本法依据。宪法是我国社会主义法的最重要的法律渊源。我国的所有教育法律规范性文件都是根据宪法制定的，宪法中关于教育的法律规定是我国教育法的根本法渊源，在法律渊源体系中处于最高地位。我国宪法中有许多关于发展教育科学文化事业的规定。《中华人民共和国宪法》第 19 条规定：“国家发展社会主义教育事业，提高全国人民的科学文化水平。国家举办各种学校，普及初等义务教育，发展中等教育、职业教育和高等教育，并发展学前教育。国家发展各种教育设施，扫除文盲，对工人、农民、国家工作人员和其他劳动者进行政治、文化、科学、技术、业务的教育，鼓励自学成才。国家鼓励集体经济组织、国家企业事业组织和其他社会力量依照法律规定举办各种教育事业。国家推广全国通用的普通话。”第 23 条规定：“国家培养为社会主义服务的各种专业人才，扩大知识分子队伍，创造条件，充分发挥他们在社会主义现代化建设中的作用。”此外，《中华人民共和国宪法》关于我国的基本政治经济和文化制度、公民基本权利义务等方面的规定，也与高等教育法规有重要的联系。

（2）有关高等教育的法律

有关高等教育的法律即全国人民代表大会常务委员会制定的规范性法律文件。目前有《中华人民共和国学位条例》《中华人民共和国教师法》《中华人民共和国教育法》《中华人民共和国职业教育法》《中华人民共和国高等教育法》《中华人民共和国民办教育促进法》等。

（3）国务院、中央军委关于高等教育的行政法规

根据《中华人民共和国宪法》的规定，国务院有权制定行政法规，在领导和管理我国高等教育工作，推动高等教育改革与发展的过程中，国务院制定了大量的行政法规，如《中华人民共和国学位条例暂行实施办法》《普通高等学校设置暂行条例》《高等教育自学考试暂行条例》《学校卫生工作条例》《教学成果奖励条例》《教师资格条例》《中外合作办学条例》《中华人民共和国民办教育促进法实施条例》等。此外，中央军事委员会有关军事教育的法规也是我国高等教育法规的渊源之一。

（4）国务院有关主管部门制定的行政规章

根据宪法和《中华人民共和国国务院组织法》的规定，国务院教育主管部门是教育部，它有权制定行政规章，多以“……的办法”“……的通知”“……的规定”等为名，如《国家教委关于印发〈普通高等教育学历证书管理暂行规定〉的通知》《教育行政处罚暂行实施办法》《国家教育考试违规处理办法》《高等学校收费管理暂行办法》《高等学校培养第二学士学位生的试行办法》《成人高等学校设置的暂行规定》《广播电视大学暂行规定》《研究生院设置暂行规定》《高等学校本科专业设置规定》《高等职业学校设置标准（暂行）》《高等学校聘请外国文教专家和外籍教师的规定》《普通高等医学教育临床教学基地管理暂行规定》《高等学校教师培训工作规程》等，此外还有《高等学校医疗保健机构工作规程》《普通高等学校定向招生、定向就业暂行规定》等多个行政规章。这些行政规章涉及高等学校外部管理和内部运行的诸多方面，既有对高校及其专业、研究生院设置的调控，也有对从学生的入学、就业到学生的各种管理的规定，更有对高校内部涉及重大安全问题的机构比如医疗机构、学生食堂的规定，是当前高等教育管理的主要法律依据。

（5）地方性高等教育法规

地方性教育法规指省、自治区、直辖市人民代表大会及其常务委员会为推进本地的高等教育改革、发展高等教育事业而制定的法律文件，如《上海市教学成果奖励办法》《上海市境外机构和个人在沪合作办学管理办法》《上海市民办学校管理办法》等。

（6）地方性高等教育规章和高等教育规范性文件

地方性教育规章指省、自治区、直辖市人民政府和省、自治区人民政府所在的市及国务院批准的较大的市的人民政府制定的有关教育的规范性文件，如《广东省专修学院高等教育学历文凭考试学生学籍管理办法暂行规定》等。

（7）最高人民法院、最高人民检察院有关高等教育的司法解释及我国与外国政府、国际组织缔结的国际公约和条约，这也是我国高等教育法规的重要渊源，如《中德政府〈高

等教育等值协定〉》《中华人民共和国政府与大不列颠及北爱尔兰联合王国政府及托管政府关于相互承认高等教育学位证书的协议》。

2. 高等教育法规的体系

法律体系是指一国现行全部法律所构成的内部和谐一致、有机联系的统一整体，主要表现为国内法律部门之间形成的内部结构。教育法是我国法律体系的重要组成部分，它本身也自成体系，是一个由多种高等教育法律规范和法律子部门所构成的完整的内部效力高低有序、各子部门有机联系的整体。

一般而言，法律体系有横向和纵向两种结构。横向结构是指根据社会法权关系所形成的法律部门。我国横向的法律部门有宪法、民法、商法、行政法等，教育法是行政法中的一个类型，而高等教育法规是教育法的一个组成部分。在高等教育法规体系中，其法律部门根据教育关系主体的不同，一般被分为学生法、教师法、学校法、教育行政主体法等，由于我国高等教育法制建设还处于发展初期，很多法律还有待研制，一些法权关系处于无法调节的状态之中。比如，高等学校与大学生之间的法律关系就缺乏明确的规定，虽然依据高等教育法，高等学校对在校大学生有权实施内部管理，但对这种内部管理的性质和权限的大小，现行高等教育法规却没有明确规定，导致现实生活中学校与学生的法律纷争无法可依。20 世纪末以来，大学屡屡被推上被告席，而且大学与学生之间的每次法律纷争都能引起社会和学术界的强烈关注。这一方面说明了我国高等教育法制建设已经取得一定成绩，法律意识在高等教育领域较为普及；另一方面也说明了高等教育法规中存在着许多盲点，亟待解决。

二、高等教育的法律关系

1. 概述

法律关系是指法律规范在调整社会成员行为过程中形成的具有确定权利义务内容的社会关系。社会关系有很多种（如生产关系、政治关系、经济关系、道德关系、家庭关系、宗教关系等），法律关系只是其中一种特殊的社会关系，它是社会生活中人与人之间的关系为现行法律规范所确认的产物。它以法律规范为前提，存在着一定的国家意志性。

高等教育法律关系是指高等教育法律规范在调整人们高等教育行为过程中形成的教育权利和义务关系。其前身是高等教育关系，是人们在从事高等教育行为过程中形成的人与人之间的关系，当这些高等教育关系由相关法律规范去调整时，高等教育法律关系就产生了。比如，高校招生工作者在招生时徇私舞弊，过去只是违纪行为和不道德行为，现在由于高等教育法规严令禁止此类行为，类似行为就成了违法行为，徇私的招生工作者和其所在学校之间就成了一种法律关系，不再是普通的工作关系。因此，高等教育法律关系以主体间的权利、义务为重要内容，法律规范对主体的权利、义务作做了相当明确的规定。同时，这种法律关系具有鲜明的意志特征，以人的意志为转移，以高等教育法律关系参加者的意志为转移，通过主体单方或者多方的意思表示才能实现。

社会关系的多样性和复杂性决定了法律关系的多样性和复杂性。理论上，可以依法律关系参加者（法律关系主体）在法律关系中的地位分成纵向型的法律关系和横向型的法律关系，前者被称为行政法律关系或者行政关系，后者则被称为民事法律关系或者民事关系。所谓行政法律关系，是指政府及其管理者在对公共事务进行组织管理的过程中与行政相对人形成的法律关系；所谓民事法律关系是指受民事法律规范调整和确认的平等主体之间的人身与财产关系。依据这样的划分标准，高等教育法律关系也可分为高等教育行政关系和高等教育民事关系。

高等教育行政关系是政府及其具有高等教育事务组织职能的机构在对教育事务进行管理时与他人所形成的法律关系，即政府或者高等教育主管机关在进行高等教育组织与管理时与教育机构、教育工作者、受教育者及其他社会成员之间的权利、义务关系。高等教育行政关系中政府及其授权机构是必不可少的，它们与法律关系的另一方主体的地位是不平等的：政府及其授权机关处于管理者的地位，其命令与决定是必须得到遵守和履行的；而作为行政相对人的高等学校及其他教育机构、教师及其他教育工作者、学生等都处于被管理者的地位，必须遵守和履行教育行政机关的命令与决定。典型的高等教育行政关系是政府与作为行政相对人的高等学校和大学生之间的法律关系，比如高等学校在设立时与主管部门发生的行政申请与审批关系，高等院校的学生在学位申请时接受主管部门的审核和认定而形成的法律关系等。但是近年来的法律实践和行政法学理论都有所发展，行政主体的范围有所扩大，一部分承担了公共管理职能的事业单位和行业组织已经成为新型的行政主体。因此，高等学校在法律授权或者接受主管机关的委托而代替国家行使高等教育公共管理事务时与学生形成的高等教育关系也成为一种行政法律关系，高等教育行政关系不再是政府与行政相对人之间的专利。

高等教育民事关系是指受民事法律规范调整和确认的、在高等教育过程中发生的教育者和受教育者之间及其他组织、公民之间的人身和财产关系。教育民事关系中的主体双方的权利义务是平等的，必须是基于自愿而发生。高等教育民事关系与普通民事关系存在着不同，首先，它必须发生于教育过程中。比如，大学生在体育课上因教师保护和指导不力而受伤，就会形成学生与学校之间的索赔与赔偿的财产关系，但如果大学生在家中甚至是上学、放学的途中发生人身伤害事故，就与学校之间没有法律关系。其次，由于高等教育不是纯粹意义上的商品，带有很强的公益和公共性质，高等教育民事关系有时并非完全基于自愿而发生。比如，在当前的高等学校招生体制下，学生并非完全自愿到某所学校或者某个专业就读，但他上学就得交纳有关的费用，就得与必须就读的学校之间形成法律关系，所以，此时教育民事关系的产生不是以完全自愿为前提的，而是以主体遵守制度为前提。

2. 几种基本的高等教育法律关系

在教育活动中，最基本的主体是教育者和受教育者，国家的身份则是管理者、监督者和调控者。这样就至少产生了三个方面的教育社会关系：国家与教育者之间的关系、教育者与受教育者之间的关系及国家与受教育者之间的关系。在现代社会，教育主要由学校来承担，学校代表国家行使着许多权力，代表国家对教育者和受教育者提出诸多要求，这样，以上三种基本的教育关系就衍生出了教师与学生的关系、学校与教师的关系和学校与学生的关系。另外，国家或者政府主要是通过调控学校对教育进行调控，所以，还存在政府与学校的法律关系。

（1）政府与学校的法律关系

我国宪法规定，国家发展教育事业，开办各级各类学校。中华人民共和国建立以后的很长一段时间里，我国的学校几乎都是公立学校，学校与政府之间是经营者和开办者的关系，甚至是政府的一个附属部门。20世纪末期的经济和政治改革催生了一批民办教育机构，它们与政府之间的关系是管理与被管理的关系。所以，从总体而言，政府与学校之间的关系主要表现为政府依法对高等学校进行行政管理，学校则处于服从的地位，必须履行行政命令所规定的义务。同时，学校可以依法享有一定自主办学的权力并可以对政府行使以建议为中心内容的监督权。

具体而言，政府在与学校的法律关系中享有形成权、命令权、处罚权和管理权。形成权是政府依法做出的产生、变更和废止某种法律关系的权力，如政府依法有权设置或者撤销学校；命令权是政府依法发布行政命令的权力，如各种政策的发布；处罚权是政府依法对违反行政法规的单位或者个人进行行政处罚的权力，如对违法招收学生的高校进行罚款、限制其招生的权力；管理权是政府依法管理教育事务的权力，如政府对高校进行招生管理、教学质量管理的权力。而学校则享有自主的办学权力，包括人事权、教学权、财产权、招生权、专业设置权、科学研究权、对外交往权等，同时必须履行遵守法律、法规，贯彻国家的教育方针，执行国家教育教学标准，保证教学质量等义务，并依法接受监督。

（2）学校与教师的法律关系

在大陆法系国家中，公立学校的教师是国家公务员，而在英美法系国家中，教师则是学校的雇员。根据相关法律，我国根据国家人事管理的一套法规来管理编制内的教师，“学校和教师的关系应当定性为区别于劳动管理的具有人事性质的行政法律关系”。教师不是学校的雇员，与学校的关系不是雇佣关系。根据《中华人民共和国教师法》的规定，学校与教师的关系是聘任或者任命关系。

具体而言，在学校与教师的法律关系中，学校享有对教师的聘任权、考核权和管理权，即学校依法可以聘任或者解聘教师，可以对教师进行定期或者不定期的考核，并以此作为教师升迁、奖惩的依据，可以制定规章制度对教师进行人事管理和教学、科研管理。但学校也必须履行对教师的各种法定义务，比如按时足额发放工资、保障教师的各种合法权益不受侵犯等。而教师则享有教育教学权、科学研究权、指导学生发展权、培训权、工资福利权及民主管理权，但必须履行教育教学、遵纪守法的义务。

（3）学校与学生的法律关系

学校是教育产品或者教育服务的提供者，学生是教育产品或者教育服务的消费者，二者是买卖合同关系。但高等教育具有准公共产品性质，它有私人产品的性质，也有公共产品的性质。高等学校不能完全按照教育消费者的喜好而决定教育性质、方式和内容，而必须参照社会和国家的要求来进行教育活动。因此，大陆法系国家对学校与学生之间的关系持特别权力关系理论，即认为学校、教师对学生享有特殊的、不受现成的法律约束的权力，但同时又有法律保留之说，即在涉及学生基本权利的情况下，法律保留规范学校、教师行为的权力。当前我国在市场经济条件下和大学实行收费制度的环境中，学校与学生的关系比较复杂，既有传统的教育行政关系，也有教育民事关系。

当前的法律规范中，学校对学生享有招生权、教育权、管理权，学校可以依法对学生进行奖惩、学籍管理和日常行为管理，但必须维护、尊重学生的尊严，不得侵犯学生的合法权益。而学生则享有受教育权、获得奖学金权、获得公正评价权及财产权、人身权等，履行守法、努力学习等义务。

（4）教师与学生的法律关系

教育活动是与人的心灵和精神直接相关的活动，个体极其丰富的个别差异性与人类精神世界的复杂性都使教育活动需要极高的创造性。因此，传统上，作为教育活动中的两大主体，教师和学生的很多行为规范不是由法律进行规范，而是受道德和习惯规则约束。随着现代人权思想的普及以及现代教育观的确立，学生在教育活动中的主体地位得到确认，学生的各种权利也受到重视，对教育过程中教师、学生的行为进行规范也成为教育法规的内容之一。

在当前的法律体系中，教师对学生享有教育权和指导权。根据《中华人民共和国教师法》的规定，教师有权进行教育教学活动，开展教育教学改革和实验；指导学生的学习和发展，评定学生的品行和学业成绩。法律同时规定了教师的行为要求：关心、爱护全体学生，尊重学生人格，促进学生在品德、智力、体质等方面的发展；制止有害于学生的行为或者侵犯学生合法权益的行为，批评和抵制有害于学生健康成长的现象；贯彻国家的教育方针，遵守规章制度，执行学校的教学计划，履行教师聘约，完成教育教学工作任务。学生在教育活动中有权参加教育教学计划安排的各种活动，使用教育教学设施、设备、图书资料；有权在教师侵犯其合法权益时提出申诉。但学生在教育活动中必须遵守学生行为规范，尊敬师长，养成良好的思想品德和行为习惯；努力学习，完成规定的学习任务；遵守所在学校或者其他教育机构的管理制度。

第二节　高等教育法制建设与基本法律制度

一、高等教育法规的制定

法制建设的目标是“有法可依、有法必依、执法必严、违法必究”，其中第一个环节是要有完善的法律体系。要建立完善的法律体系，首先要有完善的立法体制。所谓立法，是指国家机关创制、修改、废止法律的一种专门活动。因此，高等教育立法就是国家机关创制、修改、废止有关高等教育法律、法规、规章的活动。

1. 立法机关与立法权限

我国宪法规定，“全国人民代表大会和全国人民代表大会常务委员会行使国家立法权”，同时，国务院有权制定行政法规，地方各级国家权力机关和民族自治机关有权制定地方性法规和民族自治条例、单行条例。因此，我国高等教育立法机关及其立法权限的划分大致如下：

全国人民代表大会有权制定、修改《中华人民共和国宪法》中有关教育的条款，有权制定教育基本法律，对有关教育领域的根本性和全面性的问题做出规定。

全国人民代表大会常务委员会有权制定教育基本法律以外的其他教育法律，就教育领域的某些或某一方面的问题做出规定。因此，高等教育的基本法律是由全国人民代表大会常务委员会制定的。

国务院有权根据宪法和法律制定高等教育行政法规，将法律和宪法中有关的规定具体化、可操作化。

国务院各部委根据法律和国务院行政法规，有权制定规范高等教育行政活动的高等教育规章。

省、自治区、直辖市的人民代表大会及其常务委员会，省、自治区的人民政府所在地的市、国务院批准的较大的市及经济特区市的人民代表大会及其常务委员会，在不与宪法、法律、行政法规相抵触的情况下，有权制定和发布地方性高等教育法规并报全国人民代表大会常务委员会和国务院备案。

省、自治区、直辖市，省、自治区的人民政府所在地的市，经国务院批准的较大的市及经济特区市的人民政府，有权根据法律和教育行政法规制定和发布地方性高等教育规章，使国家法律在地方具有操作性和可行性。

2. 立法程序

立法程序即法律的制定程序，是指国家机关制定、修改和废止法律或其他规范性文件的法定步骤和方式。根据《中华人民共和国立法法》，我国高等教育立法大体分为四个步骤：提出立法议案、审议法律草案、通过法律草案和公布法律。

第一步是立法议案的提出，它标志着立法活动的正式开始。立法议案是指依法享有专门权限的机关或个人向立法机关提出的关于法律制定、修改或废除的提案或建议。提出法律议案是一种法定权力，根据我国宪法和有关法律规定，具有向全国人民代表大会及其常务委员会提出有关法律议案职权的机关和人员有全国人民代表大会及其常委会的代表、全国人民代表大会常务委员会和主席团、国务院和国家最高司法机关和军事机关。以上机关和人员在提出制定、修改和废止法律议案和建议后，首先由法制机关对法律草案的内容、技术及法理等方面进行审查并需经广泛征求意见，反复讨论、审议，最后形成提交立法机关审议、讨论的正式草案。

第二步是审议法律草案，即立法机关对列入议程的法律草案正式进行审查和讨论。一般来说，法律、法规的决定通过一般要采用会议的形式。在我国，决定通过法律、法规的权力机关主要是人民代表大会常务委员会，行政机关是国务院全体会议和常务会议，各部、委员会的部务会议和委员会会议以及地方人民政府的全体会议等。向全国人民代表大会提出的法律草案一般要先经常务委员会审议后才提交全国人民代表大会会议审议。在审议期间还要由法律委员会根据代表审议提出的意见进行审议并提出报告，再由主席团决定提交大会审议，由大会决定是否通过。向全国人民代表大会常务委员会提出的法律案，一般采取初步审议和再次审议两个步骤，然后由常委会会议决定是否通过。这样做的目的在于保证有充分时间对法律进行周到细致的讨论并听取各方面意见，避免仓促通过。

第三步是通过法律草案。法律的通过是指法律制定机关对法律草案经过讨论并进行表决后，表示正式同意，法律草案由此便成为法律，因此，这一步骤是整个立法程序中最重要和最有决定意义的阶段。为了加强所通过的法律的稳定性和权威性，法律的通过必须经法律制定机关代表中的一定法定人数的赞成。通常，普通法律必须经全国人民代表大会的代表过半数通过；宪法必须经全国人大代表的三分之二以上的多数通过；全国人大常委会审议的法律草案和其他议案，由常委会全体组成人员的过半数通过；地方各级人民代表大会通过规范性文件，以全体代表的过半数通过。

第四步是公布法律，即立法机关或者国家元首将通过的法律提高通过一定形式予以正式公布。这是立法程序的最后一环，也是法律生效的关键步骤。只有向社会公布，法律才能在社会中产生实际作用，才具有法律效力。凡没有正式公布的法律，都不能认为是具有法律效力的法律。

我国宪法规定，中华人民共和国主席根据全国人民代表大会和全国人民代表大会常务委员会的决定，公布法律。其他的规范性文件也都有一套法定的公布程序和方式。

以上所述是立法机关的立法程序，行政机关的立法程序有编制立法规划、起草、征求意见、审查、审议通过、发布和备案等步骤。

二、高等教育法规的实施

立法的目的在于实施，否则再好的法律也没有意义。高等教育法规的实施，是指高等教育法规在高等教育系统中的应用和实现，包括高等教育行政执法、高等教育司法和高等教育法规的遵守。

1. 高等教育行政执法

高等教育行政执法是主管教育的行政机关，法律、法规授权的组织和教育主管机关委托的组织，依照高等教育法律、法规的规定采取的直接影响教育行政相对人权利义务的行为，或者对行政相对人的教育权利义务的行使和履行情况进行监督检查，并制裁违法行为的活动。如教育部依法对高校进行教学质量评估，并根据评估结果限制不合格高校的招生规模甚至停止其招生。由于高等教育法规主要是行政法规，所以教育行政执法在高等教育法规的实施中显得尤为重要。

高等教育行政执法主要有以下几种形式：命令、批准、许可、免除、教育行政征收与征用、教育行政处罚和教育行政强制等。它们的生效要件有实体要件和程序要件两种，其中，实体要件是教育行政执法行为的主体合法，必须是行政主体；内容合法，完全符合法律法规的要求；教育行政执法行为必须是行政主体的真实意思表示；教育行政相对人必须有法定的行为能力。

由于我国没有制定行政程序法，高等教育行政执法必须依据其所适用的法律、法规、规章对具体执法行为所规定的程序做出。比如进行教育行政处罚时必须遵循《中华人民共和国行政处罚法》所规定的程序，严格执行告知、受领等步骤，程序不合法的执法行为也是没有效力的。一般而言，行政执法行为的程序要件如下：该行为是否经过必要的步骤、是否采用合法的方式、是否在法定期间按照法定的程序完成。

如果高等教育行政执法行为同时具备实体要件和程序要件，则该行为为合法有效。它的效力同时具备公定力、确定力和拘束力的特征。公定力是指高等教育行政执法行为一经做出，应当推定为合法有效，即使该行为被起诉也不停止执行，教育行政相对人必须服从，除非由有关机关变更或撤销。确定力是指高等教育行政执法行为一经有效做出，非依法不得变更或撤销，除非由相对人提出复议后由相关机关依法变更。拘束力是指高等教育行政执法行为一旦做出，对相对人和执法主体具有相同的约束力，必须执行。如果相对人拒绝履行义务，则要实施强制执行。

2. 高等教育司法

高等教育司法是指有关的国家行政机关和人民法院依据法律规定的权限，按照法定的程序处理裁断高等教育活动中发生的各种纠纷的活动，包括高等教育行政复议和高等教育行政诉讼。

（1）高等教育行政复议

高等教育行政复议是指教育行政管理相对人认为教育行政主体的具体高等教育行政管理行为侵犯了其合法权益，依法向有关教育行政复议机关提出复议申请，受理申请的复议机关依照法定程序对引起争议的具体教育行政行为进行审查并做出裁决的活动。

根据《中华人民共和国行政复议法》和高等教育法律、法规的规定，高等教育行政复议的受案范围如下：

对高等教育行政处罚不服，可以申请复议。高等教育行政处罚是教育行政主体对违反高等教育法的公民、法人或其他组织的惩罚性制裁。教育行政处罚主要有没收违法所得，取消颁发学位、学历及其他学业证书的资格，罚款，责令停止营业或吊销营业执照，拘留等形式。如某高校对教育主管部门给予的罚款处罚不服，就可以申请行政复议。

对高等教育行政强制不服，可以申请复议。高等教育行政强制，是教育行政机关或其他机关依照有关高等教育法律、法规的规定，为限制公民人身自由和公民、组织的财产权而采取强制性措施及为实现某种目的而采取强制性措施。教育行政强制分为三类：第一类是限制人身自由，如强制隔离等；第二类是限制财产权行使，如查封、扣押、冻结财产等；第三类是强制执行，如责令退还所收费用等。

对高等教育行政不作为不服的，可以申请复议。教育行政不作为，是指教育行政机关依职责应为一定行为而不为，这是一种失职、渎职的行为。教育行政不作为主要包括以下三种情况：一是教育行政相对人认为符合法定条件申请教育行政机关颁发许可证或执照，而后者拒绝颁发或不予答复，如教育行政相对人认为符合举办学校以及其他教育机构条件，而教育行政机关不予审查、批准；二是申请行政机关履行保护人身权、财产权的法定职责，行政机关拒绝履行或者不予答复，如申请教育行政部门治理高校周围环境，而教育行政部门拒绝履行或者不予答复的；三是认为教育行政机关没有依法发给抚恤金。

对高等教育行政侵权，可以申请复议。高等教育行政侵权，是指教育行政机关或有关机关在进行教育行政管理过程中，侵犯了教育行政相对人合法权益的行为，如教育行政主体侵犯学校或其他教育机构依法享有的组织管理权力、克扣教师工资、违法要求教育行政相对人履行义务等。

抽象教育行政行为、教育行政机关内部行政行为及教育行政机关关于民事纠纷的仲裁、调解或者处理不服的，不能申请教育行政复议。

教育行政复议程序一般有申请及受理、审理、决定三个阶段，整个程序必须在收到复议申请书之日起 2 个月内做出。

（2）高等教育行政诉讼

高等教育行政诉讼，是指教育行政管理相对人认为教育行政主体的具体教育行政行为侵犯了其合法权益，依法向人民法院请求司法保护，并由法院对具体教育行政行为进行审查和裁判的一种诉讼活动。高等教育行政诉讼具有以下特征：高等教育行政诉讼的原告只能是教育行政管理的相对人，被告是做出具体教育行政行为的教育行政主体，即只能民告官，不能官告民。人民法院审理的教育行政案件只限于就教育行政主体具体教育行政行为的合法性发生争议的案件，就抽象教育行政行为及具体教育行政行为（除教育行政处罚外）合理性发生的争议，不能通过教育行政诉讼的方式解决。教育行政诉讼必须是法律、法规明文规定教育行政相对人可以直接向人民法院起诉的教育行政争议案件，对于法律、法规规定只能申请复议或未经复议不能起诉的案件不能提起教育行政诉讼，同时，必须在法律、法规规定的期限内向有管辖权的人民法院提起诉讼。

存在教育行政管理，就必然存在教育行政纠纷，但并不是所有教育行政纠纷都能提起诉讼。根据《中华人民共和国行政诉讼法》和现行高等教育行政法律、法规、规章等有关规定，可提起教育行政诉讼的案件范围分为以下两类：

一类是现行教育行政法律、法规、规章等明确规定可提起教育行政诉讼的案件。另一类是现行教育行政法律、法规、规章等虽未明确规定可提起教育行政诉讼，但依据《中华人民共和国行政诉讼法》第十一条规定可提起教育行政诉讼的案件。这一类案件具体表现如下：不服行政处罚的案件；不服行政强制措施的案件；认为行政机关侵犯法律规定的经营自主权的案件；对行政机关拒绝颁发许可证和执照或者不予答复的案件；申请行政机关履行法定职责而被拒绝或者不予答复的案件；认为行政机关没有依法发给抚恤金的案件；认为行政机关违法要求履行义务的案件；认为行政机关侵犯其他人身权、财产权的案件。

根据《中华人民共和国行政诉讼法》的规定，教育行政诉讼程序分为起诉与受理、第一审程序、第二审程序、审判监督程序和执行程序五个阶段。

近年来高等教育行政诉讼呈上升趋势，而且多数是新型的行政诉讼案件。

其中既有学生因不服学校处分而与学校发生的法律纠纷，也有学生因不能获取毕业证或者学位证而与高校发生的法律纠纷，更有教师因职称升迁问题而将学校推上被告席的。

虽然每个案件案情各异，但它们都在挑战现行高等教育法规，都为高等教育法规的改革与发展提供了现实的逻辑基础。

三、高等教育法规的遵守

我国正在进行社会主义民主与法制建设，广大公民和社会组织自觉地遵守宪法和法律，是依法治国、建设法治国家的一项基本要求。教育法规是我国社会主义法律体系的重要组成部分。在全社会能否形成遵守教育法规的风气，不仅关系到我国教育事业能否健康发展，关系到教育在国民经济和社会发展中的战略地位能否得到保障，而且也最终关系到我国现代化的根本大计能否实现。

所谓遵守教育法规，是指一切社会主体都必须要严格地遵守宪法和教育法规的规定，不得有超越宪法和教育法规的特权，自觉地按照教育法办事，正确地行使法定教育权利，忠实地履行法定教育义务。《中华人民共和国宪法》明确规定，中华人民共和国公民享有宪法和法律规定的权利，同时必须履行宪法和法律规定的义务。还规定，一切国家机关和武装力量、各政党和各社会团体、各企业事业组织都必须遵守宪法和法律。遵守教育法规是每一个社会主体应尽的法定义务。

党组织要遵守教育法规。党必须在宪法和法律允许的范围内活动是中国共产党组织活动的一个重要原则。中国共产党历来重视教育事业的发展，十一届三中全会以来，党在领导全国人民进行社会主义现代化建设过程中，对教育在社会发展中的重要地位有了科学认识，确立了教育在现代化发展战略中的优先发展地位，并且通过有关教育法规加以明确。因此，党组织必须遵守教育法，党只有遵守教育法规，才能影响和带动广大人民群众严格遵守教育法规，树立和提高党的威信，才能实现自己的政策。

国家机关及其公务员必须遵守教育法规。国家机关是接受人民委托，行使国家权力的机构，应当严格遵守教育法规的规定，依法办事。如果国家机关，尤其是国家教育行政机关不能奉公守法，不仅会影响教育法规的实施，而且也会影响整个国家机关的声誉和社会主义法制的威信。国家公务员是行使国家机关职权的人员，他们的表现代表了国家机关的形象。他们能否奉公守法、廉洁自律，对有关其他社会主体有重要的影响作用。孔子曾讲过：“其身正，不令则行；其身不正，虽令不从。”因此，国家公务员应当带头遵守教育法规，切实推动全社会形成尊师、重教、守法的良好风气。

各社会团体和企事业组织必须遵守教育法规。我国境内的所有企事业组织，不管是中国的还是外国的都要遵守教育法规。

中华人民共和国的每一位公民都必须遵守教育法规。我国法律的权利和义务是统一的。由于教育法规具有调整、规范教育关系，保护公民受教育权利的作用，因此，作为教育权利享有者的每一位公民都应当自觉地遵守教育法规，只有人人守法，才能保障每一位公民的教育权利，提高全民族的道德和科学文化水平。

遵守教育法规，首先要遵守国家宪法。宪法是国家的根本大法，具有最高的法律效力，是制定其他法律、法规的依据。宪法中有关教育的原则性规定是制定教育法律、法规的依据，是实施教育法律、法规的指导准则。其次要遵守教育法和其他法律、国务院制定的教育行政法规和国务院有关部委依法制定的教育行政规章。遵守教育法规还包括遵守依法制定的地方性教育法规、民族自治地区的有关教育的自治条例和单行条例。遵守教育法规，不仅要求一切社会主体自觉地按照教育法律规范所设定的要求，行使法律所赋予的教育权利，履行法律所规定的教育义务，而且还要求社会主体能够自觉地与违反教育法规的行为作斗争，维护教育法规的尊严和权威性。

四、高等教育基本制度

我国高等教育法规规定，高等学校学制、毕业证书与学位证书制度和高等教育自学考试制度是高等教育的基本制度。

1. 高等学校学制

高等学校学制主要规定各级各类高等学校的性质、任务、入学条件、学习年限及它们之间的关系与联系，直接关系到人才培养的质量和效率。

（1）高等教育的类型及实施机构

《中华人民共和国高等教育法》第 15 条第 1 款规定“高等教育包括学历教育和非学历教育”，高等学历教育分为专科教育、本科教育和研究生教育，非学历教育没有这些层次划分。

高等教育由高等学校和其他高等教育机构实施。高等专科学校实施专科教育，大学、独立设置的学院主要实施本科及本科以上教育，其中，实施硕士研究生和博士研究生教育的大学或独立设置的学院，比须经国务院及国务院教育行政部门批准。经国务院教育行政部门批准，科学研究机构也可以承担研究生教育的任务。其他高等教育机构实施非学历教育。

（2）高等学历教育的学业标准

不同层次的学历教育具有不同的学业标准，《中华人民共和国高等教育法》将这些学业标准以法律的形式确定了下来。

1）专科教育应当使学生掌握本专业必备的基础理论、专门知识，具有从事本专业实际工作的基本技能和初步能力。

2）本科教育应当使学生比较系统地掌握本学科坚实的基础理论、系统的专业知识，掌握相应的技能、方法和相关知识，具有从事本专业实际工作和研究工作的初步能力。

3）硕士研究生教育应当使学生掌握本学科坚实的基础理论、系统的专业知识，掌握相应的技能、方法和相关知识，具有从事本专业实际工作和科学研究工作的能力。

4）博士研究生教育应当使学生掌握本学科坚实和宽广的基础理论、系统深入的专业知识、相应的技能和方法，具有从事本学科创造性科学研究工作和实际工作的能力。

（3）高等学历教育的基本修业年限

根据《中华人民共和国高等教育法》的规定，各个层次高等学历教育的基本修业年限各不相同：专科教育的基本修业年限为 2 ~ 3 年，本科教育的基本修业年限为 4 ~ 5 年，硕士研究生教育的基本修业年限为 2 ~ 3 年，博士研究生教育的基本修业年限为 3 ~ 4 年。

以上基本修业年限主要是针对采取全日制教育形式的高等学历教育而言的。在我国高等教育体系内，不仅有全日制的高等学历教育，还有非全日制的高等学历教育。非全日制教育形式比较适用在职工作人员，但由于学生每天的学习时间相对减少，因而需要适当延长其修业年限，以保证他们接受完整的教育内容。

此外，高等学校也可以根据实际需要，报主管教育行政部门批准，对本校的修业年限做出调整。就硕士研究生教育而言，有一些高等学校的修业年限为三年，也有一些高等学校的修业年限为两年半，还有一些学校采用硕博连读形式。

（4）高等学历教育的入学条件

《中华人民共和国高等教育法》明确规定了普通高等教育的入学条件和资格：

1）专科和本科教育：高级中等教育毕业或者具有同等学力者，经考试合格，由实施相应学历教育的高等学校录取；

2）硕士研究生教育：本科毕业或者具有同等学力者，经考试合格，由实行相应学历教育的高等学校或者经批准承担研究生教育任务的科学研究机构录取；

3）博士研究生教育：硕士研究生毕业或具有同等学力者，经考试合格，由实施相应学历教育的高等学校或者经批准承担研究生教育任务的科学研究机构录取；

4）关于个别特殊专业的人才选拔和培养，《中华人民共和国高等教育法》第 19 条做了专门规定："允许特定学科和专业的本科毕业生直接取得博士研究生入学资格，具体办法由国务院教育行政部门规定。"

为了进一步提高一些博士毕业生的科学研究能力和学术水平，我国一些高等学校和科学研究院（所）经批准相继设立博士后流动站，主要招收博士毕业生进行某些学科前沿课题的科学研究。为促进产学研相结合，还在部分企业设立了企业博士后流动站。根据《面向 21 世纪教育振兴行动计划》，国家拟在 21 世纪"稳妥扩大高等学校博士后流动站的数量和规模"。

2. 高等教育学业证书制度和学位制度

我国实行高等教育学业证书制度。《中华人民共和国高等教育法》第 20 条规定："接受高等学历教育的学生，由所在高等学校或者经批准承担研究生教育任务的科学研究机构根据其修业年限、学业成绩等，按照国家有关规定，发给相应的学历证书或者其他学业证书。""接受非学历高等教育的学生，由所在高等学校或者其他高等教育机构发给相应的结业证书。结业证书应当载明修业年限和学业内容。"

学位是衡量高等教育各层次专门人才学术水平的等级称号，学位的授予建立在严格的训练和考核的基础之上。学位制度的实践表明，它有利于促进教育和科学事业的发展，有利于促进专门人才的培养和选拔，也有利于国际的学术交流。《中华人民共和国高等教育法》明确规定我国实行学位制度，并规定学位分为学士、硕士和博士三级。

（1）学位的授予对象和授予标准

《中华人民共和国高等教育法》及《中华人民共和国学位条例》规定，公民通过接受高等教育或自学，其学业水平达到国家规定的学位标准，可以向学位授予单位申请授予相应的学位。

学士，授予成绩优良，达到下述学术水平的高等学校本科毕业生：较好地掌握本门学科的基础理论、专门知识和基本技能；有从事科学研究工作或担负专门技术工作的初步能力。

硕士，授予通过硕士学位的课程考试和论文答辩、成绩合格、达到下述学术水平的高等学校或科学研究机构的研究生，或具有研究生毕业同等学力的人员：掌握本学科坚实的基础理论和系统的专门知识；具有从事科学研究工作或担负专门技术工作的能力。

博士，授予通过博士学位的课程考试和论文答辩、成绩合格、达到下述学术水平的高等学校和科学研究机构的研究生，或具有研究生毕业同等学力的人员：掌握本门学科坚实宽广的基础理论和系统深入的专门知识；具有独立从事科学研究工作的能力；在科学或专门技术上做出创造性的成果。

此外，我国还设有名誉博士学位。这是一种根据有关人员的学术成就或者对社会所做出的贡献而授予的荣誉学位。《中华人民共和国学位条例》规定，对于国内外卓越的学者或著名的社会活动家，经学位授予单位提名，国务院学位委员会批准，可以授予名誉博士学位。

随着时代的发展，近十年来我们对学位制度做出过一些改革。比如，早期的双学位制度现在已经不再是研究生制度的替代品；而随着社会发展，专业学位制度也得以出现，为我国培养高级复合型人才做出重要贡献。由于我国学位制度形成于 20 世纪 80 年代早期，还存在许多亟待改进的地方，《中华人民共和国学位条例》作为主要的法律也存在着许多过时的内容，新的学位法已在起草之中。

（2）学位授予权和授予办法

国务院设立学位委员会，负责领导全国学位授予工作。由国务院学位委员会学科评议组评审博士、硕士学位授予单位，高等学校的主管部门负责审定学士学位授予单位，在各部门初步审定的基础上，由教育部汇总复核报国务院批准、授权。学位授予单位应当设立学位评定委员会，并组织有关学科的学位论文答辩委员会。学位评定委员会组成人员名单应经主管部门批准，报国务院学位委员会备案。

学位论文答辩委员会负责审查硕士和博士学位论文、组织答辩，并就是否授予学位做出决议。决议以不记名投票方式，经全体成员 2/3 以上通过，报学位评定委员会。学位评定委员会负责审查通过学士学位获得者的名单；负责对学位论文答辩委员会报请授予硕士或博士学位的决议，做出是否批准的决定。决定以不记名投票方式，经全体成员过半数通过。决定授予硕士或博士学位的名单，报国务院学位委员会备案。在学位评定委员做出授予决议后，学位授予单位发给学位获得者相应的学位证书。

非学位授予单位应届毕业的研究生，由原单位推荐，可就近向学位授予单位申请学位，并按程序授予相应的学位；对于在科学或专门技术上有重要成果者，经有关专家推荐，学位授予单位同意，可以免除考试，直接参加博士学位论文答辩。对于通过论文答辩者，可授予博士学位。在我国留学的外国留学生和从事研究工作的外国学者，可以向学位授予单位申请学位。对于达到《中华人民共和国学位条例》规定的学术水平者，可以授予相应的学位。

（3）学位学科门类

我国现行的学位学科门类分为 12 类：哲学、经济学、法学（包括政治学、社会学、民族学）、教育学（包括体育学）、文学（包括语言学、艺术学、图书馆学）、历史学、理学、工学、农学、管理学、医学和军事学等。

3. 自学考试制度

《中华人民共和国高等教育法》第 21 条规定："国家实行高等教育自学考试制度，经考试合格的，发给相应的学历证书或者其他学业证书。"

高等教育自学考试制度是我国高等教育体系的有机组成部分，是个人自学、社会助学和国家考试相结合的高等教育形式。自学考试是对自学者进行的以学历考试为主的高等教育国家考试，其任务是通过国家考试促进广泛的个人自学和社会助学活动，推进在职专业教育和大学后继教育。1988 年 3 月 3 日，国务院就发布了《高等教育自学考试暂行条例》，规范这一制度的实施。

（1）考试机构及其主要职责

考试管理机构如下：1）全国高等教育自学考试指导委员会（简称"全国自考委"）负责全国高等教育自学考试工作；2）省、自治区、直辖市高等教育自学考试委员会（简称"省自考委"）在全国自考委指导下，主要负责本地区的拟定开考专业、指定主考学校、组织考试、管理考籍、颁发证书及指导社会助学等工作；3）省、自治区、直辖市人民政府的派出机关所辖地区、市、直辖市的市辖区高等教育自学考试工作委员会（简称"地市自考委"）主要负责本地区的考试组织工作、指导社会助学活动及自考毕业人员的思想品德鉴定工作等。

专业委员会由全国自考委根据需要设立，主要负责拟订专业考试计划和课程自学考试大纲，组织编写和推荐教材，对本专业考试工作进行业务指导和质量评估。

主考学校由省自考委在普通全日制高等学校中遴选。主考学校在高等教育自学考试工作上接受省自考委领导，参与命题和评卷，负责有关实践性学习环节的考核及签发毕业证书。

（2）考试办法和考籍管理

高等教育自学考试命题由全国自考委统筹安排。试题及参考答案、评分标准启用前属绝密材料。各专业考试计划对不同层次高等教育的要求是不同的，专科一般为 3 年，本科一般为 4 年；每门课程进行一次性考试，建立考籍档案，合格者发给单科合格证书，并按规定计算学分，不及格者可参加下一次该门课程的考试。凡考完专业考试计划的全部课程，取得合格成绩，完成规定的毕业论文（设计）或者其他教学实践任务，思想品德鉴定合格的应考者，可以取得毕业证书。符合相应学位条件的高等教育自学考试本科毕业人员，由有学位授予权的主考学校依照《中华人民共和国学位条例》规定授予相应的学位。

（3）毕业人员的使用和待遇

根据《高等教育自学考试暂行条例》的规定，对高等教育自学考试毕业证书获得者，国家承认其学历，所在单位应按规定调整其工作和工资待遇；待业人员获得毕业证书的，由用人单位根据工作需要择优录用。高等教育自学考试毕业证书获得者的工资待遇与普通高等学校同类毕业生相同。

五、高等学校的设立、组织和活动制度

1. 高等学校的设立

高等教育法规对设立各级各类高等学校及其他高等教育机构的基本条件有明确规定，《中华人民共和国高等教育法》《普通高等学校设置暂行条例》《成人高等学校设置暂行规定》《广播电视大学暂行规定》《民办高等学校设置暂行规定》等高等教育法规对设立高等学校及其他高等教育机构做了基本规范。由于非学历教育标准比较复杂，这里主要介绍全日制学历高等教育学校的设立规范。

（1）基本原则

根据《中华人民共和国教育法》关于任何组织和个人不得以营利为目的开办学校及其他教育机构的规定，《中华人民共和国高等教育法》第 24 条明确规定：“设立高等学校，应当符合国家高等教育发展规划，符合国家利益和社会公共利益，不得以营利为目的。”

（2）基本条件和标准

设立高等学校，应根据其层次、类型、所设学科类别、规模、教学和科学研究水平，使用相应的名称。尤其是使用“大学”名称的应符合国家有关规定，对不规范使用“大学”名称的学校，国务院教育行政部门应依法规范。

《中华人民共和国高等教育法》规定，设立高等学校的具体标准由国务院制定；设立其他高等教育机构的具体标准，由国务院授权的有关部门或者省、自治区、直辖市人民政府根据国务院规定的原则制定。标准的内容，一般应包括以下几个主要方面：1）与学校的专业设置、学生人数相适应的专任教师数量，其中副教授以上专任教师在专任教师总数中应占的比例；2）与学校的学科门类和规模相适应的土地和校舍建筑面积；3）与学校专业性质和规模相适应的图书、仪器、设备的数量及必需的教学、生产的实习基地。

目前我国的全日制普通高等学校主要有四类：1）大学。其基本要求是以培养本科生及研究生为主要任务；在文科（包括文学、史学、哲学、艺术）、政治、财经、师范（包括体育）、理科、工科、农科、医科等 8 个科类中，开展 3 个以上科类的教育教学工作；具备优良的教育和研究力量；全日制在校生人数达 5000 人以上。2）学院。独立设置的学院的基本要求是以培养本科生及少量研究生为主要任务；开展 8 个科类中的 1 个以上科类的教育教学工作；全日制在校生人数达 3000 人以上。3）高等专科学校。以培养专科生为主要任务，开展 8 个科类中的 1 个以上科类的教育教学工作；全日制在校生人数达 2000 人以上。4）高等职业学校。以培养本科或专科的职业技术人才为主要任务；开展 8 个科类中的 1 个以上科类的教育教学工作；全日制在校生人数达 2000 人以上。

（3）审批权限及审批的有关要求和程序

设立高等学校的审批权在国务院；经国务院授权，国务院有关部门和省级人民政府有权审批高等学校的设立。具体规定如下：1）设立高等学校由国务院教育行政部门审批；2）设立实施专科教育的高等学校，经国务院授权可由省、自治区、直辖市人民政府审批；3）设立其他高等教育机构，由国务院授权的有关部门或者省、自治区、直辖市人民政府审批；4）高等学校和其他高等教育机构的分立、合并、终止、变更名称和类别及其他重要事项，由原审批机构审批。

申请设立高等学校，应向审批机关提交的材料如下：1）申办报告；2）可行性论证材料（论证工作应由学校的主管部门邀请教育、计划、人才需求预测、劳动人事、财政、基本建设等有关部门和专家共同进行论证；3）章程；4）审批机关依法要求提供的其他材料。

高等学校章程应规定的事项如下：1）学校名称、校址；2）办学宗旨；3）办学规模；4）学科门类的设置；5）教育形式；6）内部管理体制；7）经费来源、财产和财务制度；8）举办者与学校之间的权利、义务；9）章程修改程序（章程的修改应报原审批机关核准）；10）其他必须由章程规定的事项。根据《教育部关于实施〈中华人民共和国高等教育法〉若干问题的意见》规定："今后申请设立高等学校者，必须向审批机关提交章程。在《中华人民共和国高等教育法》施行前设立的高等学校，未制定章程的，其章程补报备案工作由其教育主管部门制定规定逐步进行。"

设置高等学校的审批程序，一般分为审批筹建和审批正式建校招生两个阶段。完全具备建校招生条件的，可以直接申请正式建校招生。凡经过论证，确需设置的，按学校隶属关系，由省、自治区、直辖市人民政府或国务院有关部门向教育部提出申请；国务院有关部门申请时，还应当附交学校所在地的省、自治区、直辖市人民政府的意见书。高等学校的筹建期限，从批准之日起，一般不得超过 5 年（成人高等学校不得超过 3 年）。为保证新建高等学校的办学质量，应由教育部或其所委托的机构，对新建高等学校的第一届毕业生进行考核验收。

2. 高等学校的领导体制和内部管理体制

高等教育管理体制不是孤立的现象，一方面，必须与国家的政治、经济体制及整个管理体制相适应；另一方面，又必须与高等教育的专业性特点相适应。自 1950 年以来，我国高等学校领导体制大致经历了校长负责制—党委领导下的校务委员会负责制—党委领导下的以校长为首的校务委员会负责制—"文革"中的"革命委员会"制—党委领导下的校长分工负责制—党委领导下的校长负责制等六个阶段。为了增强我国高等学校适应经济和社会发展需要的能力，《中华人民共和国高等教育法》对高等学校的领导体制及内部管理体制做出规定。

《中华人民共和国高等教育法》第 39 条明确规定："国家举办的高等学校实行中国共产党高等学校基层委员会领导下的校长负责制。"高等学校党委应按照《中国共产党章程》和有关规定，统一领导学校工作，支持校长独立负责地行使职权。党委的领导职责主要如下：（1）执行中国共产党的路线、方针、政策，坚持社会主义办学方向，领导学校的思想政治工作和德育工作；（2）讨论决定学校内部组织机构的设置和内部组织机构负责人的人选；

（3）讨论决定学校的改革、发展和基本管理制度等重大事项；（4）保证以培养人才为中心的各项任务的完成。

对校长的职责，《中华人民共和国高等教育法》第 30 条明确规定：“高等学校的校长为高等学校的法定代表人。”高等学校校长全面负责本学校的教学、科学研究和其他行政管理工作，并依法主持校长办公会议或者校务会议，行使下列职权：（1）拟订发展规划，制定具体的规章制度和年度工作计划并组织实施；（2）组织教学活动、科学研究和思想品德教育；（3）拟订内部组织机构的设置方案，推荐副校长人选，任免内部组织机构的负责人；（4）聘任与解聘教师以及内部其他工作人员，对学生进行学籍管理并实施奖励或者处分；（5）拟订和执行年度经费预算方案，保护和管理校产，维护学校的合法权益；（6）章程规定的其他职权。

《中华人民共和国高等教育法》规定，高等学校应设立学术委员会，负责审议学科、专业设置，教学、科学研究计划方案，评定教学、科学研究成果等有关学术事项；应通过以教师为主体的教职工代表大会等组织形式，依法保障和维护教职工参与民主管理和监督等合法权益。

根据《中华人民共和国民办教育促进法》，民办高等学校与公办高等学校地位平等，其设置条件与公办学校相同，内部领导体制以董事会领导下的校长负责制为主。

3. 办学质量的保证与监督

为了加强国家对高等教育的宏观管理，增强高等学校主动适应社会需要的能力，保证高等学校的办学方向和教育质量，《中华人民共和国高等教育法》第 44 条规定：“高等学校的办学水平、教育质量，接受教育行政部门的监督和由其组织的评估。”1990 年 10 月，原国家教委颁布了《普通高等学校教育评估暂行规定》，标志着我国对高等学校办学水平和教育质量监控制度的初步建立。

评估工作由各级人民政府及其教育行政部门组织实施。国家普通高等学校教育评估领导小组，在教育部领导下负责全国普通高等学校教育评估工作。省、自治区、直辖市普通高等学校教育评估领导小组，在省、自治区、直辖市高校工委、教育行政部门和国家普通高等学校教育评估领导小组领导下，负责各省、自治区、直辖市普通高等学校教育评估工作。根据需要，在各级普通高等学校教育评估领导小组领导下，可设立新建普通高等学校鉴定委员会、普通高等学校专业（学科）教育评估委员会、普通高等学校课程教育评估委员会等专家组织，指导、组织新建普通高等学校的合格评估（鉴定）和专业（学科）、课程的办学水平评估工作。

六、高等学校教师、职员和学生制度

作为高等教育法律关系的重要主体，高校的教师、职员和学生的权利、义务和法律地位是高等教育法规内容的重点。

1. 教师管理

《中华人民共和国教育法》《中华人民共和国教师法》和《中华人民共和国高等教育

法》分别对高等学校实行教师资格制度、职务制度、聘任制度、其他专业技术职务聘任制度等做出规定。

（1）高等学校教师资格制度

中国公民，凡具备下列条件，并经认定合格者，可以取得高等学校教师资格：1）遵守宪法和法律，热爱教育事业，具有良好的思想品德；2）具备研究生或大学本科毕业学历（根据《中共中央、国务院关于深化教育改革全面推进素质教育的决定》要求，要提高高校教师中具有博士学位教师的比例）；3）有相应的教育教学能力（包括符合国家规定的从事教育教学工作的身体条件）。

不具备上述条件者，申请担任高等学校教师，必须通过高等学校教师资格考试，具体要求包括：1）不具备研究生或大学本科毕业学历的公民，申请高等学校教师资格，应通过国家举办或认可的高等学校教师资格考试；2）申请参加高等学校教师资格考试者，应学有专长，并有两名相关专业的教授或副教授推荐；3）高等学校教师资格考试，由国务院教育行政部门或者省、自治区、直辖市人民政府教育行政部门委托的高等学校组织实施。

担任高等学校教师必须取得教师资格证书。高等学校教师资格认定的要求：1）具备规定的学历或者经高等学校教师资格考试合格者，可以根据规定要求有关部门认定其教师资格，有关部门应按照法律规定的条件予以认定；2) 普通高等学校的教师资格，由国务院或省、自治区、直辖市教育行政部门或者由其委托的高等学校认定；3) 认定教师资格，应由本人在规定的受理期限内提出申请，并按规定提交完备、有效的证明或者材料。受理部门应当在受理期限终止之日起 30 日内，对符合认定条件的，颁发合格证书；对不符合认定条件的，将认定结论通知本人。

高等学校教师资格证书在全国范围内适用。

（2）职务制度和聘任制度

高等学校教师职务根据学校所承担的教学、科学研究等任务的需要设置。教师职务设助教、讲师、副教授和教授。其编制应按国家规定的师生比例确定，校内各专业（学科）的各级教师职务的定额，应与所承担的任务相适应。

高等学校教师各级职务应当具备如下基本条件：1）取得高等学校教师资格；2）系统地掌握本学科的基础理论；3）具备相应职务的教育教学能力和科学研究能力；4）承担相应职务的课程和规定课时的教学任务。教授、副教授除应当具备以上基本任职条件外，还应当对本学科具有系统而坚实的基础理论和比较丰富的教学、科学研究经验，教学成绩显著，论文或者著作达到较高水平或者有突出的教学、科学研究成果。

全国高等学校教师职务任职资格评审工作由教育部指导。省、自治区、直辖市成立高等学校教师职务评审委员会，负责本地区高等学校教师职务的评审工作。有学士学位授予权的高等学校，成立教师职务评审委员会（没有学士学位授予权的学校，成立教师职务评审组）；教师职务评审委员会下设若干学科评议组。助教、讲师任职资格由学校评审委员会审定；教授、副教授任职资格由学校评议后提出意见，报省、自治区、直辖市教师职务评审委员会审定。部分高等学校的教师职务评审委员会，经批准有权审定副教授任职资格，或者有权审定副教授、教授任职资格。审定的教授名单报教育部备案。

《中华人民共和国高等教育法》规定，教师经评定具备任职条件的，由高等学校按教师职务的职责、条件和任期聘任。

2. 学生管理制度

《中华人民共和国高等教育法》规定了高等学校学生管理的基本制度。《中华人民共和国高等教育法》第 4 条明确规定："高等教育必须贯彻国家的教育方针，为社会主义现代化建设服务，与生产劳动相结合，使受教育者成为德、智、体等方面全面发展的社会主义事业的建设者和接班人。"因此，高等学校必须坚持对学生的思想品德的教育和要求，维护高等学校正常的教学工作和生活秩序，保障学生的身心健康，促进学生"德、智、体、美等全面发展"。

高等学校学生应当在规定的修业期限内学完规定的课程，成绩合格，或者修满相应的学分；思想品德合格。根据《中共中央关于改革学校思想品德和政治理论课程教学的通知》和《教育部关于高等学校开设共产主义思想品德课的若干规定》等有关政策和高等教育法规的规定，高等学校应当将思想品德和政治理论课程列入教学计划，实施规范管理，同时加强对课程设置、教学内容和方法的研究和改革。学生思想品德的实际表现，高等学校应根据《普通高等学校学生管理规定》《高等学校学生守则》等高等教育法规的规定进行考核，并纳入学籍管理。对犯有政治思想、道德品质和其他错误的学生，应按照有关规定处理。

《中华人民共和国高等教育法》第 54 条规定："高等学校的学生应当按照国家规定缴纳学费。"普通高等学校收费制度是我国高等学校教育体制改革的一项重要内容，从 1994 年高等学校试行招生并轨制度开始，标志着国家包揽高等教育全部经费的历史已经结束，高等学校收费已成为高等教育经费来源的重要补充。《中共中央、国务院关于深化教育改革全面推进素质教育的决定》指出："在非义务教育阶段，要适当增加学费在培养成本中的比例，逐步建立符合社会主义市场经济体制以及政府公共财政体制的财政教育拨款政策和成本分担机制。"

《中华人民共和国高等教育法》在规定高等学校的学生应当按照国家规定缴纳学费的同时，规定家庭经济困难的学生可以申请补助或减免学费。《教育部关于实施〈中华人民共和国高等教育法〉若干问题的意见》明确要求："在高等学校中积极推进国家助学贷款制度的试点工作，并通过金融、保险、捐助、勤工助学和国家有关优惠政策等多种形式，保证家庭经济困难学生顺利入学和完成学业。"据此，学生依法可以享有优惠政策：（1）奖学金。国家设立奖学金，并鼓励高等学校、企业事业组织、社会团体以及其他社会组织和个人按照国家有关规定设立各种形式的奖学金，对品学兼优的学生、国家规定专业的学生以及到国家规定地区工作的学生给予奖励。（2）助学金。国家鼓励高等学校、企业事业组织、社会团体以及其他社会组织和个人设立各种形式的助学金，对家庭经济困难的学生提供帮助。获得助学金的学生，应当履行相应的义务。（3）贷学金。贷学金是以国家财政无息预支的方式，为高等学校贫困生提供的一种资助。（4）勤工助学。国家设立勤工助学基金；高等学校学生可以在课余时间参加社会服务和勤工助学活动。勤工助学活动不仅可以在一定程度上解决家庭经济困难学生的实际困难，而且可以帮助学生树立劳动观念和自主意识。因此，高等教育法规要求高等学校应对学生的社会服务和勤工助学活动给予鼓励和支持，并进行引导和管理；同时要求学生不得影响学业任务的完成。

《中华人民共和国高等教育法》规定，高等学校学生可以在校内组织学生团体。学生团体在法律、法规规定的范围内活动，服从学校的领导和管理。高等学校内的学生团体，通常也称学生社团，是高校学生在自愿基础上自由结成的群众性社团组织。学生社团的形式可以多种多样，可以是各类研究会，也可以是体育、艺术活动兴趣组织等。高等学校的各级党政组织及共青团和学生会，都应该关心支持，并及时给予适当的指导和帮助。学生社团也必须以保证完成学生的学习任务和不影响学校正常的教学、管理秩序为前提，自觉地接受并服从学校的领导和管理。

七、高等教育投入和条件保障制度

1. 高等教育的投入制度

《中华人民共和国高等教育法》规定，“国家建立以财政拨款为主、其他多种渠道筹措高等教育经费为辅的体制，使高等教育事业的发展同经济、社会发展的水平相适应”。“国务院和省、自治区、直辖市人民政府依照《中华人民共和国教育法》第 55 条的规定，保证国家举办的高等教育的经费逐步增长。”“国家鼓励企业事业组织、社会团体及其他社会组织和个人向高等教育投入。”《中华人民共和国教育法》第五十五条规定，“各级人民政府的教育财政拨款的增长应当高于财政经常性收入的增长，并使按在校学生人数平均的教育费用逐步增长，保证教师和学生人均公用经费逐步增长”。因此，我国高等教育投入制度是一种以财政拨款为主的混合型投入制度。其中，国家财政性教育经费支出的额度以占国民生产总值 4% 为基本目标，这是《面向二十一世纪教育振兴计划》和《中共中央、国务院关于深化教育改革全面推进素质教育的决定》共同强调的基本原则。

除政府财政性拨款外，高等教育经费还源自企业事业组织、社会团体及其他社会组织和个人的投入、高等学校校办产业收入和社会服务收入、学费等。

2. 高等教育投入的保障机制

《中华人民共和国高等教育法》规定，高等学校举办者应当保证稳定的办学经费来源，不得抽回其投入的办学资金。《中华人民共和国教育法》规定，教育经费支出在财政预算中单独列项，《中共中央、国务院关于深化教育改革全面推进素质教育的决定》要求：“政府的教育拨款主要用于保证普及义务教育和承担普通高等教育的大部分经费。”同时，国家对高等学校进口图书资料、教学科研设备及校办产业实行优惠政策，比如对以上项目实行免税政策等，作为对财政性高等教育经费投入不足的一个补充。

《中华人民共和国高等教育法》规定，高等学校所办产业或者转让知识产权以及其他科技成果获得的收益，应用于高等学校办学；高等学校收取的学费，应按照国家有关规定管理和使用，其他任何组织和个人不得挪用。因此，高等学校应当依法建立、健全财务管理制度，合理使用、严格管理教育经费，提高教育投资效益。高等学校不得将用于教学和科学研究活动的财产挪作他用。高等学校的财务活动应当依法接受监督，严格禁止乱收费。

教育行政部门要积极参与筹措教育经费、教育拨款，参与拟定教育基建投资的方针、政策，并会同财政部门认真落实已出台的筹措高等教育经费的各项法规和政策，加强对教育经费的审计与监督。

第三节　教育规划基础知识

一、教育规划的含义

在汉语中，“规划”与“计划”两词的含义没有本质区别。在计划经济时代，“计划”往往带有自上而下的指令性的色彩。随着市场经济体制的建立与完善，人们关于计划与规划的思想发生了很大的改变，从“十一五”开始，将五年计划改成“五年规划”。在早期英文中，“计划”和“规划”都用 plan 表示，现在人们有意将二者区别开来，规划用 strategicplan 表示，而计划仍用 plan 表达。人们习惯上将五年以内的发展“计划”称为计划，五年及五年以上的称为规划。总之，计划是规划实施中对规划目标和行动方案的进一步分解，是更为详细的活动和步骤，如某年度（至某年度）工作计划等。

关于教育规划的定义，美国教育经济学家科恩认为，“教育计划是一种可能达到人们未来目标的工具”。Y.Dmr 所下的定义是：教育计划就是为教育制定一系列未来行动决定的过程，以便以最理想的手段达到目标。C.A. 安德森和 M.J. 鲍曼在评论 Dror 为教育计划所下的定义时指出，“最理想的手段”一词不妥，因为世界上并不存在什么最理想的手段，充其量不过是“适宜的手段”，所以教育计划的正确表达应当是：在教育方面对未来的行动制定一系列决定的过程。特纳（Tuner）认为：“教育计划是一种知识系统，这一知识系统包括了系统分析、作业研究及工艺学三个方面融合的活动，而计划的主要目的在于目标的达成。”从国外学者对教育计划（规划）所下的不同定义，我们可以看出他们在下列两点上是一致的: 第一，教育规划是一种手段; 第二，教育规划是一个实现教育目标的过程。

就国内而言，有学者认为教育规划是“国家各级政府根据国家的教育方针、政策和法规，为实现一定的教育目标，促进国家或地方经济和社会发展，对有关教育事业的发展目标、规模、速度以及实现的步骤和措施等所做的部署、设计和安排”。也有学者认为，教育规划是“就有关教育事业的发展目标、规模、速度，以及实现的步骤和措施等所拟订的一种比较全面的、长远的计划”。还有学者认为，教育规划是以社会劳动力再生产这一问题为主轴，有预见地控制各级各类教育结构、发展规模和速度，使教育的发展与国民经济和社会发展之间保持相对平衡的一种方法。

从这些表述看，国内学者对教育规划的概念界定没有本质区别。第一种概念比较完整，包含了教育规划的主体、教育规划的制定依据、教育规划的目标及教育规划的任务（内容）等。第二种概念的表述完全可以纳入第一种。而第三种概念的界定突出了教育规划的职能——对未来时期教育活动的控制，以及教育规划的属性。

一般地，教育规划是教育行政部门的一项基本职能，因此教育规划理应由教育行政部门制订。但是随着教育的基础性地位与全局性作用在世界各国受到高度的认同，而且由于各国政治体制的不同，教育规划的制订主体并不局限于教育行政部门，如经合组织（OECD）于 1961 年 10 月 16 日至 20 日在华盛顿召开的经济发展与教育投资大会，就是由主管外交事务的美国国务院做东，各国经济部长、财政部长和教育部长参加，就教育发展共同进行了商讨和决策。因此，根据教育规划的实践，参照以上对“规划”的界定和国内外学者对教育规划的定义，我们认为，教育规划是根据经济和社会发展战略，为实现教育事业自身的发展目标，由一定组织（主体是教育行政部门）对教育系统的未来目标和活动进行的最优方案设计的过程。

二、教育规划的历史

关于教育规划的起源，国外学者有不同的见解。有人认为教育规划和有组织的教育活动与生俱来。谁来教、教什么、教谁、何时教、何地教、如何教、由谁买单，都属于教育规划的内容。但大多数人认为，教育规划的现代形式首先出现在苏联，二战后传到西方和第三世界国家。教育规划的发展经历了以下几个主要阶段：

1. 起步阶段（20 世纪 20 年代至二战结束）

教育规划起源于 20 世纪 20 年代的苏联。苏联在实行计划经济的过程中，要求制订有关的教育规划，以满足其经济和文化发展的需要。具体流程：企业根据生产计划目标提出用人计划—计划部门汇总各企业需求以估量全国需求—国家根据劳动力需求安排教育计划—计划部门指令性地向生产单位派遣毕业生。这样，通过计划在教育系统的产出和企业用人需求之间建立了一种机械的适应关系。

但这一时期的教育规划还处于起步阶段，在二战之前，除了苏联，各国还都没有专职的教育规划机构和人员。二战后，受政治意识形态的影响，苏联教育规划的理论和方法，逐步传播到东欧社会主义国家。

2. 发展阶段（二战后至 60 年代初期）

二战后，苏联在政治、经济、军事、科学和文化等方面所取得的巨大成就，引起了正致力于战后重建的各国政府的重视。教育规划也因此成为国际与比较教育研究的重要课题，处于蓬勃发展之中。具体表现如下：（1）大学纷纷成立教育研究中心，对教育规划给予关注，如哈佛大学的教育与发展研究中心、斯坦福大学的国际与教育中心等。（2）1963 年 7 月，联合国教科文组织在法国巴黎成立了国际教育规划研究所（IIEP），并将其作为联合国教科文组织指导和推动各国教育规划的下属机构，这是以联合国教科文组织为中心的半自立机构。1964 年该机构出版了三本书：《教育规划：培训和研究机构指南》《教育规划：优先研究的需求目录》《教育规划：文献目录》。这三本书的出版，为推进教育规划做出了贡献。（3）区域教育规划纷纷制订。1960—1962 年，联合国教科文组织组织召开了一系列会议，在亚洲、阿拉伯国家、非洲、拉丁美洲倡导实行教育规划，并为亚洲、非洲、拉丁美洲和阿拉伯国家制订了区域教育规划。规划的主要内容是各级各类教育的入学人数、教师和教育经费。（4）20世纪50年代以后，各国教育部有了冠以“规划”并配备称为“规划人员”的科室，制订教育规划成了各国的普遍做法。

资本主义国家本来对教育规划心存疑虑，因为“规划”与他们信奉的新古典经济学理论和结构——功能主义的社会学理论格格不入。但正如经济领域中没有完全自由的市场，存在“市场失灵”现象，需要政府进行干预一样，在现实生活中也没有完全自由的教育市场，同样需要对教育进行调控。因此，在资本主义国家中，虽然很少公开谈论“规划”，但事实上也从事了许多属于教育规划的工作。在20世纪50年代和60年代，一些国家先后建立了官方教育规划机构，制订了全国性或区域性的教育规划，如西德的联邦综合教育计划、加拿大安大略省的重组教育体系的罗巴茨计划等。一些跨国组织，如经济和发展合作组织还制订了地中海地区教育发展计划。

3. 黄金时期（20世纪60年代中期至70年代初期）

受人力资本理论和现代化理论的影响，加上世界银行和其他一些国际性机构的推动，教育规划在这一时期进入了自身发展的黄金时期，成为国际教育领域中最时髦的话题，人们对教育规划的信任和推崇达到了顶峰，各类教育规划和教育规划机构在世界各地遍地开花。联合国1968年的一项调查表明：当时有80%的国家制订了教育规划。

4. 反思阶段（20世纪70年代中期至80年代末）

1973年石油危机引发了资本主义的经济危机。在这一时期，人们发现，教育规划并没有收到预期的效果，给人们带来应有的回报，经济起飞的目标落空了，甚至连教育发展本身的目标也没有实现。为此，人们开始反思、总结教育规划的经验和教训，诊断教育规划中存在的症结，寻求新的突破，教育规划进入了挫折—反思时期。

在反思过程中，人们主要对制订教育规划的方法——人力资源需求法本身进行了反思，认为人力资源需求法存在着诸多缺陷：忽视了经济和劳动力市场的急剧变化；过于关注受过高等教育的人而忽视了受教育水平较低的大多数人；忽略了工资和其他价格变动的影响；大量使用有关公共部门和大型私有企业的数据，而忽视了发展中国家大多数工人在小企业和非正式单位的事实等。正是由于规划方法的内在缺陷导致了规划目标的难以实现，并由此带来了国际比较法、社会需求法、社会—劳力配合法、收利率分析法等新的规划方法的诞生。然而，即使在人力资源需求法受到猛烈批判的国家，人们仍在以某种方式使用它。

5. 转型阶段

从20世纪90年代起，教育规划进入转型时期。1990年，联合国教科文组织在泰国宗滴恩召开了世界教育大会，几百名政府组织和非政府组织的代表聚集在一起，评估世界教育的状况，并对下一步发展方向和大体目标提出建议。从会议的结论和其他一些研究的结论来看，90年代以后的一段时间里，教育规划将完成下列转变：（1）从理想主义的规划策略转到对现实政治经济条件的高度重视；（2）从数量型规划转到质量型规划；（3）从指令型规划转到指导型规划；（4）从中央集权式规划转到地方分权式规划。这些转变已在各国的教育规划实践中或多或少地反映出来。

三、规划制订的程序

规划的制订过程，是教育系统内诸因素间以及同教育系统外诸因素间的物质、能量和信息交换的过程，该过程的一般程序是明确发展目标、分析问题、预测剖析、制订方案、评估和选择方案、决策实施。

1. 明确目标

目标是规划所要达到的目的。目标既可为教育发展提供正确导向，又可引导教育资源的优化组合和合理使用。规划目标既有总体目标，又有长期、中期和短期目标。长期目标是预见性的，应广泛、全面而富有弹性。中期目标是政策性的，是短期目标的导向，是实现长期目标的中间环节，应注意保持短期目标与长期目标的协调关系，保证长期目标的相对稳定。短期目标是整体目标的量化表现，应该具体而详细。

2. 分析问题

对教育（学校）发展的历史和现状深入调查研究，摸清家底，充分占有资料，并对其进行综合分析，在展示发展成就的同时，揭示矛盾，找出问题，认清形势，是制订规划的基础性环节。

3. 预测剖析

在分析和掌握各方面信息资料的基础上，对未来社会政治、经济、科技、文化和人口等方面的发展情况，以及对教育的要求，对发展教育可能提供的条件做出预测和设想，为制订教育规划提供依据。

4. 制订方案

在调查分析和预测的基础上，根据教育发展目标、现有基础条件，以及社会可能提供的资源，按照由客观到主观、由中心到外围、由重点到一般、由易到难、由清晰到模糊的先后次序，用不同方法对未来一定时期内教育的发展提出可供选择的设计方案。

5. 评估与选择方案

教育发展规划方案形成后，组织评估小组对其进行全面评价，以供决策者优化选择或对规划进行调整。对规划目标、发展重点和一些关键性数据，要做多方面的可行性论证，必要时应做局部试点。最后，根据方案评价的结果，经过比较分析，从诸多规划方案中择优设计与选用合适的规划方案。

6. 决策实施

当最优方案选定后，使其发展决策得到贯彻落实，教育规划便进入了组织实施阶段。

四、教育规划与学校规划

学校规划是教育规划的一个重要组成部分，但学校规划并不等同于教育规划，两者在规划目的、关注焦点、资源配置、评价标准等方面有着较为明显的差别。

1. 规划目的不同

教育规划着眼于整个教育事业，目的是预测整个教育需求的增量，有效配置物质资源，调控教育规模。教育规划更多关注的是规模、结构等，对教育外延发展的要求刚性强，内涵发展（改革）的要求刚性较弱。

学校规划着眼于本单位，目的是调动所有资源落实国家教育方针，通过促进学生发展来体现学校发展。学校规划更多关注的是质量、效益等，对教育内涵发展要求的刚性强，对外延发展的要求刚性弱。

2. 关注焦点不同

教育规划属于宏观性规划，注重决策环节，一般只安排对全局有影响的内容（如学校总增量和布局结构、教育用地、全局性改革等），指出教育发展的大方向大原则，属指导性文件。

学校规划属于中观性规划，决策和执行环节并重，尤其注重执行环节，一旦形成决策，即成为指令性文件。

3. 资源配置对象不同

教育规划资源配置的对象主要是掌握在教育系统之外的土地、经费、教职工编制、全局性建设项目、制约教育发展的配套公共制度和政策等，属争取性的资源，有较大的不确定性，很难做出指令性配置。

学校规划资源配置的对象主要是已经到手的、可自主配置的资源，如现有教师、学校自有经费和设备、学校内部管理制度和政策等，虽然也有争取性资源，但主要属给定性资源，自主配置权更大。

4. 评价标准不同

教育发展规划评价的是宏观决策能力。最核心的指标是宏观预测的实施结果（规模发展）是否与客观需求相符合（入学率、学校数、投入总量、布局结构等），是一种框架式的评价。

学校发展规划评价的是专业决策能力和执行力。最核心的指标是学校规划的价值判断和资源配置是否具有专业性、科学性和可落实性，是一种细节式的评价。

第四节　国内外高等教育规划管理分析

一、欧美发达国家高等教育规划

欧美发达国家高等教育基本上是“先发内生型”。长期以来，高等教育发展没有被纳入国民经济和社会发展的轨道，政府很少直接介入高等教育领域，插手高等学校的事务；而且由于根深蒂固的大学自治传统，欧美国家大学能够在很大程度上避免来自国家和政府的影响与干预。但正如英国著名教育家阿什比所说：“任何类型的大学都是遗传和环境的产物。”20 世纪四五十年代以来，随着欧美发达国家的市场经济日臻完善，在经济、政治、教育等环境因素的推动下，欧美国家的高等教育系统开始臣服于政府指挥，高等教育规划在这些国家受到广泛欢迎。

第一，二战后经济发展的新形势促使欧美国家重视高等教育规划。第二次世界大战后，经济的恢复和社会的重建是世界各国政府的首要任务。这一时期经济发展的特点是军事技术的研究转向民用，工业开始进入电子时代，原子能、微电子技术蓬勃发展。科技成为经济增长的强大推动力，这使得欧美发达国家的产业结构、就业结构发生了重大变化。而高等教育的既存状况不能适应经济竞争与就业市场的要求。20 世纪 60 年代人力资本理论兴起后，欧美发达国家重视高等教育对经济发展的重要作用，加大了对高等教育的投资，而在投资过程中，政府不可避免地会考虑投资方向与投资数量、投资方案与措施等，这恰恰就是高等教育规划。

第二，国际局势的变化推动了欧美国家对高等教育的规划。二战之后，两大对立阵营出现。1957 年苏联人造地球卫星发射成功，震惊了整个西方世界。处于资本主义阵营的欧美国家为苏联强大的实力深感恐慌。美国将苏联卫星发射成功比作科技领域的“珍珠港事件”，是与苏联竞争的一次惨败，而惨败的根本原因就是“教育的落后”。为此，美国在 1958 年出台了《国防教育法》，将教育与国防联系起来，体现了联邦政府把对教育（尤其是高等教育）发展进行规划和控制作为自己义不容辞的责任。正是在这样的背景下，经济合作与发展组织于 1959 年 11 月在海牙召开了一次预测未来对科技人才需求方法的会议，为教育计划确定了两个目标：预测未来对人力需求的发展，强调教育产出以适应这种需求；解决个人对教育的需求与经济增长对教育的需求之间的冲突。1961 年 10 月经合组织又在美国首都华盛顿召开了经济增长与教育投资政策会议。这些会议促使各国政府加紧了对高等教育的规划。

第三，欧美各国高等教育大众化的实现强烈呼吁政府对高等教育进行规划。由于战后人口激增，大量退伍军人涌入高等学校，美国高等教育毛入学率在 1955 年便达到了 17.7%，步入了高等教育大众化阶段。欧洲国家则大约在 20 世纪 60 年代中期开始了高等教育大众化的历程。高等教育大众化的实现，一方面缓和了当时欧美国家内部激化的社会矛盾；另一方面，高等教育规模的扩大冲击了人们的高等教育观念，导致高等教育资源的紧张与浪费以及高等教育质量下降等问题，激发了新的社会矛盾。如在法国，在校大学生人数在二战前不超过 10 万，1960 年为 20.2 万，到 1969 年激增为 215 万。尽管如此，还有很多因各种原因被拒之于大学门外的青年要求消除这种“不公正”的社会现象，而大学生、教师与社会舆论对中央集权的高等教育管理体制极度不满意，各种新的社会矛盾激化最终导致了震撼西方的“五月学生风暴”。与此同时，在各发达国家迅速蔓延的学生行动主义对经济生产和社会稳定都造成了相当大的破坏。在这样的形势下，各发达国家不得不重视对高等教育发展的规划。在美国，20 世纪后半叶州管高等教育体制的一大变化便是州高等教育协调部门的建立和发展。这些部门主要分析和评估全州高等院校及其专业学科的布局、经费等资源情况、分配政策及州需要优先解决的事项。在研究分析本州的高等教育需求、现有和潜在的资源、发展重点和优先领域等的基础上，多数州都制定一个总的高等教育发展规划，有的州则分别制订了系列的比较具体的规划。加利福尼亚州 1960 年通过的《加利福尼亚高等教育总体规划》是其中最为成功的、影响最大者之一。在其他国家此类的高等教育规划有英国1963年的《罗宾斯报告》、瑞典的《1968年教育委员会报告》和法国的《富尔报告》等。

当然，由于各国管理体制不同，欧美发达国家对高等教育的规划不能一概而论。法国实行集权型的高等教育管理体制，高等教育规划是作为国民经济发展计划的一个有机组成部分而由国家计划机构制订，具有长期性和持续性；而英国和德国是复合型的高等教育体制，高等教育规划活动一般由明确的专门机构负责，有的也纳入国民经济发展总规划中，但往往机构设置重叠，分工不是很明确，影响了规划的连贯性与一致性；而在实行分权型的高等教育管理体制的美国，联邦政府不负责高等教育发展计划职能，不设专门的教育计划机构，但它制订高等教育发展的临时性计划。美国高等教育的预测或规划主要是由各州的教育规划机构和民间组织进行，因此美国高等教育规划具有分散性和随机性的特点。

二、发展中国家及我国高等教育规划概况

在20世纪60年代初，由于联合国教科文组织的推动，发展中国家也开始重视教育规划。根据联合国教科文组织的调查统计，1970年在全世界可收集到资料的91个国家中，有73个国家制订了教育计划（规划）。目前联合国教科文组织每年仍组织发展中国家的教育规划官员（也有少数发达国家的教育规划官员参加）进行教育规划培训。高等教育作为教育事业的重要组成部分，不言而喻，也是联合国教科文组织教育规划培训的重要内容。

就我国而言，中华人民共和国成立以来，我国高等教育规划工作经历了从计划到规划并走向战略规划的过程。我国是实行中央集权制的社会主义国家，高等教育从建国伊始就被纳入国民经济和社会发展的计划之中。在第一、二个国民经济发展五年计划（1953—1957年，1958—1962年）中，高等教育的计划是与国民经济和社会发展的计划同步进行的，并配合年度计划具体实施。这一时期，高等学校的设置与调整、招生人数、学科专业的设置、人事安排，以及毕业生就业等高等教育事业的各个方面都有国家教育行政机关详细规定的指标。第三、四个五年计划阶段，正是“文革”时期，教育事业的规划工作陷入不正常的状态。80年代初我国在教育发展战略宏观研究上开始了专门人才需求预测和教育规划。1983年，国家教委、航天工业部和上海市都先后组织了大规模的“人才需求预测”。上海市人才预测主要采用德尔菲咨询法，然后在宏观上运用生产函数法和系统动力法对微观预测结果加以验证和修正。但这一时期的教育规划研究主要侧重于各行各业对人才的需求量，尚未系统地研究教育发展同社会发展的关系，难以提出有关教育系统和社会系统在不同阶段协调发展的主张。20世纪80年代中后期开始，随着社会主义市场经济的逐步建立，高等教育规划突破了单一的人才需求预测法，开始尝试引入多种科学方法，如抽样调查结构分析、模拟仿真、专家咨询等，系统地研究高等教育发展的内外部环境、经济社会发展的现状和趋势，根据客观形势的变化和发展，不断提出新的发展目标和行动方略。这期间不仅全国性宏观发展的战略规划开始受到重视，而且一些地方政府开始将教育（包括高等教育）的战略规划作为一个子系统纳入本地区经济和社会发展的总体规划之中，区域高等

教育发展战略规划也由此应运而生。

根据制订高等教育规划的形式，目前我国的高等教育规划大致可分为三种：第一，在国民经济和社会发展的长期规划中所包含的高等教育规划，如国家每五年进行的国民经济和社会发展规划中对高等教育事业发展内容的规划；第二，在教育规划中体现出来的高等教育规划，如《中国教育发展和改革纲要（1990—2000）》《全国教育事业“十五”计划和 2015 年发展规划》等，其中涉及的有关高等教育规划的内容；第三，关于高等教育自身的综合性与专门性的规划，如《“211 工程”总体建设规划》《高等教育面向 21 世纪教学内容和课程体系改革计划》等。

第三章　高等教育管理中评估发展与教育改革

第一节　我国高等教育评估的发展历程

一、高等教育评估制度的发展

所谓高等教育评估制度，是指由高等教育评估政策、法规体系、组织管理体系和活动体系构成的系统。我国高等教育评估制度的发展，主要表现为逐步建立了高等教育外部评估体制，确立了高校必须定期接受外部评估的义务。

1. 高等教育评估政策、法规的演变

我国的高等教育评估政策，始于1985年发布的《中共中央关于教育体制改革的决定》。其首次提出："国家及其教育管理部门要加强对高等教育的宏观指导和管理。教育管理部门还要组织教育界、知识界和用人部门定期对高等学校的办学水平进行评估，对成绩卓著的学校给予荣誉和物质上的重点支持，办得不好的学校要整顿以至停办。"

1990年10月，国家教委发布《普通高等学校教育评估暂行规定》（以下简称《暂行规定》），对我国普通高等学校教育评估问题做出了行政规范，这是我国第一个以行政法规的方式发布的高等教育评估政策性文件，并在相当长一段时期内成为我国高等教育评估的政策依据。

1993年2月，中共中央和国务院颁发的《中国教育改革和发展纲要》指出："建立各级各类教育的质量标准和评估指标体系"，"对职业技术教育和高等教育，要采取领导、专家和用人部门相结合的办法，通过多种形式进行质量评估和检查。各类学校都要重视了解用人单位对毕业生质量的评价"。1994年7月印发的《国务院关于〈中国教育改革和发展纲要〉的实施意见》指出，"政府要切实转变职能，改善对学校的宏观管理。政府的主要职能是：……组织对各类学校教育质量的检查和评估等，对学校进行宏观管理"，"为保证政府职能的转变，使重大决策经过科学的研究和论证，要建立健全社会中介组织，包括教育决策咨询研究机构、高等学校设置和学位评议与咨询机构、教育评估机构、教育考试机构、资格证书机构等，发挥社会各界参与教育决策和管理的作用"。

1995年3月，全国人民代表大会通过的《中华人民共和国教育法》规定，"国家实行教育督导制度和学校及其他教育机构教育评估制度"，从而以法律的形式确立了评估在各级各类教育中的地位。

1998 年，教育部印发了《关于进一步做好普通高等学校本科教学工作评价的若干意见》。该《意见》对普通高校本科教学工作评价的目的、方法、形式，评估的组织管理，评估结果与决策的关系等问题提出要求。该《意见》特别说明："本科教学工作评价由教育部统一领导，目前评价工作主要由教育部高等教育司组织专家组实施；今后将委托高等学校教学工作评价专家委员会实施，同时吸收社会力量参与。评价结论由教育部审定，并以适当的方式对外公布。""本科教学工作评价的结论是学校增设本科专业，新增硕士、博士学位授权单位及其学位授权学科、专业点等有关工作资格审查的依据之一。"

《中华人民共和国高等教育法》规定，"高等学校的办学水平、教育质量，接受教育行政部门的监督和由其组织的评估"，在确立高校办学自主权的同时，明确规定了高校的质量责任及其办学水平、教育质量接受教育行政部门的监督和由其组织的评估的义务。

1999 年 6 月颁发的《中共中央、国务院关于深化教育改革全面推进素质教育的决定》要求，"加强对高等学校的监督和办学质量检查，逐步形成对学校办学行为和教育质量的社会监督机制以及评价体系，完善高等学校自我约束、自我管理机制"，为社会参与对高等教育质量的评价监督提供了充分的政策依据。

2001 年 8 月，教育部印发的《关于加强高等学校本科教学工作提高教学质量的若干意见》指出："政府和社会监督与高校自我约束相结合的教育质量监测和保证体系，是提高本科教育质量的基本制度保障。各级教育行政部门要建立科学有效的本科教育质量评估和宏观监测的机制。教育部拟将进一步修改和完善高等学校本科教学评估指标体系，并适时开展本科教学工作的评估、检查；加强对不同层次、不同类型高等学校教学质量监测的分类指导；引导和规范社会评估高等学校人才培养质量的活动。""高等学校要根据新世纪人才培养的要求，不断深化教学管理制度的改革，优化教学过程控制；建立用人单位、教师、学生共同参与的教学质量内部评估和认证机制。"

2004 年 2 月，教育部印发的《2003—2007 年教育振兴行动计划》中更明确提出："健全高等学校教学质量保障体系，建立高等学校教学质量评估和咨询机构，实行以五年为一周期的全国高等学校教学质量评估制度。规范和改进学科专业教学质量评估，逐步建立与人才资格认证和职业准入制度挂钩的专业评估制度。加强高等学校教学质量评估信息系统建设，形成评估指标体系，建立教学状态数据统计、分析和定期发布制度。"

2005 年 1 月，教育部印发的《关于进一步加强高等学校本科教学工作的若干意见》指出："加强高等学校教学工作评估，完善教学质量保障体系。教育部实施定期进行教学评估制度和高校教学基本状态数据年度公布制度，有计划地开展学科专业等专项教学评估工作，逐步建立政府、高校和社会有机结合的高等教育质量保障体系。重视不同类型高校的办学定位和特点，按照分类指导的原则，进一步完善教学工作评估指标体系。要充分发挥教学评估的激励和导向作用，将评估结果作为学校增设专业、确定招生计划、进行资源分配等有关工作的重要依据。""高等学校要努力探索和建立本校教学质量保证与监控机制"。

上述国家高等教育评估政策，将评估作为管理高等教育的一种手段引进高等教育系统，逐步确立并强化了国家作为高等教育评估主体的地位，发展了以本科教学评估为主的高等教育评估制度，同时也为社会参与高等教育评估提供了政策依据。

2. 高等教育评估体制的发展

与国家高等教育评估政策的规定相呼应，我国逐步形成了以国家为主导、学术界和社会共同参与的高等教育评估体制。具体而言，我国高等教育评估体制由以下几个部分组成：

（1）高等教育国家评估体制

高等教育国家评估体制，主要指以国家为评估主体构成的高等教育评估政策、机构与活动。我国的普通高等教育评估，是国家对高等学校实行监督、管理的重要形式，由各级人民政府及其教育行政部门组织实施。根据《暂行规定》的有关要求和国家高等教育评估政策精神，我国高等教育评估为两级组织管理体制：国家设立普通高等学校教育评估领导小组，在教育部（原国家教委）的领导下，负责全国普通高等学校教育评估工作；在省或国务院有关部门设立相应的评估领导小组，在省高校工作委员会、教育行政部门和国家普通高等学校教育评估领导小组领导下，负责相应范围内的普通高校教育评估工作。其中国务院有关部门还负责教育部委托的对口专业（学科）的教育评估工作。国家高等教育评估制度建设的主要内容是建立职责、任务、机构、手段独立于高等教育行政事务性管理的高等教育评估系统。

高等教育国家评估制度的职能，一部分由国家教育行政部门建立的高等教育评估机构履行，如北京市教委领导下的北京市高等学校教育质量评议中心。2003 年 7 月，教育部和国务院学位委员会领导下的事业单位教育部学位与研究生教育发展中心成立。该中心的工作职能包括“承担教育部、国务院学位委员会委托开展的学位与研究生教育的评估、评审工作，并根据需要面向社会自主开展与学位与研究生教育有关的评估、评审工作”。2004 年 8 月，教育部直属的高等教育教学评估中心成立，中央教育行政部门建立了专门的高等教育评估机构。高等教育教学评估中心的主要职责是根据教育部制定的方针、政策和评估指标体系，具体实施高等学校教学、办学机构教学和专业教学工作的评估；开展高等教育教学改革及评估工作的政策、法规和理论研究；开展有关评估的培训和对外交流等方面的工作。

在我国，关于上述类型评估机构性质及其功能的认识，还存在着争议。这类评估机构被看作是社会中介机构，有的自称“社会组织”。这类机构相对独立于高等教育行政的其他部门，属于独立法人组织，但就其性质和发挥的作用而言，并非单纯的“社会机构”或“社会中介组织”。从这些机构的领导关系来看，它们是直属政府的组织；从其经费来源来看，它们是行政拨款的事业单位；从其工作内容来看，它们从事评估活动；从其工作方式来看，它们主要依托政府教育行政部门开展活动，其评估业务主要来自政府教育行政部门的委托或授权，是行政性很强的事业单位。当前由这类评估机构实施的评估，实质上是政府通过专业性评估机构，对高校实施管理的一种方式。因此，这类机构属于独立的政府评估机构，而不是独立的社会中介评估机构。

国家高等教育评估制度的另一部分内容是由高等教育行政部门作为其工作职责履行的。教育部高等教育司所有业务部门都负有评估职能。1998 年机构改革后的教育部高等教育司设置了评估处，负责高等教育评估的组织协调工作；国务院学位委员会办公室也设有评估处。

《暂行规定》规定了几种基本的高等教育评估制度，如高校办学水平合格评估、办学水平评估和选优评估。其中，合格评估是国家对新建普通高等学校的基本办学条件和基本教育质量的一种认可制度，由国家教委组织实施，在新建普通高等学校被批准建立之后有第一届毕业生时进行。办学水平评估是对已经鉴定合格的学校进行的经常性评估，分为整个学校的办学水平的综合评估和学校中思想政治、专业（学科）、课程及其他教育工作的单项评估。办学水平的综合评估，由上级政府和学校主管部门组织实施，每 4 年进行一次；其他单项评估，主要由国务院有关部门和省（自治区、直辖市）教育行政部门组织实施；选优评估是在普通高等学校进行的评比选拔活动，其目的是在办学水平评估的基础上，遴选优秀，择优支持，促进竞争，提高水平。选优评估分省（部门）、国家两级。根据选优评估结果排出名次或确定优选对象名单，予以公布，对成绩卓著的给予表彰、奖励。

根据《暂行规定》中有关条款的说明，高校内部评估是上述外部评估的基础，也是国家期望学校承担的责任。

现阶段，高等教育国家评估的主要对象是公立普通高等院校。2000 年后，中外合作办学机构和合作项目也逐步纳入国家评估的视野。如在 2001 年，学位与研究生教育发展中心曾分两批对中外合作办学项目进行了评估；2006 年，上海市教委成立了中外合作办学认证委员会，具体负责上海市中外合作办学机构和项目认证的政策咨询、协调等工作。

（2）高校学术行业评议制度

高校学术行业评议制度是我国高等教育评估制度中的重要组成部分。所谓高校学术行业评议，是指由高等教育界人士作为高校学术行业的代表，参与或组织实施高等教育评估。我国高校学术行业评议的主要形式有两种：一是学术界代表在国家或地区层次上参与政府或其组织的评估活动；二是根据国家授权，在高校内部实施各种评估活动。

现阶段，我国高校学术行业评议的主要方式有以下几种：

1）参与国家高等教育的咨询决策工作

如国务院学位委员会学科评议组、高等学校设置评议委员会、高等学校本专科教学评价委员会、各学科（专业）教学指导委员会、专业（学科）教材编写委员会，省级专业设置评审委员会、学位委员会、高级职称评定委员会等，其成员以高教界学术专家为主。这些委员会就高等教育中的重大问题进行评议，向政府教育行政部门提出决策意见、建议或承担其他咨询性工作。

2）参与国家和各级教育行政部门组织的各种评估活动

比如各种高等教育评估活动中的专家组织，其成员大部分来自高校学术行业，代表高教界参与对高校的评估。

3）高校教师和领导人对高校活动的研究评价和工作评价

就我国高校学术行业评议当前阶段的组织形式而言，很大程度上属于学术行业参与政府高等教育管理的一种方式。目前，所有的学术行业评议组织，均在政府有关教育主管部门的领导或指导下工作，并不是独立对高等教育质量承担责任的学术行业组织。多数情况下，学术行业评议虽然作为政府高等教育行政的一个环节发挥着作用，但实质上仍然是国家对高等教育实施监督、管理的一种方式。

（3）高等教育民间评估制度

所谓高等教育民间评估制度，是指从 20 世纪 90 年代初期出现的民间机构对高校实施的评估。这类评估通常以“大学排行”的方式运作，如广东省管理科学研究院管理科学研究所中国大学评价课题组的“中国大学排行榜”、网大教育研究中心的“中国大学排行榜”、上海交通大学一流大学研究中心的“世界大学排行榜”、武汉大学中国科学评价研究中心的“中国研究生教育评价报告”等。这些机构根据各自选择的评估准则和标准，从整体上或从某一方面对高校办学条件、学术水平等进行评估，其中多数根据评估结果对有关高校排出名次。从方法论上讲，这类评估基本上模仿美国的学术排行或声誉调查方法，对高校质量进行评价。由于这类机构组织实施的评估没有官方背景，因此，可以看作是纯粹的民间行为。在实践中，它们对高校进行的评估，有的定期进行，有的只是偶尔为之。评估结果往往在公众中引起很大争议。而列入其排名榜的某些高校，对其评估结论的可靠性有疑义，政府也不鼓励。近年来，民间评估尤其是大学排行，对高校办学行为的影响越来越大，但对其影响的性质，高教界存在很大的争议，有不少学者甚至提出激烈的批评。

近年来，出现了纯粹社会服务性质的民间教育评估机构。这类机构通常被称为高等教育评估“中介机构”。如近年来，上海市已经陆续成立了十几家民间教育评估机构。虽然开展社会评估一直是国家政策鼓励的高等教育评估体制发展的方向，但在《暂行规定》和《中华人民共和国高等教育法》中，“中介机构”既未得到鼓励，也未被禁止，公立高等教育机构没有接受社会中介机构评估的法定义务。这类机构及其评估活动将如何发展，还需要进一步观察和研究。

（4）高校内部评估制度

所谓高校内部评估，是指由高等教育机构独立实施的评估活动，如学生学业评价、教师专业职务晋升评审、学位论文评审、学术成果评价、教师教学评价、课程评价、院系评估等。这种类型的评估构成了现阶段我国高等教育评估的重要内容，是国家授权高校自主行使的学术权力。如国家考试制度、学位授予制度中的具体评估活动等，都是由国家授权各高校自主行使的。高校内部评估可以认为是我国现阶段唯一一种由学术机构或学术行业独立实施的评估。

二、高等教育评估活动的发展

在前述政策体制背景中，在国家政策指导和高等教育行政部门的组织领导下，我国开展了多种类型、多种层次和多种形式的高等教育评估活动。传统上，我国高等教育的质量是通过国家对输入质量的严密控制实现的。自 20 世纪 80 年代中期以来，随着高等教育体制改革的不断深化，国家对高等教育质量的管理，开始由直接的以输入质量控制为主，向以政策调控为手段、注重过程质量改进和输出质量控制的方向转变。这一转变的特征之一，就是将评估作为独立的质量管理手段引进高等教育系统，并在这一思想的指导下，由点到面，逐层展开，使评估从最初的试点研究，发展成为大规模、全局性的国家高等教育管理的重要政策工具和管理技术手段。

80 年代中期以来，我国的高等教育评估活动，主要是由国家教育行政部门组织实施的新建高校合格评估，办学水平评估，教学工作评估，研究生院评估，学科、专业和课程评估等。根据《暂行规定》有关条款的规定，我国普通高校教育评估的类型，主要有高校合格评估、办学水平评估和选优评估三种。近年来，随着我国高等教育的发展，高等教育评估活动也有了较大的变化。目前，已演变成高等教育行政部门主导的普通高校本科教学水平评估、学科专业评估、国家精品课程评估与高校内部组织实施的评估、民间机构实施的评估并存的格局。

1. 国家主导的评估活动

（1）院校评估

1）院校评估的发展轨迹

院校评估就是以高等院校整体为对象的评估。这种类型的评估，通常是由外部组织实施的。我国开展院校评估的目的，是保证全面贯彻党的方针政策，提高人才培养质量和科研水平，密切学校与社会的联系，以及通过学校评估，鼓励办得卓有成效的学校，整顿办得不好的学校。我国的院校评估最早开始于 20 世纪 80 年代，主要包括新建高校合格评估（鉴定）、办学水平评估、本科教学水平评估等。

1985 年，教育部颁发《关于开展高等工程教育评估研究和试点工作的通知》；1987 年，教育部又发布《关于正式开展高等工程教育评估试点工作的几点意见》，正式部署开展高等工程本科教育评估试点工作。

根据这两个《通知》的精神，教育部从 1985 年至 1989 年委托机械委、邮电部、建设部、煤炭部，北京市、上海市、黑龙江省和陕西省组织力量，在有关专业、课程教学指导委员会的配合下，在 80 多所高等工业学校进行了机械制造工艺与设备、供热通风与空调工程、计算机及应用等三个专业和数学、物理、理论力学、材料力学等四门课程的教育评估试点工作，实践了教育评估工作的全过程，取得了初步的经验。

从 1987 年年底开始，煤炭工业部和上海市分别选定了四所不同层次、不同规模的高等学校为试点单位，先后组织了高校办学水平评估，历时三年，按计划完成了原定试点任务。1988 年上海市在试点实践中发现，新建学校的办学水平评估与老校不尽相同，在所选四所院校中对一所新建学校进行合格评估、另三所学校进行办学水平综合评估。试点后的总结认为合格评估有较大的现实价值。1989 年年底，国家教育委员会在全国高等教育评估工作会议上肯定了这种评估形式，并正式列入 1990 年发布的《普通高等学校教育评估暂行规定》中。之后，上海市又进行了三轮新建高等学校合格评估。

1994 年年初，国家教委开始有计划、有组织地对普通高等学校的本科教学工作水平进行评估。从发展过程来看，高等学校本科教学工作评估相继经历了三种形式：合格评估、优秀评估和随机性水平评估。

合格评估开始于 1994 年，主要用于 1976 年以后新建的、本科教育历史较短的、基础比较薄弱的学校，目的是使这类学校能够达到国家规定的基本的办学水平和质量标准，并帮助这类学校进一步明确办学指导思想、加强教学基本建设、提高教学管理水平，被评学校由国家教委指定。

优秀评估开始于 1996 年，主要用于 100 所左右本科教育历史较长、基础较好、工作水平较高的学校，主要目的是促进这类学校深化改革和办出特色，被评学校由国家教委根据学校申请确定。

随机性水平评估开始于 1999 年，主要是针对介于上述两类学校之间的普通院校，被评学校由教育部随机抽取。

2002 年，教育部将合格评估、优秀评估和随机性水平评估三种方案合并为一个方案，即现行的《普通高等学校本科教学工作水平评估方案》。

2）高等院校的合格评估

根据 1990 年 10 月国家教委颁布的《普通高等学校教育评估暂行规定》，合格评估（鉴定）是国家对新建普通高等学校的基本办学条件和基本教育质量的一种认可制度，由国家教育委员会组织实施，在新建普通高等学校被批准建立之后有第一届毕业生时进行。办学条件评估标准以国务院 1986 年发布的《普通高等学校设置暂行条例》为依据，教育质量评估标准以《中华人民共和国学位条例》中关于学位授予标准的规定和国家制定的有关不同层次教育的培养目标和专业（学科）的基本培养规格为依据。鉴定结论分合格、暂缓通过和不合格三种。鉴定合格的学校，由国家教育委员会公布名单并发给鉴定合格证书。鉴定暂缓通过的学校需在规定期限内采取措施，改善办学条件，提高教育质量，并需重新接受鉴定。经鉴定不合格的学校，由国家教育委员会区别情况，责令其限期整顿、停止招生或停办。

高等学校合格评估主要包括四个方面的内容，即学校办学方向和学校领导群体素质、学校基本办学条件、学校管理和学校人才（本专科生）培养基本质量。学校办学方向和学校领导群体素质包括以下内容：①办学方向和办学指导思想；②学校领导的群体素质；③思想政治工作。基本办学条件包括以下内容：①师资队伍结构和老师任课情况；②实验项目的开设和仪器设备的利用；③图书资料的藏书量和流通率。学校管理包括以下内容：①管理干部配备；②管理制度建立；③教学管理；④后勤服务。人才培养基本质量包括以下内容：①德育；②智育——基础理论和专业知识、实验与实践的基本技能、外语、毕业设计或毕业论文；③体育。

被评学校由政府指定；评估前学校有较长的准备时间；文、理、工、农、医不同类型的学校采用不同的评估标准；评估结论分为合格与不合格两种。先后共对 192 所该类院校进行过合格评估。

3）高等学校办学水平综合评估

根据《暂行规定》的规定，高等学校办学水平综合评估是对已经鉴定合格的学校进行的经常性评估。这种评估根据国家对不同类别学校所规定的任务和目标，由上级政府和有关学校主管部门组织实施，以全面考察学校的办学指导思想，贯彻执行党和国家的路线、方针、政策的情况，学校建设状况及思想政治工作、人才培养、科学研究、为社会服务等方面的水平和质量。其中重点是学校领导班子等的组织建设、马列主义教育、学生思想政治教育的状况。这是各级人民政府和学校主管部门对高等学校实施监督和考核的有效手段。

办学水平的综合评估一般每 4 ～ 5 年进行一次（和学校领导班子任期相一致），综合评估结束后应做出结论，肯定成绩、指出不足、提出改进意见，必要时由上级人民政府或学校主管部门责令其限期整顿。学校应在综合评估结束后的 3 个月内向上级人民政府和学校主管部门写出改进报告，上级人民政府和学校主管部门应组织复查。

由于办学水平综合评估是建立在合格评估基础上的更高水平的评估，因此开展办学水平综合评估仍然要重视合格评估的有关文件的要求。另外，不同类别学校的任务和目标、被评学校上次办学水平综合评估的结论和建议也都是办学水平综合评估的重要依据。

高等学校办学水平综合评估的基本内容包括：办学方向、思想政治工作、本专科生培养、研究生培养（无研究生培养任务的学校，此项可略）、科学研究、直接为社会服务、师资队伍与建设、学校管理与效益、办学条件等九个方面。此外，还可以有两个附加内容，即学校办学特色和学校重大奖励、重大事故及失误。

在以上各项基本内容中，办学方向、思想政治工作、本专科生培养、师资队伍与建设、学校管理与效益等五个方面的评估内涵、测评方法、量化方法以及评价标准，基本上与合格评估的相应项目的评估内涵相同。但由于综合评估的着重点在于学校各方面的进展，因此，在学校自评和专家组复核中，必须重视这五个方面的改革、进展和发展规划，这是与合格评估的重要区别。另外，由于历史原因和高等学校管理体制的特点，评估实践中，办学水平综合评估基本内容中的办学条件，常常作为背景材料纳入学校的自测自评材料中，而不作为评估的重要依据。

与此同时，我国原航空航天工业部先后在所属的 10 所院校进行了校、系办学水平评估、专业评估、课程评估和学位授予质量评估的实践，在总结经验的基础上有计划地开展了对各院校的教育评价与监督制度的探索，取得了成果，在一定程度上也推动了办学水平评估的发展。

4）选优评估

《暂行规定》中对选优评估的目的、性质和政策给予了明确规定。大规模的选优评估始于 1995 年，主要用于 100 所左右本科教育历史较长、基础较好、工作水平较高的学校，评估对象是 90 年代中期开始进入“211 工程”的重点高校。选优评估是在普通高等学校进行的评比选拔活动，其主要目的是在办学水平评估的基础上，遴选优秀、择优支持、促进竞争、提高水平，促进学校深化改革和办出特色。被评学校由教育部根据学校申请确定，由政府组织，有一定的准备时间，这种评估方式比较突出评估指标体系的概括性，其结论分为优秀和不优秀两种。1995 年之前，共对 16 所该类院校进行了选优评估。

选优评估分省（部门）、国家两级。根据选优评估结果排出名次或确定优选对象名单，予以公布，对成绩卓著的给予表彰、奖励。通过评估，树立一批优秀本科教学工作样板高校，发挥其典型示范作用。

5）随机性水平评估

随机性水平评估开始于 1997 年，评估的对象主要是介于以上两者之间的，办学历史较长，以本科教学为主要任务的高校。随机评估是国家教育行政部门对一所高等学校教学质量进行的评估，目的是促进学校不断改进工作，提高教学质量和办学水平。被评学校由教育部随机指定，当年指定当年评，指标体系统一，评估结论分为优、良、合格、不合格四种。1998 年在北京轻工业学院进行了此种评估方式的摸底，1999 年对长沙铁道学院进行了试评，此后共有 46 所该类院校接受了随机评估。

6）本科教学工作水平评估

普通高校本科教学工作水平评估是国家教育行政部门对高等学校本科教学工作总体情况进行评价的一种重要方式，也是目前唯一一种由教育部组织实施的针对普通高等学校本科教学工作进行的总体性评估。

2002 年 6 月，在参考了过去的合格评估、优秀评估和随机性水平评估方案后，教育部高等教育司以 2001 年随机性水平评估方案的调整意见为基础修改制定了《普通高等学校本科教学工作水平评估方案（试行）》。经过一段时间试行后，教育部对原评估方案进行了修订。2004 年 8 月，教育部办公厅印发了《普通高等学校本科教学工作水平评估方案（试行）》。该方案确定的指标体系包括 7 个一级指标，1 个办学特色，19 个二级指标，44 个观测点，基本上涵盖了学校教学工作的全过程。

本科教学工作水平评估由教育主管部门组织的评估机构周期地、逐个地予以实施，五年一轮。它不直接进行校际比较，评估结论分为四种，即优秀、良好、合格、不合格，由教育主管部门组织的评估机构予以公布。根据教育部的规定，评估合格的学校，评估结果作为该校今后审批本科教学工作优秀学校，新增本科专业设置，新增硕士、博士学位授予单位及硕士、博士点的主要依据之一。评估结论为暂缓通过的学校，需在规定的暂缓期（1 年）内积极采取措施改善办学条件，加强教学基本建设，提高管理水平，改进教学工作，提高教学质量，申请重新接受评估。评估结论为不合格的学校，由教育部区别情况，令其限期整顿、停止招生或停办。

根据方案的说明，普通高等学校本科教学工作水平评估以《中华人民共和国高等教育法》为依据，贯彻“以评促改、以评促建、以评促管、评建结合、重在建设”的原则。通过水平评估进一步加强国家对高等学校教学工作的宏观管理与指导，促使各级教育主管部门重视和支持高等学校的教学工作，促进学校自觉地贯彻执行国家的教育方针，按照教育规律进一步明确办学指导思想、改善办学条件、加强教学基本建设、强化教学管理、深化教学改革、全面提高教学质量和办学效益；评估方案努力体现国家的教育方针及对高等学校教学工作和人才培养的基本要求，反映各类高等学校教学工作的基本规律及现阶段高等教育教学改革的走势与发展方向，特别强调“三个符合度”（学校的定位和人才培养目标与社会要求和学生全面发展以及学校的实际情况是否相符合；学校的实际工作状态与确定的目标是否相符合；学校所培养的人才质量与学校定位和目标是否符合），鼓励学校从实际出发，办出特色；方案适用于各类普通高等本科院校。根据分类指导原则，方案的部分指标和标准对医药等科类高等学校有特殊要求的将另做补充说明。

此外，教育部还组织、实施了对高等职业学院和高等专科院校的评估。2003 年，教育部针对高职高专院校制定了人才培养工作水平评估方案，开始对 26 所高职高专院校进行试点评估，各省也都十分重视本地区内高职高专的评估工作。2004 年开始，教育部决定由各省、自治区、直辖市教育厅（教委）负责对本地区高职高专院校进行评估。教育部制定高职高专院校评估方案，由各省级教育行政部门组织实施，教育部定期抽查各省的评估结论。

教育行政部门组织的院校评估活动，由于与高校的利益密切相关，引起了高校的普遍重视，尤其是对那些列入评估计划的高校，直接产生了巨大影响。几乎所有参加评估的院校都在学校建立了专门的评估机构，配备了专职工作人员，设置了本校的“迎评促建网”，宣传国家评估政策，协调院校内部评估活动，动员全校教职员工和学生迎接外部评估。

7）研究生院评估

自 1978 年我国恢复研究生招生和 1981 年《中华人民共和国学位条例》颁布以来，我国的学位与研究生教育得到了较快的发展。为了适应中国学位与研究生教育发展的需要，集中有限的人力、物力和财力，重点建设一批培养博士、硕士的基地，加强研究生工作的领导和管理，积累培养经验，逐步完善具有中国特色的研究生制度，1984 年和 1986 年国务院先后批准了 33 所普通高等学校试办研究生院。2000 年 6 月，教育部又批准了北京交通大学等 22 所高校试办研究生院。2002 年 5 月，教育部批准了哈尔滨工程大学等两所高校试办研究生院。

为全面总结试办研究生院十年来的经验，抓好研究生院的建设，原国家教委委托学位与研究生教育评估所对 33 所研究生院进行了评估。1994 年 10 月到 1995 年 4 月，根据国家教育委员会研究生工作办公室《关于进行研究生院评估试测工作的通知》和《关于开展研究生院评估工作的通知》，学位与研究生教育评估所组织和实施了对 33 所正在试办的全国普通高等学校研究生院的评估，涉及综合、理工、文科、农林、医药、师范六大类型。这次评估一方面全面总结试办研究生院十多年来的经验，检验试办效果并在此基础上正式建立研究生院；另一方面也为我国研究生教育的总体布局，为新建研究生院提供决策依据。

1995 年 2 月，国家教育委员会研究生工作办公室在听取了试测工作总结汇报后，发出了《关于开展研究生院评估工作的通知》，正式启动了对 33 所试办研究生院的评估工作。1995 年 10 月，对研究生院进行首次评估。评估内容包括“研究生培养及质量”“学科建设及成果”“研究生院机构建设”三个方面。

2004 年 2 月，教育部下发《关于对试办研究生院进行评估转正工作的通知》，将根据《研究生院设置暂行规定》，由教育部组织对 2000 年经教育部批准试办研究生院的 22 所高等学校进行考核评估。教育部将根据评估结果决定是否批准试办研究生院的高等学校正式建立研究生院。2004 年 5 月，教育部根据对试办研究生院的评估结果，批准北京交通大学等 22 所大学正式建立研究生院。

（2）学科、专业、课程评估

在教育部开展高等院校评估的同时，教育部和国务院学位委员会和各地教育行政部门也组织实施了专业评估、学位授权点评估、学科评估等本科及学位与研究生教育评估活动。

所谓“学科评估”，是指一级学科整体水平评估，目的是为了改进教学、科研条件，促进学科发展。1985 年颁布的《中共中央关于教育体制改革的决定》提出：“要根据同行评议，择优扶植的原则，有计划地建设一批重点学科。”国家教委于 1986—1987 年组织进行了全国范围的重点学科评选，评选出 416 个反映中国高等学校最高水平的重点学科。1995 年我国开始实施“211 工程”计划，加强重点学科建设是其重要建设内容之一。由中央政府几个部门通力合作，在已确立的高等学校重点学科基础上，评选确定了 1995—2000 年间国家将重点建设的约 300 个重点学科建设项目。教育部于 2001 年做出《教育部关于开展评选高等学校重点学科评选工作的通知》，得到各高校积极响应，并在 2002 年年初公布评选结果。

学科评估由教育部和国务院学位委员会领导下的高等学校与科研院所、学位与研究生教育评估所（简称评估所）组织实施。评估所从 2000 年年底开始研究、筹备学科评估工作，通过评估并根据评估结果对全国各学位授予单位的各个一级学科的整体水平进行排名。2001 年 3 月起草了《学科评估方案（讨论稿）》，通讯咨询了近 300 名各学科专家的意见，根据专家的意见对方案进行了修改，于 2001 年 7 月和 10 月召开两次专家会议，邀请了部分高校的研究生院院长、学位办主任、部分学科专家研究探讨。专家一致认为，学科评估是不同学校同一学科之间的比较，可比性强，将是今后评估的发展方向。专家就评估对象、评估指标和方法等问题进行深入的研讨，在此基础上，确定了学科评估的方案。评估所于 2002 年 4 月启动了学科评估试点工作。2002 年 9 月，试点工作基本结束，评估结果发布在《中国研究生》等媒体上，在社会上引起了强烈的反响。在试点工作的基础上，评估所于 2003 年 7 月开展了第二次学科评估工作，12 月结束。学科评估采用自愿参加的方式进行，凡具有培养研究生资格的学科均可申请参加评估，共有 229 个单位，1336 个学科点参加了学科评估。中国教育和科研计算机网经评估所授权，刊出了 2002 年首次评估的 12 个一级学科、2003 年评估的 42 个一级学科以及 2004 年评估的 26 个一级学科的排名结果。评估所计划周期性地进行此项工作，每 3 年对现有一级学科（除军事学门类外）进行一轮评估。

专业评估也是我国高等教育评估的重要内容。其中，教育部、各省市教育部门、各高校进行了多项专业评估实践活动。如 1995 年成都理工学院在本科教学工作评价的基础上，在全院顺利地开展了专业评估；1996 年 12 月，北京市教委以北京市财贸管理干部学院商业管理专业为试点，进行了北京市首次专业评估。2002 年，湖北省对全省 39 所院校的 168 个本、专科专业进行了办学水平合格评估，并在 2003 年进行了复查，并公布结果。通过这些专业评估实践，积累了不少经验。这些经验是进一步开展高校专业评估实践活动和理论研究的财富。

此外，教育部、国务院学位委员会办公室还与有关部委或行业组织合作，开展了建筑学等专业学位评估试点工作。近年来，在教育部的领导下，各专业学位教学指导委员会还开展了工程硕士、教育硕士等专业学位质量评估工作。

2003 年 4 月，教育部发出《关于启动高等学校教学质量与教学改革工程精品课程建设工作的通知》，启动了“国家精品课程建设工程”。2003 年 7 月，教育部根据上述通知精神，制定了《国家精品课程评审指标（征求意见稿）》，开始了“国家精品课程”评审工作，并于 2003 年、2004 年进行了“国家精品课程”评审，共评出 450 门国家精品课程。

2005 年 7 月，教育部正式推出《国家精品课程评估指标》。该《指标》按照教学队伍、教学内容、教学条件、教学方法与手段、教学效果和特色及政策支持等 7 个一级指标、16 个二级指标评估精品课程。全国共有 31 个省、自治区、直辖市和 49 个教学指导委员会及专家组织推荐了 429 所普通高等学校和高职高专院校的 940 门课程参加年度“国家精品课程”评审，共评出了 299 门“国家精品课程”。这些“国家精品课程”分布于 149 所高等学校。此外，按照程序，2005 年评选产生军队院校首批“国家精品课程”15 门。

教育部评审“国家精品课程”这一政策措施，调动了地方和高校课程建设的积极性，各地区、各高校都通过评估推出了自己的“精品课程”，大大促进了高校课程建设。

2. 院校主导的评估

（1）学生评价

学生评价是对学生成长发展情况的评价，包括对学生认知、情感和动作技能等各方面的评价。在我国高等教育管理体制中，高校学生评价由各高校负责。

学生评价是教育评价的核心，也是高等院校的基本工作之一。可以说，高等教育领域几乎所有的评价活动，都依赖于学生评价。近年来，随着我国高等教育的持续快速发展，学生评价日渐成为高等教育工作者乃至社会普遍关注的一个焦点领域。

我国的高校学生评价，一直沿袭传统做法。改革开放以来，尽管改革学生评价的呼声一直很高，但在操作层面并无多大变化。近年来许多高校采用了“大学生综合素质评价”方法，试图全面评价大学生的成长发展状况，但其方法还相当粗糙。

我国高校学生评价的另外一些重要进展，主要是在国家或地区范围内对一些重要的公共课程统一进行测试，如计算机水平等级考试等。这种类型的评价，通常由教育行政部门的下属机构组织实施，属于国家对高校学生质量的外部评价。

（2）教师评价

教师评价是高校管理的重要内容。在高等学校的所有评价中，教师评价对改进教学、提高人才培养质量具有直接意义，也是最经常性、开展相当广泛的一类评价。近些年来，随着人们对高等教育质量的日益重视，尤其是高等教育规模的持续扩展，引发了政府、高校乃至整个社会对高等教育质量问题的广泛关注。为了有效保障快速扩展中的我国高等教育质量，国家和各高校纷纷出台政策，采取了多种措施，加强和改进高校教师评价即是其中重要的举措之一。

开展教师评价工作的基本目的：一是激发教师的工作积极性，提高教师的教学、科研和社会服务水平，促进高等学校职能的实现；二是核定教师履行工作职责的情况，作为教师聘用、晋升及进修的标准；三是促进教师的专业发展。我国许多高等学校都在不同程度上进行教师评价探索，其中既有值得肯定的成绩，也有需要关注的问题。

高等学校教师的评价，一般可以分为两种，一是对教师的全面评价，包括教师的教学、科研以及服务三个方面；二是对教师教学水平的评价，主要是为改进教学而进行的。

由于各高校都有提高教师队伍素质和教师人事管理质量的需要，因此对教师全面评价可以说从未间断过，只是近些年来，教师评价不断受到重视，其操作也更加精细化。许多高校都根据本校情况制定了详细的评价方案，这些方案有其共性又各具特色。

1986 年，国家教委职称改革工作领导小组颁发的《高等学校教师职务试行条例》强调："教学和科研"是高等学校教师工作的基本内容。因此，高校在制订教师全面评价方案时，其评价的主要内容都包括了教学、科研以及服务三个方面，只是在具体项目和权重上有所差别。

国内有一些普通高校参照普通教育评价原理，对教师的评价从政治表现、教学工作、科研成果几方面展开，有的是按照评价行政人员的"德、能、勤、绩"等方面进行。这些评价指标总体上都包含了高校教师工作的主要内容，但单一的评价模式抹杀了高校教师工作的多样性和特殊性。

对高校教师评价所使用的评价方法，基本上是定量评价与定性评价相结合，但许多高校偏重于量化评价。尽管定量评价有利于比较，但综合定性评价更加全面并且符合教师工作的特点。对于教师评价主体的选择，各高校根据本校情况选择教师自评、学生评教、同行评价、专家评价以及行政评价等评价方法。在教师自评基础上的管理评价、学生评教和同行专家评价相结合，是各高校普遍采用的评价方法。许多高校引进了学生评教师的方法，并将学生评教的结果与学校有关教师的人事、教学决策联系起来；许多高校建立了由资深教师或退休教师组成的"教学督导组"或类似机构，对教师教学情况进行评价。这些做法，体现了高校对教师评价工作的重视。但从实践情况来看，我国高校教师评价尚未得到广大教师的普遍认同，尤其是近两年来，教师评价体系暴露出来的重科研、轻教学的弊端，使高校教师评价制度备受批评。如何改进教师评价体制和方法，使高校教师评价制度更好地促进学生发展、教师发展和学校发展，仍是我国高等教育评估理论研究和实践探索的一个重大课题。

（3）课程评估

课程评估是我国高校普遍重视的重要评估领域，也是《暂行规定》规定的学校内部评估的内容。目前，我国绝大多数高校建立了课程评估制度，定期对某些课程或所有课程进行评价。在一些学校，课程评价往往与教师评价相结合，通过学生评教、同行专家评价和管理评价进行。多数情况下，高校的课程评价是一种总结性评价。

（4）校内院系评价

近年来，随着教育行政部门不断进行院校评价、学科专业评价和课程评价以及民间大学排行社会影响的日益扩大，高校面临着维持、提高教育质量的巨大压力。在这一背景下，一些高校尝试通过对其设置的院系（所）或独立校区进行评价以建立校内质量保障机制。尽管高校对其院系进行评价的做法还不普遍，但已经成为当前我国高等教育评估最值得关注的发展方向。

3. 民间或社会评估

在我国，民间进行的高等教育评估活动主要以“大学排行”的形式存在。所谓“大学排行”，就是根据编制者确信能够测量或反映大学学术质量或教育质量的某些准则或某一套准则编制的“最佳大学”院校名单，该名单必须按编制者预设的质量，以数字形式为大学排出顺序。在我国，大学排行一类是由民间机构进行的，另一类是由国家和政府的教育行政主管部门进行的。由于后一种排行侧重于行业内部的质量检查和办学效益评价，在社会上的反响不大。前一种排行结果在报纸、期刊和网站等公共媒体上发布，广为传播，由此使大学排行成为众所瞩目的话题，广受学术界和社会关注。

国内的大学排行起步于 20 世纪 80 年代。1987 年，中国管理科学研究院科学学研究所首次以 SCI 为依据，根据 1983—1985 年发表在国际权威杂志上的科学论文数，对国内 87 所大学进行排名，并在《科技日报》上公布了前 20 位排名榜；其后又以 EI 为依据，对 20 所重点综合性大学和重点工科大学进行排名，并在《光明日报》上公布。此后不断地有一些民间机构和高等院校、科研院所开展过大学排行。1993 年，广东省管理科学研究院武书连等人首次推出《中国大学评价——研究与发展》；1999 年 7 月，私营网站“网大”开始推出《1999 年中国大学排行榜》。1994 年 2 月，高等院校与科研院所学位与研究生教育评估所以我国首次研究生院评估结果为依据，对 33 所大学研究生院进行了排名。目前，按年度定期发布的广东省管理科学研究院的《中国大学评价》和网大网站的《中国大学排行榜》是目前我国较有影响的两种民间大学排行，包括了大学的综合排行和单项排行。此外，国内还有一些其他机构也曾以不同方式发布过对大学的排名。

早期的大学排行在评价对象上以理工类院校的科研成果为主，在评价方法上以定量统计分析为主。目前大学排行已经开始尝试综合排名，追求定量与定性评价相结合，排行指标渐成体系，排行评估的主体、排行结果的发布途径也逐渐由单一走向多元，研究生教育开始被作为单列项目进行排行。中国管理科学研究院科学学研究所、中国科技信息研究所、湖南大学、国家科委、广东管理科学研究院、学位与研究生教育评估所、《中国高等教育评估》杂志、中国科学院文献情报中心、中南工业大学、莱比格信息技术（深圳）有限公司、香港网大（中国）有限公司、南京大学、教育部科技司等 13 个单位的研究人员发布了各种类型的大学排行榜。随着大学排行越来越引起人们的关注，排行的结果也备受质疑。

第二节　我国高等教育评估发展的成就与方向

一、我国高等教育评估发展的成就

1. 确立了我国高等教育评估发展的政策基础，明确了我国高等教育评估的发展思路，初步建立了高等教育评估的法制框架

从 1985 年我国颁布首个有关高等教育评估文件《中共中央关于教育体制改革的决定》，到 1990 年国家教委颁布《普通高等学校教育评估暂行规定》，初步确立了我国高等教育评估的制度框架。1995 年通过的《中华人民共和国教育法》规定“国家实行教育督导制度和学校及其他教育机构教育评估制度”，以法律的形式确立了评估在各级各类教育中的地位。1999 年 1 月 1 日开始施行的《中华人民共和国高等教育法》，在确立高校办学自主权的同时，明确规定了高校的质量责任接受教育行政部门的监督和由其组织的评估的义务。1998 年以后中共中央、国务院和教育部颁布的一系列政策，进一步明确了我国高等教育评估的发展思路，奠定了高等教育评估的政策、法律基础。

2. 建立了国家主导的高等教育外部评估体制，初步形成了学术界和社会参与高等教育质量管理的机制，改进了我国高等教育质量保障体系

根据国家政策精神，中央和地方教育行政部门组织实施了一系列高等教育评估活动，并在这一过程中逐步建立了国家主导的高等教育外部评估体制，并逐步形成了学术界及社会参与的高等教育质量机制。在这一体制中，高等教育评估政策的制定、评估方案的形成、评估的组织实施及评估结果的利用等，均在国家教育行政部门领导下或由国家教育行政部门授权进行，学术界和社会则通过各种方式参与对高等教育的评估。

3. 建立了以普通高校本科教学水平评估、学科专业评估、国家精品课程评估为主要方式的国家高等教育评估体制框架，确立了高校必须接受国家评估和社会监督的义务，强化了高校的质量责任

经过长期的评估实践探索，我国已经在总结自身发展高等教育经验的基础上，建立了以五年一轮的本科教学水平评估、三年一轮的学科评估和一年一度的“国家精品课程”评估为主要方式的国家高等教育评估体制框架，发展了教育行政部门与行业组织配合共同进行专业评估的制度，高校办学水平、教育质量接受教育行政部门组织的评估和社会监督的义务已经确立，质量责任得以强化，高等教育评估进入法制化、规范化、常规化发展阶段。

4. 发展了以独立国家专业评估机构为主、民间专业服务性评估机构为辅的高等教育评估组织体系

高等教育评估组织已经从与教育行政职能部门一体化，发展到建立中央和地方教育行政部门领导下的相对独立的评估机构；评估活动的组织实施逐步从依赖咨询性、任务性、临时性评估组织，发展到由常设专业评估机构在教育行政部门领导下或授权独立实施评估。

与此同时，民间高等教育评估机构开始出现，并独立实施一些特殊类型的评估，如大学、学科、专业排行，研究生教育评价等。近年来，民间高等教育评估机构日趋活跃，其社会影响也不断扩大。

5. 强化了各级政府和高校的质量意识，调动了政府和高校改进高等教育质量的积极性，改善了高校办学条件、办学过程和办学绩效，促进了高等教育的发展

各种形式的高等教育评估活动的开展，引起了各级政府、高校和社会对高等教育质量问题的关注，增加了高校主管部门和高校自身的办学投入，大大改善了参评学校的办学条件。评估活动广泛深入地开展，建立了高校时刻关注其质量的外部环境，从而强化了高校及其主管部门的质量意识，激发了高校改进教育教学和管理工作的动力，并使评估作为高等教育质量管理的手段被引进高校，优化了高校的内部管理机制，促进了高校管理的规范化和校内质量管理机制的建立，促进了我国高等教育事业的发展。

6. 促进了高等教育评估研究和评估教育的发展，提高了我国高等教育评估的理论和实践水平，培养、锻炼了一批高等教育评估专家队伍，为我国高等教育评估的进一步发展提供了知识和人力资源准备

高等教育评估的发展，还激发了对评估知识和评估人才的需求，使高等教育评估研究和评估教育迅速发展，在较短的时间内建立了中国高等教育评估知识体系，初步形成了具有中国特色的高等教育评估理论。通过短期培训、参与评估实践和国际交流等方式，还培养锻炼了一批高等教育评估人才。目前，我国已经拥有一支数千人的评估专家队伍，为我国高等教育评估的进一步发展奠定了较好的知识和人力资源基础。

随着全球化进程的发展，国际交流日益增多，国家间的竞争日趋激烈，高等教育的运行环境日益复杂多变。在新的形势下，以促进高等教育改革和发展为己任的我国高等教育评估体系面临着一系列重大的挑战。必须在准确认识高等教育评估作为管理手段、作为高等教育质量保障措施的作用和功能的基础上，积极总结我国开展高等教育评估的经验教训，认真探索评估功能有效实现的方法与途径。

二、完善高等教育评估的政策法律基础，引导、规范各种高等教育评估行为

评估作为一种质量管理的手段，完善的评估政策、法律是其发挥作用的条件。国家要通过立法，对高等教育评估在高等教育体制中的地位，评估的目的，评估系统的目标、内容和功能，评估由谁按照什么样的程序和方法组织实施，如何运用评估结果，评估者与被评估者拥有什么样的权利，需要承担什么样的义务，如何认证评估机构和评估人员的资质，评估需要按照何种专业标准进行，谁以何种方式负责监督评估的质量，评估费用由谁承担，等等，这一系列问题做出明确的法律规定，使我国高等教育评估实践能够在明确的法律框架内依法规范进行。这不仅是开展高等教育评估活动本身的需要，同时也是完善我国高等教育管理制度、建设良好的高校办学外部环境的需要。

三、完善高等教育评估组织体系，整合各类评估活动，建立国家主导、社会与学术界共同参与的一体化的高等教育评估系统

为提高高等教育评估质量，必须完善高等教育评估组织体系。要改变目前以教育行政部门设立并领导的评估机构作为唯一合法评估组织的状况，淡化政府评估机构的行政性及其对教育行政部门的依附性，增强其专业性、独立性，使其逐步发展成为相对独立的、专业化的、其权威建立在高质量评估基础上的评估机构。为确保国家对高等教育的影响力，确保国家高等教育评估政策的贯彻实施，教育行政部门可以适时建立元评估机构，认证各种评估机构的资质，定期检查其评估政策，评价其评估活动的质量。

逐步强化学术行业对评估活动的参与，鼓励、支持、帮助高校建立行业性高等教育评估机构，通过制定高等教育质量行业标准并监督其执行情况，集体承担维护和不断提高高等教育质量的责任；鼓励各高校建立校内评估机构，并通过开展经常性的自我评估，建立健全校内评估机制，为学校教育质量的不断提高提供支持，为配合外部评估奠定基础；培育民间评估机构，允许各行业组织依法建立专业性高等教育评估机构并独立开展评估活动，鼓励、支持社会积极参与对高等教育质量的监督和改进。

通过立法、政策和规划，整合、协调政府评估、学术行业评估及民间评估机构及其活动，使这些相互分离或相对独立的评估系统的政策、目标、功能、内容及组织实施方式有机地结合起来，作为一个整体发挥作用。通过努力，逐步形成在国家主导下，政府、学术行业和社会共同参与的一体化的高等教育评估系统。

四、改进国家评估制度，探索科学的高等教育评估制度

从世界各国高等教育评估实践来看，外部评估要在保障高校的教育教学活动满足公认的最低质量标准的同时，尽量避免损害学校的办学自主权和对学校工作的干扰，外部评估不宜过多、过频、过细。从我国高等教育评估的长远发展来看，应在“普通高校本科教学工作水平评估”和“学科、专业评估”的基础上，探索以院校为对象、以院校所有工作为内容实施评估的“院校鉴定”和以专业评估为对象、以全部专业培养活动为内容组织实施的“专业评估”这两种形式为主的我国高等教育评估制度。这一制度性安排以高校的宏观和中观工作为评估着眼点，既能检查、监督高校作为一个整体的质量状况，又能检查、监督高校内部直接服务于学生和社会的教育教学工作，同时还可避免对学校具体学术活动的干预，能够较好地协调外部评估与院校自主办学的关系。

五、加强校内评估制度建设，改进校内评估实践，建设以评估为主要手段的学校教育质量保障体系

高等教育机构的自我评估、自我改进是高等教育质量提升的前提。高等教育是一种发生在高校的专业活动，其主体是学术人员，高校及其成员改进与提高质量的动机是内在的，不能从外部强加，只能被激发、被强化。因此，外部评估最重要的功能，应该集中于为高校自我改进提高提供持续、稳定的支持，使高校及其成员能够在一个良好的制度环境中关

注其专业活动的质量。高等教育评估体系顺利运行的基础，是高等教育机构的自我评估、研究和改进。外部评估作为质量保障的一种手段，是以高校的自我约束、自我调节为基础的。

加强高校内部评估制度的建设，合理规划并积极开展各项评估活动，不断改进评估方法技术，充分利用评估信息改进工作，形成以评估为常规手段的校内教育质量保障体系，是外部评估顺利进行和有效发挥作用的前提，也是当前我国高等教育评估发展的方向。

六、加强学生评价和教师评价研究，完善高校学生评价与教师评价制度，改进学生评价与教师评价的方法技术

学生评价改革努力的方向：一是加强对学生评价理论与实践的研究，深刻理解学生评价对学生成长发展的重要意义，提高对学生评价改革必要性和紧迫性的认识，确立改革的意识；二是建立促进学生成长发展而非单纯为学校管理服务的学生评价制度；三是积极采取措施，加强对高校教师评价知识和技能的训练，提高教师的评价素养，培育教师改革评价方法的意愿和能力，这是决定学生评价改革成效的关键，必须给予足够的重视；四是改进学生评价标准，建立大学生核心知识、技能评价标准和专业学习标准，以促进大学生基本技能和专业技能的提高；五是积极引进新的评价方法和技术，尤其是形成性学生评价方法和技术，充分发挥学习评价对学生成长发展的促进作用。当前推进学生评价方法改革的关键，是加强对学生评价理论和方法的研究，对教师进行学生评价教育，为学生评价改革提供理论依据、方法技术手段和人力资源支持。

教师评价改革的努力方向：一是加强对学术职业的研究，深化对高等教育发展规律的认识，尊重教师的工作自主权，建立符合教师职业特点的，以促进教师专业成长为目的，能够有效激励、支持、帮助教师持续进步的教师评价制度，淡化教师评价的总结性功能，强化教师评价的形成性功能；二是端正办学思想，更新管理理念，完整、准确地理解高校的任务，纠正急功近利评估价值取向，正确处理教师评价中教学与科研的关系，使教学与研究工作互相支持而非相互冲突；三是尊重教师作为学术人员在高等教育发展中的地位，鼓励、支持教师参与教师评价实践；四是加强对教师工作的研究，建立适合不同学科专业、不同工作任务特点的教师评价方案；五是不断改进教师评价的方法技术，合理评价教师工作的质和量；六是正确认识并合理、有效、充分地利用教师评价信息，尤其是要正确认识并合理使用学生评教的结果，激发教师的改进愿望，指导、支持、帮助教师改进工作。

除以上几点外，我们还要加强评估研究，为评估实践提供理论支持；积极发展评估教育，培育专业化的高等教育评估队伍；积极开展高等教育评估的国际交流与合作，努力推动我国高等教育评估良好实践经验的总结、传播和普及，不断提高评估的效益。

第三节　高等教育改革的重要因素

一、高等教育改革的内部动因

在计划经济下形成的高等教育体制，许多方面已不适应市场经济和改革开放的需要，主要表现在以下四个方面：

一是国有化的办学体制。所有学校实行公有制，全部归国家所有，全部依靠国家投资。高等教育的运行完全纳入国家计划，并由政府直接管理，政府对学校是“统、包、管”，学校对政府是“等、靠、要”，一切按政府部门的计划、指令办事。学校没有压力，没有动力，办事效率不高，办学效益不高。

二是条块分割的领导体制。在计划经济时期，我国的高等学校有四种类型：教育部直属学校，中央业务部门直属学校，地方政府（省级）所属学校，地方业务部门所属学校。如改革开放前夕的 1978 年，我国普通高校有 598 所，其中教育部直属 38 所，其他部委所属 217 所，省级地方政府及其业务部门办的 347 所。在计划经济时期，我国高教办学体制一直是国家集中计划、中央各部门和地方政府分别办学的体制。结果大学成为政府部门的直属单位，仅为某一部门培养人才，导致大学条块分割、自成体系、自我封闭。部门办学，还导致学校布局结构不合理，学校的行业性、单科性过强，有限的教育资源过于分散，学校的潜力发挥不出来。

三是高度集权的管理体制。计划经济就是集权经济，一切权力集中在政府手中，政府成了“全能政府”，政府对学校“一包二统”，学校没有什么办学自主权。从专业设置、课程结构、教材选定、经费使用，到招生、毕业生分配、教师编制及其工资待遇等都是政府决定的。学校只能听命于上级指令、红头文件，不可能面向社会、面向市场自主办学。由于学校没有办学自主权，既很少考虑如何挖掘潜力，主动为社会服务，也很少考虑如何优化教育资源，提高办学效益，缺乏激励高校办学积极性的机制。

四是单一的投资体制。在“左”的思想影响下，认为社会主义优越性就是上大学不要缴学费。全国大、中、小学的办学经费全部来自政府拨款，导致全国各类学校的办学经费严重不足，挤占了义务教育经费。中国高等教育完全处于“供给型”“包办型”状况，没有调动社会力量办学，没有利用社会资金、民间资金办学，没有让非义务教育（高中、大学）的受教育者承担一部分教育成本。由于教育经费不足，严重影响了我国教育事业的发展。

这些弊端如果不克服，高等教育就不可能适应新时期改革开放和市场经济发展的需要，高等教育事业就不可能有一个大的发展、大的提高。这是中国高等教育改革的内部动因。

二、高等教育改革的外部动因

中国经济体制改革是推动高等教育改革的外部动因。20 世纪 70 年代末以来，在邓小平理论的指导下，中国的改革是以计划经济最薄弱的环节——农村为突破口，是又一次的

"农村包围城市"。1978年安徽凤阳农民率先搞包产到户，打破了原有的集体化的"人民公社"体制，启动了中国农村的改革。全国农村逐步实行"联产承包责任制"，农民生产积极性空前提高，农业生产力空前提高。不仅农产品供给大大增加，而且解放了大批农村劳动力，为中国改革奠定了物质基础和人力资源供给的基础。农村改革推动了全国经济的大发展，人民生活水平明显提高。经济的大发展，迫切需要大批各类人才和科研成果，迫切需要大力发展高等教育。由此可见，只有大力发展高等教育，才能满足社会经济发展和人民群众的需求。但是如果不克服在计划经济下形成的高等教育弊端，高等教育的发展是不可能的。中国高等教育改革的外部动因，就是要让高等教育适应社会主义市场经济体制的发展和运行，改变一切由国家包下来、一切由政府统起来的状况，充分调动大学和社会力量办学的积极性。

第四节　中国高等教育改革的历程与原则

一、中国高等教育改革的历程

中国高等教育改革以1985年《中共中央关于教育体制改革的决定》(以下简称《决定》)为起始，至今经历了三个阶段。

第一阶段是体制结构大调整阶段。《决定》提出以体制改革为突破口，拉开了高等教育改革的序幕。《决定》要求高等教育要与社会需求更好地结合，加强高等学校同生产、科研和社会其他方面的联系。为了调动各级政府的办学积极性，要实行中央、省、中心城市办学的体制。《决定》还强调了要改革高等学校招生计划和毕业生分配制度，扩大学校的办学自主权。

1992年邓小平南方谈话之后，明确提出中国要加快改革开放的步伐，要建立社会主义市场经济，并载入党的十四大报告中。从此，中国的改革开放又进入了一个新的阶段。高等教育要不要适应市场经济，当时在社会上和教育界引起了不小的争论。为建立与社会主义市场经济体制相适应的高等教育新体制，1993年中央颁发了《中国教育改革和发展纲要》（以下简称《纲要》）。为使《纲要》规定的政策措施更具有可操作性，国务院又转发了《关于〈中国教育改革和发展纲要〉的实施意见》（以下简称《实施意见》），进一步明确了高等教育要走以内涵式发展为主的道路，提出要加大教育体制改革的力度，力争在办学体制、管理体制以及招生和毕业生就业制度改革方面取得明显成效。

《纲要》及其《实施意见》明确提出："高教体制改革"主要是解决政府与高等学校、中央与地方、国家教委与中央各业务部门之间的关系，逐步建立政府宏观管理，学校面向社会自主办学的体制，标志着我国对高教体制改革在认识上有了重大突破。"扩大高等学校办学自主权"和"学校面向社会自主办学"已经被放到高等教育体制改革的核心位置。这次改革体现出从国家集中计划和政府直接管理的国家办学体制转变为政府宏观管理，学校面向社会自主办学的体制。围绕着“政府宏观管理，学校面向社会自主办学”这个核心，高等教育进行了一系列其他方面的体制改革来与之配套。其中包括领导管理体制、投资体制、招生就业体制和学校内部管理体制等方面的改革。1996 年，国家教委发布《我国教育事业“九五”计划和 2010 发展规划》，提出“九五”期间，以“共建”和“联合办学”为主要形式，扩大学校和服务方向，淡化和改变学校单一的隶属关系。1998 年 1 月，为贯彻党的十五大提出的“加快高等教育管理体制改革步伐”的精神，又召开了具有战略意义的扬州会议。会上进一步提出：“高等教育管理体制改革的目标是：争取到 2000 年或稍长一点时间，基本形成中央和省级人民政府统筹为主，条块有机结合的新体制。”形成了“共建、调整、合作、合并”的八字方针。1998 年 8 月，《中华人民共和国高等教育法》正式出台，以法律的形式理顺了高等学校与中央、地方和有关部委之间的关系。1999 年年初，《面向 21 世纪教育振兴行动计划》的推出和第三次全国教育工作会议的召开，为实现“科教兴国”的目标和高教体制的进一步深化改革创造了更为有利的条件。由此可见，我国高等教育的体制改革，是在中央直接领导下进行的，是伴随着经济体制转轨和社会转型而运筹和实施的，其目标是要冲破旧体制的束缚，建立一个与市场经济和现代社会相适应的高等教育新体制。这一阶段的体制结构改革，主要是改革在计划经济下形成的中国高等教育体制，包括办学体制、投资体制、运行机制、结构等，主要体现在以下几方面：

（1）在办学体制上，从单一的国有化办学体制，转变为“一主多元”的办学体制。即以国家办学为主，多种办学体制共同发展。2005 年，我国正式列入国家招生计划、有学历文凭的民办高校发展到 250 所。

（2）在领导体制上，改变“部门所有，条块分割”的状况。通过“共建、合并、合作、划转”等方式对高等学校管理体制进行调整，全国原有的 700 多所高校合并调整为 200 多所，改变了单科性办学模式。

（3）高等教育运行机制的转变，从依靠国家、依靠政府、依靠计划办学，到依靠社会、依靠市场、依靠自己办学；从计划在人力资源配置中起主导作用，转变为市场在人力资源配置中起主导作用。

（4）在结构上，改变重文科轻理科的高校科类结构，改变高校过于集中在沿海大城市的布局结构，改变重本科、专科，轻研究生教育的层次结构，使之更适应社会经济发展的需要。

第二阶段是高等教育大发展阶段。20 世纪 80 年代，邓小平就提出，为适应改革开放的需要，赶超世界先进水平的需要，中国的教育要有一个大发展、大提高。大发展指数量，大提高指质量。由于体制问题，长期以来中国高校规模很小，办学效益不高。20 世纪 80 年代，高校师生比为 1 ∶ 4 左右，90 年代初为 1 ∶ 9 左右。我国经济体制改革推动了教育体制改革，为高等教育的发展奠定了基础。1981—1985 年，中国高等教育针对学科结构单一、学校规模偏小的状况，有一个发展高潮，新增高校 312 所，在校生增加 122%。1985—1998 年放缓了发展速度。由于中国的改革开放、经济的发展，人民生活水平有了明显提高，高等教育已不能满足社会经济和人民群众的需求。1999 年第三次全国教育工作会议上，江泽民代表党中央提出要大力发展高等教育，尽可能满足人民群众上大学的需求，推动了高等教育的扩招。1998 年全国高校招生人数为 108.4 万人，1999 年猛增到 159.7 万人，增长率为 47.3%。2000 年招生数为 220.6 万人，增长 38.2%。2004 年，全国高校招生达到 420 万人。高等教育的快速发展，是在中国改革开放和市场经济的推动下，是在中国经济大发展的推动下，是在人民群众迫切需求的推动下，是在高教体制改革的推动下进行的。虽然在质量和结构上存在一些问题，但总地来说是符合社会和广大人民群众需要的。

第三阶段是深化教学改革，提高教学质量的阶段。经过连续的扩招，2005 年我国各类高等学校达到 2000 余所，在校生达到 2000 余万人，毛入学率为 21%，进入大众教育阶段。预计到 2020 年我国高校入学率为 50% 左右，在校生为 4000 余万人。但发展的重点是高等职业教育、民办教育。大多数公办普通高校的规模已经饱和，不宜再扩招，应以提高质量为主。

为了提高教学质量，教育部采取了一系列措施：（1）在全国高校建设 1500 门精品课程，建设一批国家级示范教学基地和基础课教学示范中心，并通过互联网促进资源共享；（2）进一步改革学科专业结构，规范专业设置管理；（3）推进双语教学和聘请国外优秀专业课教师；（4）鼓励教授上讲台讲授基础课，开展国家级教学名师奖评选表彰活动；（5）面向世界范围遴选拔尖人才等。为了提高教学质量，从 1994 年开始，教育部采取“合格评估、优秀评估、随机性评估、教学水平评估”四种形式，对有关本科高校进行了教学工作评估，取得了良好的效果。2002 年，教育部发布了《普通高等学校本科教学工作水平评估方案（试行）》。2003 年，教育部又制定了《高职高专院校人才培养工作水平评估方案》。2005 年年初颁布了《关于进一步加强高等学校教学工作的若干意见》，提出建立五年一轮的普通高等学校教学工作评估制度，五年一轮的高职院校评估制度；建立普通高等学校教学状态数据采集和发布制度，逐步建立和开放数据库网上检索系统，增加高等学校办学的透明度；建立评估中介机构，不断提高评估专业化和科学化水平，从严治教，强化教学管理；建立和完善高等学校内部教学质量保障和评估制度；进一步完善评估方案，改革评估技术和方法。

二、高等教育改革的原则

高等教育改革是一项复杂的、艰巨的、长期的工作，必须有正确的理论指导，坚持正确的改革原则。

1. 改革的方向性原则

高等教育改革要坚持中国特色的社会主义方向，坚持四项基本原则；坚持以毛泽东思想、邓小平理论、“三个代表”、科学发展观以及习近平新时代中国特色社会主义思想为指导；坚持教育必须为社会主义建设服务、为人民服务，必须与生产劳动和社会实践相结合的方针，把学生培养成德智体美全面发展的社会主义建设者和接班人。在改革中既要大胆吸收外国的先进理念、先进科学文化和管理，又不要照搬外国，并要抵制外国消极、腐朽、反动的思想，把国际化与本土化有机结合起来，弘扬中华民族的优良文化传统。

2. 改革的适应性原则

高等教育既是社会发展的产物，又是促进社会发展的动力。高等教育改革要从中国的国情和现实出发，适应社会政治、经济的发展和变化。当前我国社会最大的特点是从计划经济转向市场经济，从封闭转向开放。当前中国面临三大任务：全面建设小康社会，加快推进社会主义现代化建设，实现中华民族伟大复兴。高等教育改革，要转变计划经济下、封闭状态下的办学观念和办学模式，努力适应市场经济和改革开放的需要，努力满足经济社会和人民群众对高等教育的需求，满足社会对各类人才的需求，为实现三大任务贡献最大力量。

3. 改革的规律性原则

高等教育改革从宏观上要适应社会的发展和变化，不能脱离社会现实搞改革；但从微观上，从教育内部来说，必须按教育规律进行改革，不能把市场经济的规律生搬硬套到教育改革上。教育有教育的规律，高等教育改革要从自身的任务、目标出发，遵循教育内在的规律。如在学校管理上要淡化行政权力，增强学术权力；在课程设置上要从培养目标、专业特点、学生个性等出发，还要从现代科学技术发展趋势出发，构建科学合理的知识结构；在教学上要发挥教师的主导作用、学生的主体作用；在人才培养上不仅要从学生的身心特点出发，坚持以人为本、德育为先，提高全面素质；在建立现代大学制度上要增强大学办学自主权，教授治学、学术自由、民主管理等。高等学校一方面要适应社会政治经济的发展；一方面也要与政治、经济保持一定的张力，不能成为政治、经济的工具。

4. 改革的协调性原则

高等教育的改革要遵循“规模、质量、效益”协调发展的原则，不能只顾发展规模，不顾质量、效益，也不能只顾质量，不顾规模、效益，更不能只追求规模、效益，不顾质量。我国高等教育在计划经济体制下，全部由国家包下来，不讲效益，学校规模小，生均比例很低。20 世纪 80 年代每校平均 3000 人左右，师生比 1 ∶ 5 左右。近年扩招后，许多学校规模发展很快，在校生有 2 万～ 3 万人，但投入跟不上，师资、设备跟不上，有的大学师生比在 1 ∶ 30 以上，教育质量受到了影响，很不协调。因此，改革中必须以质量为先，把质量放在第一位，在规模发展的同时，必须要求经费投入、师资队伍、设备建设同步进行，师生比控制在 1 ∶ 15 左右，以求协调发展。

改革的协调性原则，包括外部协调和内部协调。外部协调主要指高等教育要与当地的社会经济发展相协调，要从当地的需求出发发展高等教育，要与当地政府、企业、教育、文化部门搞好关系。一方面主动积极地为社会服务，另一方面充分利用当地的资源为学校教育服务。学校参与社会建设，社会参与教育事业，走产学合作道路。内部协调主要指处理好内部各职能部门之间以及与院系的关系，处理好校院系之间的关系，充分调动各方面的积极因素，形成合力，共同办好教育。学校要从自身的实际情况出发，明确定位，安于本位，办出特色，不要贪大求全、盲目攀比。

5. 改革的多样性原则

我国实行市场经济、改革开放以来，经济体制多元化，经济模式多样化，改变了过去单一化的经济体制和经济模式。教育同样如此，改变了单一的公有制办学体制和办学模式。因此高等教育改革也要坚持多样性原则，现在高等教育面对的是多样性的社会，面对的是人民群众多样性的需求，因此一种教育体制、教育模式已远远满足不了社会和人民群众的要求，应建立多种教育体制、教育模式、教育层次，不能搞“一刀切”。我国有 2000 多所高等学校，可分为四种类型：一是研究型大学，如进入“985”行列的大学；二是教学研究型大学，如进入“211”行列的大学以及部分有博士学位点的大学；三是教学型大学，即以本科教育为主的普通高校；四是职业技能型大学，培养实践能力强的高职高专院校。这四类高校都不可缺少。多样性原则，就是要办好各类高校，以培养社会所需要的各类人才，满足多样性社会的多样化需要。

6. 改革的风险预测原则

高等教育改革过程中会遇到各种各样的障碍和困难，有的来自思想观念方面，有的来自物质条件方面，有的来自外部环境。因此在设计改革时要充分考虑各种因素，包括有利因素和不利因素，改革要建立在可靠的信息情报资料的基础上，设定改革的目标要有科学性、可行性，实现改革的目标要有必备的条件（人、财、物、机构等）。要充分预测在改革过程中可能出现的问题以及如何解决的方案，预测改革的最终结果将有几种可能性，尤其要充分考虑可能产生的风险，分析投入产出的效益并制定出风险后的应对措施。对风险过大的改革必须慎重实施，或暂缓实施，待条件成熟时再进行，或者应做适当的调整，不能在人、财、物等条件不具备的情况下，凭主观意志搞改革。

第五节　高等教育管理改革的内容与趋势

我国高等教育管理改革的全面展开，取得了明显效果，主要体现在高等教育办学体制改革、高等教育管理体制改革、高等教育投资体制改革、高考制度和毕业生就业制度的改革、高等学校后勤管理改革上。

一、高等教育办学体制改革

我国经济体制改革有力地推动了教育体制的改革，推动了民办教育的发展，鼓励社会力量办学。1992 年党的十四大明确提出：“鼓励多渠道、多形式社会集资办学和民间办学。”1993 年《中国教育改革和发展纲要》提出：“国家鼓励企业事业组织、社会团体、其他社会组织及其公民个人依法举办学校及其他教育机构，采取积极鼓励、大力支持、正确引导、加强管理的方针。”从 2000 年至 2004 年的 5 年间，经批准有学历授予权的民办高校数由 42 所增加到 228 所。在校生由 6.83 万人增加到 139.75 万人。2002 年 12 月《中华人民共和国民办教育促进法》获得通过，民办教育机构在我国教育体系中的地位从法律上得以确认，有力地推动了民办教育的健康发展，从而改变了长期以来单一的国有化公立高等教育的办学体制，对更好地调动社会力量和民间力量的办学积极性、扩大教育资源、形成竞争机制、提高办学效益具有重要的作用。

二、高等教育管理体制改革

在计划经济下，我国高等教育实行部门管理体制，中央业务部门办了许多大学。高等学校成了部门所有，不能面向社会自主办学，不能直接为地方经济建设服务，妨碍了高校潜力的发挥。1979 年 12 月 6 日，《人民日报》发表了复旦大学校长苏步青等人《给高等学校一点自主权》的呼吁，在高教界引起了强烈反响，对原有的高度集中统一的管理体制提出了挑战。1985 年颁布的《中共中央关于教育体制改革的决定》尖锐地指出了我国高教管理体制上存在的弊端："政府有关部门对高等学校统得过死，使学校缺乏应有的活力"，"要从根本上改革这种状况"，"坚决实行简政放权，扩大学校办学自主权"。1998 年国务院机构调整，大幅度撤销、合并主管行业部委，成为高等学校管理体制改革的契机。为改变部门办学和管理体制，国家制定了"共建、调整、合作、合并"的八字方针。到 21 世纪初，有 397 所高等学校合并为 267 所，中央业务部门直接管理的 367 所普通高校，改革后只有 100 所左右，教育部直属普通高等学校从 34 所增加到 72 所（这 72 所是由 125 所普通高等学校、12 所成人高校、4 所中专和 9 个科研单位合并组建而成的）。高校管理体制改革涉及 900 多所高校。通过这次体制改革和调整，改变了部门所有制的管理体制，扩大了学校办学自主权，并组建了一批综合性大学和多科性大学，有利于高校资源优化配置，有利于提高人才培养质量，有利于新学科的发展和科研水平的提高。

三、高等教育投资体制改革

从 20 世纪 80 年代以来，我国高等教育的经费逐步改变了由国家包下来的做法。多渠道的经费来源，替代了单一的国家投资体制。据世界银行调查，20 世纪 90 年代初，在我国高等教育经费来源中，学校创收收入占总收入的百分比开始呈上升趋势：1990 年为 12.3%，1991 年为 13.1%，1992 年为 18.2%，1997 年为 22.04%。创收收入的来源包括校办企业收入、委托培养收入、教育服务收入、研究及咨询收入、后勤服务收入以及学生缴纳的学费和社会捐赠。多元化投资渠道的意义在于；改变了高等学校完全依赖政府投资办学，而转向面向社会集资办学、开放办学，加强了高校与社会（市场）的紧密联系，使高校积极主动地面向社会，面向市场需求培养人才，为社会服务。既增加了办学经费，又增强了办学活力；既缓解了国家教育投入的压力，也缓解了国家行政权力对高校的约束力。改变了政府对学校的"统、包、管"，也改变了学校对政府的"等、靠、要"，使得大学自主办学有了经济基础。

四、高考制度和毕业生就业制度的改革

我国一直实行高度集中统一的高考制度，全国普通高中实行统一教材、统一高考。

1999 年 3 月，教育部颁布了《关于进一步深化高校招生考试改革的意见》，嗣后又颁布了一系列文件。启动了新一轮高考改革，改革内容主要有四方面：（1）高考内容的改革，注重对考生能力和素质的考查，增加了“综合能力测试”项目；（2）高考科目设置改革，由过去的 7 门减少到 4 门，实行“3+X”方案，“3”指语文、数学、外语，“X”根据类别由学生自选；（3）高考时间由每年一次改为一年两次，在北京、上海等地试行春季招生；（4）录取方式和录取制度的改革。录取方式上实施计算机和网上录取，录取制度上进行高校“自主选拔录取”（自主招生）的改革试点。

大学毕业生就业制度有了较大变革，改变了过去的统一分配的办法，而是由“学校和政府推荐，学生和用人单位双向选择”。学生和用人单位都有了较大的自主权，有利于形成良好的竞争机制和人才流动机制。

五、高等学校后勤管理改革

在计划经济体制下，我国高校形成了“一校一户办后勤，校校后勤办社会”的状态。其特点是：对外自我封闭，对上“等、靠、要”，对下“统、包、管”。改革开放以来，高等教育事业蓬勃发展，高校规模不断扩大，“大学办社会”的高校后勤体制已成为学校的沉重负担，成为教育事业发展的阻力。从 20 世纪 80 年代开始，我国不少高校积极探索后勤改革。首先改革食堂管理模式，实行单项定额承包、综合定额承包，实行“小机关、多实体、大服务”模式，引入企业化管理，组建后勤服务集团，改变由学校直接管理的行政管理体制，向后勤社会化过渡。高校后勤社会化是在中共中央和国务院直接推动下进行的。1985 年 5 月《中共中央关于教育体制改革的决定》中指出：“高等学校后勤服务工作的改革对保证教育改革的顺利进行极为重要，改革的方向是实行社会化。”我国高校在探索后勤改革方面采取了多种模式，取得了积极效果。一是并入方式，即将学校后勤并入校外企业，学校将房产租赁给校外企业，校外企业实行收费服务。二是托管方式，即将学校分离出来的后勤服务项目部分或全部委托给校外企业直接进行经营管理。三是联办方式，学校转制后的后勤实体与校外企业联合经营管理，为学校提供后勤服务。四是引进方式，引进外单位到学校办后勤，学校收取一定的房租费、管理费。五是校内独立型，即学校后勤相对独立，在学校宏观指导下，自我管理，有偿使用学校房产，有偿为学校服务。

六、进一步深化高教办学体制改革

2016 年，教育部发布的首份《中国高等教育质量报告》指出：2015 年在校生规模达 3700 万人，位居世界第一；各类高校 2852 所，位居世界第二；毛入学率 40%，高于全球平均水平。但目前大多数公办普通高校已没有扩招的空间，国家也不可能拿出巨额资金兴办新的大学，于是发展民办教育，扩大民办高等教育的规模势在必行。为确保国家把经费投入重点大学、重点学科，应探索将一部分公办普通高等学校改制为“国有、民办、公助”学校。即学校资产属于国家所有，采取民办高校运行机制，主要依靠学费和社会集资办学，政府给予一定的补助。第二次世界大战后，世界上曾出现高等教育“民间化”趋势，政府积极鼓励办私立高校，扩大私立高校比例。亚洲许多国家如日本、韩国、菲律宾、马来西亚等，在政府无力全部负担高等教育高昂费用的情况下，大力发展私立高等教育，收到明显效果。但我国民营企业实力不强，民办高校资金来源不足，而公办高校很多，如果全部依靠国家投资困难很大，因此应积极探索和大胆试行公办改制。

七、建立现代大学制度，落实高校办学自主权

要真正确立大学的法人地位，大学不再是国家行政部门的分支机构，而成为市场主体，有独立经营权，则要调整作用于大学的政府权力、市场权力和学术权力。其趋势是减少政府权力，扩大市场权力，规范学术权力。改革的预期目标是使大学不仅仅有学术权，而且会经营——经营教育、经营学术、经营大学；大学不仅仅从技术服务的角度，而且从理财和运营管理的角度进入社会、进入市场；大学从市场得到的将不仅仅是资源，而且包括竞争机制和自我发展的活力。1993 年颁布的《中国教育改革和发展纲要》明确指出，“要把高等学校办成独立自主办学的法人实体”。1998 年开始实施的《中华人民共和国高等教育法》第三十条规定：高等学校自批准设立之日起取得法人资格，依法享有民事权利，承担民事责任。然而时至今日，来自政府部门的红头文件仍然很多，行政权力仍然很大。因此，中国的公立院校还没有获得真正的独立法人地位。现代大学制度的最终目标是大学自主、以法治校、学术自由、民主管理。政府对大学的控制权将削弱，主要是宏观管理，提供公共服务，应鼓励非政府部门的组织从事服务工作。大学要主动进入市场，不要依赖国家，要依法自主办学、自我发展、自我约束，充分挖掘潜力，发挥内在的能动作用。

八、完善大学法人治理结构

建立和健全学校法人治理结构，是我国高校管理改革亟待解决的问题。我国高等教育法规定，国家举办的高等学校实行党委领导下的校长负责制。《2003—2007 年教育振兴行动计划》提出：“高等学校要坚持和完善党委领导下的校长负责制，推进依法办学、民主治校、科学决策、健全学校的领导管理体制和民主监督机制。”我国公办高等学校法人治理结构包括领导决策权、行政管理权、学术发展权和民主监督权，要职责明晰、合理分离。为此应行使好四方面权力：（1）党委的领导权，学校重大问题，如规划、经费预算、党建工作、干部队伍建设、思想政治工作，由党委集体讨论决定；（2）校长行政负责制，学校日常行政工作包括教学、科研、人事、财务、资产、教师、学生等方面的工作由校长及副校长全权负责；（3）由教授为主体的学术委员会制，负责学校学科专业建设、人才引进、高级职称评定工作等；（4）民主监督机制，由党委纪委、监察处、教职工代表会、民主党派等对党委和行政工作进行监督评议，提出批评、建议。民办高校实行董事会领导下校（院）长负责制，其法人治理结构要健全和完善董事会、院长办公室、监事会、教职工代表会、党委会的制度，明确各自的职责，形成合力。

九、推进高水平大学和重点大学的建设

我国面临“建立自主创新型国家”“培养一大批拔尖创新人才”的重任，这就必须花大力气，充分集成各方面资源，重点建设若干所世界一流的高水平重点大学和重点学科，

这对增强高等教育综合实力、提高我国国际竞争力有重要的战略意义。为此，要改变平均主义、“大锅饭”式的投资体制和办学模式。国家应放手将一部分普通高校改制，让它们直接面向社会、面向市场自主办学，国家可减少对改制高校的投资，把更多的经费投向一流的重点大学和重点学科。一流大学的基本条件是：有一流的教师队伍，一流的实验设备和图文信息资料，学科门类齐全，学科综合的优势突出，国际化程度高。一流大学的特点是：坚持教学与研究相结合，强调以探索和研究为基础的教学；坚持本科教育与高水平的研究生培养协调发展的人才培养体系；坚持利用学科综合优势，建立有助于综合素质培养和交叉学科发展的人才培养环境和培养机制；建立学术水平和教学水平兼备的教师聘任机制；重视师生教与学互动，教学相长。

十、发展高等教育信息化

高等教育信息化是指利用高技术手段更快、更多、更新地获取有关信息，以及获得信息的技术、方式的不断进步，给高等教育的教学思想、教学模式、教学内容、教学手段和教学管理等方面带来的变革。如科学技术的发展，将繁荣网络教育，网络的虚拟大学将进一步发展，受教育者可以利用互联网选读世界范围高等学校的课程和通过考试。计算机教学日益增多，人们可以在家庭电脑上学习，传统意义上的大学将发生根本变化。随着信息技术的迅猛发展和国际互联网的普及，教育信息化建设已成为我国教育改革的重要内容：依靠多媒体技术，通过光纤传输声、像、数据，形成高通量的电子信息传递网络，并在世界范围内互联，形成信息高速公路，通过它，人们可以迅速、高效、大量地获得所需要的种种信息资源。高等教育信息化使教学模式和教学内容更加丰富，可以把科学研究的最新成果、最新动向等信息渗透到教学过程中，可以使教学手段和教学管理更加现代化和多样化。

十一、发挥高等教育在终身教育中的作用

21 世纪，中国将进入知识经济时代，进入自主创新时代，进入学习化时代。因此构建学习型社会，加强终身教育，发展远程教育、网上教育的需求也越来越迫切。联合国教科文组织在欧洲的调查分析表明，21 世纪，各高等院校教学任务的一半要放到继续教育、终身教育上来，教育将贯穿于人的一生，成为与人相伴的活动。终身教育突破了传统的限时空教育观，高等学校要在终身教育、构建学习型社会中发挥更大的作用。改变传统教育观念，运用现代教育技术手段，建立新的多体制模式、多层次的高等教育是未来发展的必然趋势。

第四章　高等学校人才培养活动与人力资源管理

第一节　高等学校教学管理基础知识

一、高等学校教学管理的意义

教学活动是高校最本质最经常的活动，教学是学校的中心工作。教学是贯彻教育方针，使学生在德、智、体等几方面全面发展的基本途径。因此，教学管理在高校中具有十分重大的意义。(1)教学管理是协调各种教学资源的重要手段。要进行教学工作，必然会涉及人、财、物等多种因素。科学组织、合理协调各种教学资源，有效地发挥高校内外的各种条件，才能取得最佳的教学效果。（2）教学管理是提高教学质量的基本保证。教学质量是高等学校的生命线，是高等学校日常工作的永恒主题。决定教学质量的因素是多方面的，其中教学管理是最基本的因素之一。高水平的教学管理，为保证教学质量提供了强有力的保障。（3）教学管理是实现教学工作整体优化的主导因素。教学管理水平是提高教学效率与质量的重要因素。我们经常可以看到这样一种现象：在学校各方面条件（如师资、生源、教学设备、外部环境）大致相同的情况下，由于管理水平的差异，教学工作的效率与质量大不相同。教学管理要从高校的实际出发，充分利用人、财、物、时间、信息等资源，最大限度发挥其效能，以实现整体大于部分之和，即教学管理实现“功能放大”。

有人认为，高校教学管理可有可无，甚至以高校教学过程的独特性、学生学习的自主性、教师的学术自由等理由抵触教学管理，这是一种错误的认识。高校教学管理是确保教学质量，保证教学秩序，提高教学效率，调整和改善校内与校外、校内各部门或成员之间的关系，充分利用各种教学资源所必不可少的手段。当然，高校教学管理有其特殊性，必须与高校组织的特性、高校组织的多重任务相适应，要提高教学管理的水平，实现教学管理的科学化。高校教学管理不是限制教师与学生积极性、主动性、创造性的发挥，而是通过管理提高效率与质量。

二、高等学校教学管理的职能

高校教学管理是一个多层次的系统，在学校内部，涉及学校、学院、学系、教研室等不同层次机构，不同层次的组织机构具有不同的管理职责与权力分工。

1. 学院管理的职能

学院，作为一种特定的教育组织，肇始于中世纪高校初创之时。最初只是指由个人捐赠供读学位者寄住的房舍，后来，这种学院又增设图书馆，添置有关教学设施，聘请专门导师，从而发展为一种教育机构。中世纪的高校起初只是几个学院的一种联合体。作为高校内的下属学院，通常有两种类型：一种是主要作为一定学科领域教学组织的学院，如普通高校中的文学院、理学院、法学院、工学院、农学院、医学院等，这可以说是一种学科型学院；还有一种是主要作为某种校园共同生活组织的学院，它们通常负责接受学生入学，安排学生的膳食住宿、课外文娱生活、自学、教师辅导等，旨在通过提供适当的生活条件而能让师生密切接触交往和经常聚会讨论，营造有利于学生的道德培养和学识拓展的群体氛围，有的也提供一定的通识教育课程与学分，这可以说是一种社团型学院。在国外的高校中，有的学校是学科型学院与社团型学院并存。这样，既有现代高校学科综合、设施齐全、教师阵容强大的长处，又保持了传统学院师生共同生活、学习、相互关系密切的优点。学院作为高校的中间层次，其职责在各个国家也不尽相同。有些国家的学院具有相当大的办学自主权，可自行决定招生专业、招生人数和入学条件；而有些国家中隶属高校的学院则没有很多的自主权。在我国，试行学院制的时间不长，高校与学院的职责、权力分配也处于不断摸索之中。

2. 学系管理的职能

学系是高等学校中按学科性质设置的基层组织，从其历史形成来看，学系要远迟于学院，它是随着近代科学的日益分化才在高校中出现的。学系一般是学院以下层次的教学研究组织，如果采取校系两级教学管理的高等学校，学系则是学校以下的教学和管理组织。新中国成立后高等学校一直实行的是校系两级管理体制，学系被作为具体实施教学、科研任务的一种主要的组织实体，也是作为学校中的行政基层组织。只是在近十余年来，才纷纷成立学院，推行校院系三级管理体制，原先的管理职能重新调整。另外，在高等学校的学系中，通常还需要按一定学科、专业甚至课程进行更细的分工，在这种分工的基础上形成了教研室这一教学组织。当然，“学校—学院—学系—教研室”四级管理体制是我国学院制改革后出现的新情况，这一四级管理体制在世界上也不多见，国外较多的是“学校—学院—学系”或“学校—学系—教研室”三级管理体制。因而，如何适应学术组织机构设置的变化进行教学管理，是目前需要理顺的问题。

3. 校、院、系在教学管理中的分工

对学校、学院（学群、学部）、学系（“讲座”）的权力分配，约翰•范德格拉夫的《学术权力》有着非常翔实的描述。就学校管理的职能来说，则是更为具体的问题。高校教学管理需要在高校不同的管理层次上进行合理分工，改变原来由学校管得过多过死的局面，做到“宏观管理，以院为主”。学校层面的教学管理，以教务处为职能部门，其职能是：在校长和分管校长的领导下，根据国家教育主管部门有关教学工作指导文件的规定，从本校教育任务和培养目标出发，制定学校教学工作计划和有关教学的规章制度；制定学校有关教育事业发展、专业设置、教学改革等方面的措施；组织制定或修订全校各专业的教学

计划、教学大纲，并组织检查教学计划的执行和完成情况；全面安排与教学有关的各个环节，如生产实习和教学实习等；检查教学质量，对教学过程的各个环节（如备课、上课、实验、辅导等）以及学习过程的各个环节（如听课、作业、自学等）提出质量标准；负责教师的课程进修与业务提高工作；实施课程管理；组织教材及相关教学资料的编写、建设等工作；负责制定开课计划、编班、课程表、考勤等工作；负责教师教学工作的考核工作；负责学生学籍、教学档案和资料的管理工作。其职能主要可以概括为教学计划管理、教学质量管理、日常行政管理。现在许多高校都实行校院两级管理，除了学校教务处外，学院都配有教学院长、教学秘书或成立教务办公室等管理人员或管理机构，具体的教学活动由系或教研室负责安排，执行学校的教学管理要求。学校要善于发挥调动基层组织教学管理的积极性、主动性与创造性，因为他们最了解教师的教学、课程的效果、学生的学习等情况，最熟悉本专业本学科发展的动态，只有充分调动基础教学单位的教学管理积极性，才能使教学管理工作稳步扎实的进行。

三、高等学校教学管理应树立的观念

高校教学管理应该树立现代教学管理观念才能适应现代教学管理，管理观念的现代化是高校教学管理现代化的核心与灵魂。

1. 市场观念

随着我国市场经济的发展，教育市场也逐步成型。由于私立高校的崛起，学生收费的提高，高等教育的私人产品属性日益突出。确立教学管理的市场观念，就是要根据市场需要调整专业设置和课程体系，修订教学计划和培养方案，通过市场检验人才培养质量，在招生、分配中引入市场机制。同时，如何通过市场化的运作机制，降低办学成本、减少办学过程中的浪费、提高管理效率，也是管理中要解决的问题。

2. 竞争观念

教育市场化的趋势，必然会带来教育竞争的加剧。外国教育机构通过中外合作办学争夺生源，国内各高校之间也通过各种手段争取好的生源，这样势必带来各高校之间的竞争。尽管在今天，专业审批、招生指标、学校性质的确定等仍然掌握在教育行政部门手中，使高校办学带有浓厚的政府参与色彩，但随着高校办学自主权的进一步扩大，高校会面临更为严峻的竞争。要使学校在竞争中脱颖而出，必须在校内管理中引入竞争机制。目前，高校教学不仅存在专业老化、课程陈旧、教学方法落后等问题，而且存在学校教师精力投入不足、管理不善、服务意识淡薄等问题。由于高校持续扩招，一时间高校财务状况好转，教师紧缺、岗位竞争有所缓和，高校教学竞争机制还没有能够建立，高校教师聘任制也没有真正落实。

3. 系统观念

现代系统论揭示了任何事物都以系统的形式存在，万事万物都是一个由若干要素构成的有机整体。高校教学管理本身就是一项系统工程，是由管理目标、管理主体、管理客体、管理内容、管理方法、管理环境等要素构成的有机整体。因此，我们在管理中一定要确立整体意识、层次意识、开放意识、动态意识等系统论思想，正确协调各要素之间的关系，确保整个教学系统的高效良性运行。

四、高等学校教学管理的发展趋势

认识高校教学管理的发展趋势当然可以从管理目标、管理要素、管理活动、管理资源等角度进行分析概括，但我们首先要认识到高校教学系统是一个复杂、开放的系统，应该运用系统管理思想进行教学管理。正是从这样一个视角，我们可以把高校教学管理的发展趋势归纳为以下几个方面：

1. 管理秩序从简单走向复杂

高校教学管理正从群体管理、单一化培养模式向个别管理、多样化培养模式转变。现在高校教学管理制度上推行的学分制与选课制就是管理转变的集中反映。在学分制下，从传统的统一的课程表发展到每个学生根据各人的学习方向制订不同的课表，学生在校内可以实现跨系跨专业学习；从传统的自然班到以课程修读而形成的动态的教学班；从原来的学生以自然班发放教材到现在以每人选修课程发放教材。所有这些变化，都要求教学管理规范进行重新建立与调整，管理秩序不断从简单趋于复杂。

2. 管理控制从集中走向分散

在一个复杂、开放的系统里，控制必须要求从集中型控制转向多个控制中心，合理构建宏观、中观、微观控制切入点，使控制产生一种多元、互补的综合效应。我国教学管理随着“两级管理、以院为主”体制的日益完善，二级学院、学系在教学管理中的地位与功能将会日益得到加强，学校教学管理将更多地进行宏观协调、规划制订、制度建设，一定程度上实现从集中走向发散的控制思想，实现控制的多元化。

3. 管理方法从线性走向非线性

教学管理方法从线性走向非线性，反映了教学管理要突破一种模式、一套格局、一个标准的局面。这在近几年来的教学管理改革中有所体现。比如，学生入学年龄的非线性，高校学生入学年龄已经不做限制，高龄学生比例日益增多；学制年限的非线性，高校本科从四年延长到了六年至八年；学分界限的非线性，高校学分的互认从本校拓展至外校；评价标准的非线性，遵循学生个性发展需要的灵活的学生评价标准被重视，充分保证人主体发展的不同需要。凡此种种表明，传统的管理方法难以应对人类社会日益增长且日益复杂的教育需求，只有按照复杂系统的特征进行管理，才能取得良好的效果。

第二节　高等学校教学管理的内容与过程

一、高等学校教学管理的内容

教学管理是一个复杂系统，从内容来说，高校教学管理可以分为教学计划管理、教学运行管理、教学基本建设管理、课程管理、教学质量管理、教学制度管理等。下面择其重要方面予以讨论。

1. 教学计划管理

教学计划是高校人才培养和教学工作的主要依据，教学计划管理是高校教学管理的重要内容。教学计划管理包括教学计划的制订、执行、监督、评估等环节。

（1）教学计划制订管理

高校教学计划按专业制订。一个完整的教学计划一般包括以下几个部分：专业培养目标与培养规格，学制规定，教育、教学和实践活动周数分配，课程设置，学分要求，学时安排等。

1）培养目标和基本规格。培养目标和规格是制订教学计划的前提，决定课程的设置和教学环节的安排，它对学生在德、智、体等各方面发展提出具体要求，如在外语、计算机、体育达标等方面都有着具体规定。

2）课程设置是教学计划的主要内容，是培养规格在课程上的反映，是实现培养目标的根本保证。从课程的结构层次或内容上来看，可分为公共课程、专业基础课程、专业课程。公共课程是指高等院校各专业学生都必须学习的，培养学生基本的品德、政治、文化、身体素质的课程，主要包括“两课”、外语、体育、计算机。“两课”的课程门类、学时数都有具体明确的要求；外语、计算机两门课程有明确的等级考试做要求；体育也有达标要求。这些课程的总学时学分约占总数的 30%。专业课程，指为学生将来从事某个专业、某门课程教学做准备的课程，体现了专业的基本培养规格。这类课程又可进一步划分为专业基础课、专业必修课、专业选修课等，主要体现不同课程在这一专业中的地位与性质。专业课程的学时学分占总数的 60% 左右。从限定方式或修读要求上来看，可分为必修课与选修课。必修课又可分为公共必修课与专业必修课，选修课也可分为公共选修课与专业选修课。在这一体系中，公共选修课是近几年来出现的新生事物，指除了公共必修之外再开设若干人文科学类、自然科学类、艺术类的课程供学生修读，取得规定学分，以开阔学生视野，扩大学生知识面，培养学生的人文、科学素质。必修课与选修课的比例一般为 8 ∶ 2 左右，近年来选修课比例有上升趋势。

3）教学环节。教学环节是指教育、教学过程中的不同活动形态，可以分为课程性教学环节和非课程性教学环节。课程性教学环节是课程教学所采用的各种活动方式，包括课堂讲授、习题课、实验课、教学实习、考查考试、课程论文、毕业论文等；非课程性教学环节是课程教学以外的教育活动方式，包括入学教育、军事训练、公益劳动、生产实习、社会实践等。

4）学时安排与学分要求。在教学计划中，除了明确规定培养目标、课程设置、教学环节外，还必须有一定学制下的学时安排和学分要求。学时安排反映学生在各个主要的教育教学环节中应投入的时间和精力；学分要求反映对课程的学习量，是对学生修习课程量的要求。现在一般要求本科四年课内学时数为文科 2500 左右，理科 2800 左右，学分四年共为 160 学分左右。

在教学计划制订中，要处理好基础课与专业课、必修课与选修课、理论教学与实践教学、课内与课外等关系。教学计划是关系到人才培养质量与人才培养规格的重大问题，教学管理部门应该切实制订出一个科学合理的教学计划，既反映社会对人才培养的要求，又体现学科发展的趋势，为培养具有创新精神、实践能力的合格人才奠定基础。

（2）教学计划实施管理

制订教学计划对于整个人才培养过程来说，只是一个开端，大量管理工作在教学计划实施中进行，可以称为教务行政管理。

教务行政管理即教学计划实施过程中的常规教学管理。其根本任务是：根据教学计划将各年级、各专业的各种课程，通过教材和教师的投入，科学有效地组织成为有序、高效率、高质量的教学过程。教务行政管理包括教学运行管理、教务例行管理和教学档案管理等。教学运行管理是指编排课程表、编制校历、制订开课计划等内容，将教学计划落实到教师及有关人员。其中编排课程表是教学运行管理的中心环节，目的在于将时间、空间、人力和设施合理组织到教学过程中，使教学工作正常运转，稳定教学秩序。编排课程表时要注意均衡、合理地安排时间，以便提高教学效率，提高教室和设备的利用率。教务例行管理工作的主要内容可分为两个方面：一是学生学习管理，含编制分专业的班级，修订发放学生手册，印发教学计划与选课手册，组织考试工作等；二是教学过程管理，含编印课程一览表、落实学期各项工作计划、全面检查教学情况和教学质量、组织教学观摩、总结交流教学经验、考核教师教学情况等等。教学档案管理是教务行政管理的一个重要方面，包括教学档案资料管理、教务统计管理、学籍管理。现在往往通过建立教学管理信息库进行。

2. 课程管理

如果说教学计划是培养目标的总体设计与蓝图，那么课程则是实现这一蓝图的组织细胞。教学管理是一项复杂的系统工程，其中课程管理是教学管理的一项基础工作，也是一项核心工作。

（1）课程管理的意义与职责

强调课程管理是近几年来高校教学管理的新趋势。课程管理的意义如下：

1）课程管理可以充分开发课程资源，保证所有教师都提供可开设的课程，供学生修读。我国高校课程资源一直比较缺乏，学生选修余地小。课程管理，可以增强教师与学生的课程意识。

2）课程管理可以优化教学内容和教学方法，有助于课程内容和方法的改进。因为一旦以课程作为一个评价单元，教师所要承担的责任比较明晰，课程教学效果好不好，教师负主要责任。

3）课程管理可以强化教学计划的改进。教学计划由一门门课程组成，每门课程都是教学计划中的一个“点”，都有它独特的价值，在学生培养中起一定作用。课程管理可以使各门课程的地位与价值更加清晰，可以淘汰过时课程，增加新的课程，从而使教学计划修订进入良性循环。

4）课程管理也体现了为学生服务的思想。课程管理，必须进行重点课程建设或优质课程建设，编写课程手册、教师任课名单，编印选课单等等，都充分地体现为学生服务的思想。

课程管理实施机构在学校层面上为教务处，其功能有：确定课程体系编制的总体原则、指导思想与具体要求，指导各专业编制课程体系；确保课程设置能体现培养目标的达成，合理有效地利用学校资源进行课程配置；指导教师编制课程大纲；指导课程建设，负责重点课程建设；提出课程评估的要求与参考标准等等。各学院或系在课程管理中具体负责实施工作，提出各专业课程设置的具体安排方案，负责落实课程建设的组织与实施，负责按教学计划、教学大纲的要求实施，配合学校共同进行课程体系、课程建设、课程实施、课程评估、课程信息等的管理。另外，为了增强课程管理的意识，加强课程管理这项工作，完善各种课程管理制度，使之规范化、系统化，可以在职能制的基础上成立课程管理委员会，采用委员会制进行管理，根据课程建设目标，有组织、有计划地进行重点课程、优质课程、特色课程、合格课程等建设，对各门课程的目标、在学生成长中的作用、在学科中的地位与性质、师资配备情况、教材建设、教学实效等方面进行评估，提高课程实施效果。

（2）课程标准及教材管理

课程标准是一门课程的教学指导文件。它对一门课程做如下几方面的规定：课程的任务、目的及要求；课程教学内容的具体范围与结构；教学进度和教学方法的基本要求；课程各章节的讲授时数；教学参考书；考试要求等。课程标准是编写或选用教材、组织实施教学及评价课程质量的重要依据。课程标准一般包括主体和说明两部分。主体部分主要规定教学的主要内容和要点，以及实验、实习或其他作业，规定教学进度和时间分配，介绍教科书和有关参考文献；说明部分包括课程的教学目的和要求、教学内容的重点和难点、教学方法与教学要求、考试方法等。教学管理部门要指导教师编写课程标准，并按课程标准检查教学实施情况。各专业都应有专业课程标准的汇编，以确保专业培养规格的实现。

教材是课程的载体，是课程标准的具体化。教材作为学校进行教学活动的基本工具，可以分为四大类：文字教材、实物教材、音像教材和电子教材。教材管理就是要严把教材质量关，对教材编写质量与印刷质量进行控制，并根据学校情况进行教材建设，组织专家编写、出版相关教材，使教材更好地为教学服务。

（3）重点课程建设管理

重点课程建设是目前高校课程管理的一项重要内容。对重点课程或优质课程、精品课程进行建设，可以从以下几个方面进行。一是建立机构，由教务处牵头成立重点课程建设委员会；二是提出目标，根据教学计划的要求，对全校课程进行摸底，对全校课程做到心中有数，再提出在若干年内争取建设重点课程数量的计划与方案；三是成立专项建设基金，专门用于课程建设；四是公布重点课程的标准，作为重点课程建设的样本供参考。

3. 教学质量管理

教学质量是教育质量的一个部分或关键部分，在一定意义上，教学质量近似于教育质量或人才培养质量。目前，我国对教学质量有不同看法，但基本上都强调以下内容：（1）知识掌握与能力发展的和谐统一，既要求较好地掌握专业知识，也要具备多方面的办事能力和社会适应能力，学会学习、学会生存、学会发展。（2）身心素质的全面发展。在思想品德、心理健康、身体素质、文化修养等各方面都得到良好发展。（3）每个学生都在原有基础上得到发展。教育就是要充分挖掘学生潜能，发展学生的特长与天赋，要让每个学生都得到发展。（4）学生受到社会、用人部门的欢迎。一个学校培养的学生如果能得到社会的认可、用人单位的欢迎，其质量当然应该得到肯定。在这种教学质量观的指导下，可以对教学质量进行分解，如本科教学合格评估或优秀评估那样，设计教学评估体系，教学质量管理应该按照相关标准进行管理。

教学质量控制与提高就是将实际质量与教学质量标准对比，并对二者之间的差距采取措施进行调节的过程。其措施有：（1）选择教学质量控制对象。要确定教学质量存在的差距，选择当前亟待提高的某些质量特性加以控制。（2）分析原因、组织落实。对教学质量的改进可以成立两类不同职能的组织，即指导性组织和诊断性组织。指导性组织指出教学质量突破的方向，提出关键需解决的问题；提出造成教学质量问题的原因；克服执行中遇到的阻力，掌握教学质量改进的进度，协调各方面共同工作；决定改进方案，采取措施，并督促实施。诊断性组织调查分析教学质量问题，验证造成质量问题的原因，提出质量改进的方案。这两个组织职能可以由教学督导委员会或教学指导小组承担。目前高校普遍成立了教学督导委员会或教学指导委员会，可以在教学质量管理中与教学管理职能部门一起发挥作用。（3）采取措施、贯彻实施。采取纠正教学质量问题的措施并付诸行动，是教学质量改进与提高的重点。在实施改进提高教学质量的过程中，措施要具体，方法要得当，行动要果断，克服阻力与困难，同时要善于听取他人意见，使措施得以贯彻。

高校教学管理除了增强质量管理意识外，还需要有一套教学质量监控系统作为组织保证。从目前来看，高校教学质量监控系统由以下几个层次构成：第一层次是上级教育主管部门，对高校教学质量进行宏观调控，他们通过招生计划、专项拨款、各种教学评估等手段控制学校教学质量；第二层次是高校教学管理系统的决策人，制定学校质量方针与质量目标，定期检查各个职能部门实现质量目标的情况；第三层次是高校教学管理机构，主要是教务处及相关教学委员会、督导委员会、学术委员会等机构，维持日常教学质量管理活动，进行教学质量的诊断和指导；第四层次是各学院、系的教学管理人员，负责更为具体的质量管理工作。由于高校扩大招生以来，高校教学质量成为社会、家长、学生关心的敏感话题，如何在扩大招生的情况下保证教学质量，严防教学质量的滑坡，是一个需要解决的现实问题。有的高校建立了教学质量管理中心，隶属于教务处，负责全校教学质量信息的收集与处理、质量计划的制订与实施、校内教学质量监控网络和毕业生质量信息库的建立等工作。

二、高等学校教学管理过程

高校教学管理过程是指教学管理部门依据教学管理目标，按照高校教学特点和教学管理的基本要求，运用一定教学管理手段和方法，对教学工作进行管理的活动过程。它的基本程序，可按一般管理活动过程进行分析。

1. 计划

计划是围绕既定目标，决定政策、选择方案的连续过程。计划是教学管理过程的第一步，是高校各部门、全体教职工的行动纲领，是协调各有关单位工作的依据。学校教学管理计划必须认真贯彻党的方针政策和教育主管部门的工作要求，遵循高校教学工作特点，结合学校任务和内部各项条件而制定，使教学管理计划具有科学性、前瞻性、可行性。教学管理计划分为长期、中期、短期计划，教学管理部门要分别制订出相关计划，使自己对教学管理工作的目标、不同阶段的管理重点都心中有数。在制订计划时必须充分发动群众，听取各方面意见，有利于调动广大教职工的积极性，有利于提高教学效率与教学质量。因此，一个良好的教学管理计划应该是方向明确、前后连贯、有所创新、切实可行和便于检查的。

2. 组织

组织是围绕要达成的工作目标与预先计划去组织人力、建立机构、规定职责、协调关系。组织实施阶段的各个环节质量，对整个学校工作质量起决定性作用。计划实施需要配备一系列措施，如按计划配备人员、投入资金、建立奖惩制度、协调各方面力量等等。在组织实施阶段，要随时掌握教学工作动态和进度，注意发现和研究新情况和新问题，如实施中有偏差或发现计划不周，要及时调整和完善。要让组织实施工作有效进行，必须做到：建立一个有权威的指挥系统；统一认识、步调一致；各职能部门合理分工、各司其职、各负其责。

3. 检查

检查是教学管理过程的中继环节，包括检查教学工作的结果、教学管理计划执行情况、教学管理效果等。检查以计划中规定的目标为依据，目的是考查、检验、督促各方面的工作，起到发现问题、分析原因、巩固成绩、采取对策等作用。教学工作是复杂、开放的系统，检查对象又是有思想有情感的广大教职员工，所以检查要取得预期效果，还需要讲究方式方法及艺术。检查一般采取分散检查与集中检查相结合、专题检查与全面检查相结合、随机抽查与定期检查相结合、自我检查与职能部门检查相结合等方式进行。检查也要避免形式主义、走过场，要深入教学第一线掌握第一手材料，深入课堂、深入师生之中。

4. 总结

总结是根据既定计划，通过检查发现成绩与不足，总结经验与教训，对工作做出评价，使工作不断改进。这可为下一个教学管理过程提供改进工作的经验和措施，提高管理水平。总结可以分为专题性总结、全面性总结、学期工作总结、学年工作总结等。

教学管理的四个阶段不是孤立存在的，它们互相联系、互相促进，共同构成一个统一整体。其中：计划是整个管理过程的主线和统帅；实施是将计划变成现实；检查是对实施的监督，对计划的检验；总结是对前三个环节的总评价。当然，在具体管理过程中，四阶段可能并非完全清晰可分，但整个教学管理过程离不开这四个方面。四个环节不断循环往复，推动管理工作，有人把这一循环过程称为“戴明环”。

第三节　高等学校课程设置与改革

课程设置对高校人才培养具有重要意义。课程设置体现了人才培养的要求，也是进行人才培养的重要载体。高校课程设置一般指高校开设的教学科目、各种活动及先后顺序和教学时数的安排。课程设置是一项系统工程，设置的基本依据是根据培养目标、学科特点，为学生建立完整的知识结构和技能结构服务，集中反映高校教育目标和专业培养方向。

一、高等学校课程设置的体系与分类

高校课程设置体系一般可以分为纵向结构与横向结构。有人认为，纵向主要是从时间顺序来分，按学生修读时间进行分类；横向主要是从空间方位来分，按学生学习地点来分。按此分法，纵向就可分为公共课、专业课等，横向则分为理论课、实践课等。还有人认为，课程的横向结构是以课程对专业的适用性划分，把课程分为必修课程与选修课程。在此采取后一种分类。

1. 纵向结构

纵向结构又称层次结构。高校课程可分为以下几类。

（1）公共课。公共课又称为公共基础课。我国目前的公共基础课有思想政治课、体育、英语、计算机等课程，有些高校还开设高等数学、高校语文作为全校必修公共课程。设置这类课程的宗旨一方面是保证国家意志在高校课程中的贯彻，渗透国家所倡导的价值观与意识形态；另一方面使学生在基本文化素养、身体素养方面达到一定标准。

（2）学科基础课。学科基础课又称一般基础课，指学习某一学科或某一专业学生必修的基础理论、基本知识和基本技能的课程。如理工科学生必须修读的高等数学、普通物理等课程。学科基础课程是帮助学生获得本学科领域的基本理论知识，初步得到分析、运算、思维、研究等技能的训练，特别是学科基本方法的训练，为学习后续课程打好理论和方法的基础。

（3）专业基础课。专业基础课指该专业学生必修的专业基础理论课和专业技术基础课。目的是让学生学习本专业基础理论，为学习专业知识打好基础，接受进一步的专业基本训练，培养在更深奥的专门知识领域进行理论分析和技术应用的能力。如机械类专业普遍学

习的机械制图、理论力学、材料力学、机械原理、金属工艺学等课程。

（4）专业课。专业课根据社会、学科对该专业人才的特殊要求设置，体现了专业的基本要求，其任务是使学生掌握必要的专业知识和技能，了解本专业最新科学技术成就和发展趋向。当然，它不可能包括专业范围内的所有知识，而只是最必要的核心内容。

（5）专业实践课。专业实践课包括专业实验、生产实习、课程设计、毕业设计或论文等内容，是为了培养学生理论联系实际和独立工作能力而设置的课程。当然这样的分类是就一般属性而言的，与专业相对应。同样一门课相对于不同专业来说，可能具有不同价值与功能，因而也具有不同的归类。

在课程的纵向组织上，有的高校采用“二二分段”的组织模式，即在高校低年级设置通识教育课程，而在高校高年级设置专业教育课程。随着高等教育改革的深入，这种“二二分段”的课程组织方式逐渐暴露许多弊端：学生知识面不广，社会适应性差；基础课程与专业课程脱节，学生缺乏学习兴趣；课程与未来职业缺乏联系，学生学习效果欠佳。

2. 横向结构

横向结构是根据课程修读的要求来区分的。高校课程设置分为必修课程与选修课程。必修课程是必须修读并取得学分的课程；选修课程是指学生根据自己的兴趣爱好及需要，可自由选择修读的课程。在历史上，选修课程要比必修课程出现得晚，选修课程的设置可以追溯到欧洲高校，最先是 19 世纪初德国高校开始实行的，后来在美国高校得以完善，并逐步发展成学分制的形式。设立选修课程的主要理论依据是社会需求与个人需求的差异，社会要求不同人才规格与类型，个人也有不同兴趣与爱好，因此，教育要尽可能提供给学生更多的机会，选修课无疑是一种实现多样化、差异化课程的有效途径。选修课也可以分为不同种类，包括公共选修课与专业选修课。公共选修课即为了拓展学生知识面、加强文理沟通而要求学生必须在专业之外的学科中选修一定课程与学分，专业选修课则是为了加深对某一专业方向的研究而选修的课程与学分。选修课还可分为学术类选修课、职业类选修课、兴趣爱好类选修课。学术类选修课强调较深的学术内容，学术性较强；职业类选修课往往更多地与职业相联系，具有较浓厚的职业技术色彩，强调职业技术教育；兴趣爱好类选修课则是为了满足学生的个性差异而开设的课程，如琴棋书画、戏剧舞蹈等课程。对于这类兴趣爱好类课程是否能登上高校神圣殿堂，有着不少争议。

二、高等学校课程设置的原则

高校课程设置的主体通常是国家教育行政主管部门及高校自身。国家教育行政主管部门参与到高校课程设置的决策中，被称为高校课程设置的“集权模式”，高校自身设置课程则被称为高校课程设置的“自治模式”或“分权模式”。由国家实行对高校课程设置的统一要求，突出高校的国家服务或社会服务功能，使高校能按国家的意志培养人才，并通过课程设置来确保基本的教育质量。当然，“集权模式”为人诟病，因为国家参与高校课程设置，使课程设置具有统一性与强制性，必然会剥夺高校自治权，阻碍高校特色与个性的发展，进而有可能削弱高校的教育质量。

无论是以哪种模式进行课程设置，高校课程设置都必须充分地考虑到社会需求、科学技术的发展、人才培养的目标等因素。因此，高校课程设置具有以下原则。

1. 知识、能力、素质协调发展原则

要使学生通过大学四年的学习找到一个合适的工作岗位，具有相应的能力承担某项专业工作，必须促使学生知识、能力、素质都得到发展。这是高校课程设置必须关心的问题。因此课程设置，一是要设置更多的应用性课程，使学生能把知识应用到实际中去。加强高校的应用性课程，是世界各国课程改革的一大趋势。二是要设置广博的课程体系。在当今或未来社会，人的流动性越来越大，职业更换的频率也在加快。因此，学生毕业后要能适应不同工作岗位与需要，具有适应性，而这种适应性必须在高校课程设置中加以考虑。三是要加强实践性课程的设置。让学生有充分的机会与时间参与社会实践，参观、调查、实验、访问，在实践课程中锻炼才干，使学生的知识、能力、素质得到协调发展。四是加强通识课程的设置。随着高等教育层次的上移，本科阶段在培养学生基本思维能力、基础学力方面的重要性日益突出，而且学生个人的修养、兴趣、特长等在工作与生活中的重要性也日益彰显。

2. 适应科学发展原则

高校课程设置与学科、专业紧密相连，高校教育的专业性不可忽视。在科学技术日新月异的今天，高校课程一方面要保证社会对人才的需要；另一方面也要适应科学技术发展，培养学生具有推动科学进步和技术创新的能力。为了保证高校课程设置适应和促进科学的发展：一是要拓宽高校课程设置的知识覆盖面，加强基础学科教育与交叉学科课程的设置。在今天，科学进步越来越依赖于学科交叉与渗透，专门人才不仅要掌握本专业领域的知识，而且要掌握更为广泛的其他学科知识。为此，宽专业甚至按学科大类进行课程设置的趋势越来越明显。二是要强化课程组合的综合化。自然科学与人文社会科学相互交叉的整体化趋势，要求高校提供更全面的人文社会科学与科学技术教育。课程组合不全面，必然导致人的知识缺陷与思维定式，因此，要保证基础与专业、主干学科与相邻学科的平衡。

3. 灵活多样原则

在集权模式下，高校课程设置强调统一性，高校同一专业应有大致相同的课程标准，据此判断课程实施的质量，但这种统一是相对的，因为各个高校的条件、师资、生源都不同。因此，高校课程设置必须灵活多样。要让各个高校根据实际情况设置课程，检验的标准可以有学术标准，也可以有市场标准，关键是看培养出来的学生是否具有实际工作能力，是否为社会所欢迎。

三、目前我国高校课程设置中存在的问题

把中国高校课程设置置于世界高校课程设置的大环境中来看，我国高校课程设置存在着以下问题：

1. 课程体系刚性有余，弹性不足

我国高校课程体系受教育行政部门的限制较多，而且课程数量过多。每所高校一般都

制订有自己各学科的周密、严格的教学计划，一经编制，往往把它看作法规一样的文件，轻易不能变动，并要经过 3~4 年的实践才会进行重新修订。我国课程体系具有目的性、方向性和学生普遍的适应性，但缺少灵活性和对个体的适应性。美国高校没有一个适用于全校学生的统一教学计划，也没有一个适用于各院学生的教学计划，甚至没有一个适用于各专业学生的教学计划，他们所称的教学计划是一个由各类必修课、限选课和任选课所组成的、弹性很大、适应本科生各种学习需要的庞大课程体系。它主要包括低年级本科生所必修的核心课程计划、高年级学生应当主修的专业课程计划及供学生任意选修的其他课程计划。有些高校还有不占学分的课程计划、培训课程或活动计划，由学生自愿选择与参加，学生把选课形象地称为到超市购物。学生根据对不同学科领域课程选修的规定，在有关教师指导下，根据自己的学习基础和兴趣爱好，选择规定学分或门数的课程，作为自己的核心课程计划。

2. 课程体系单薄，结构失衡

我国计划经济下的课程体系以专业为分界，专业壁垒森严，专业色彩浓厚。除公共课程外，其余课程都是围绕一个狭窄的专业培养目标进行设置的。这样的课程体系不仅表现为文科与理工科的疏远，即便是文科，此专业与彼专业之间也存在着隔阂。在对口教育指导思想的影响下，由于不重视学生综合素质的培养，各专业的课程结构大多突出专业课程的比重，在综合基本课与专业课比重之间，专业基础理论、基础知识、基础技能内容比重之间，综合知识课与单门知识课比重之间，形成明显的失衡，重专业轻素质，重理论轻应用或者重应用轻理论，重单门轻综合的现象普遍存在。

3. 课程内容陈旧、重复现象严重

课程内容的推陈出新、不断更替是人才培养的不变法则，任何课程内容都要根据学科、社会的变化而有所变化。但我国高校课程体系中普遍存在知识序列单一、知识口径偏窄、理论脱离实际的情况，造成课程内容滞后于时代发展，内容过时和陈旧的严重现象。许多反映现实变化和面貌的新理论、新观点，新兴、交叉、边缘、横断等学科的知识，没有合理与充分地反映到高校课程内容中。由于课程体系与结构是根据职业和岗位的要求设置的，每门课程都追求理论体系的系统性，致使相关课程内容缺乏纵横协调联系，导致课程内容重复现象十分严重。因此，只有加快高校课程设置改革，才能使高校发展与社会经济、科技发展相适应，才能培养出适应 21 世纪的高素质学生。

4. 偏重理论性课程，忽视实践性课程

由于实践性课程涉及经费、场地、指导教师等一系列问题，所以在高校课程体系中，往往偏重理论课程的设置，而对实践课程则较为忽视。很多高校生毕业之后有这样的疑惑：自己能做什么？会做什么？就是因为高校课程中过于注重理论而忽视实践造成的。

5. 必修课程多，选修课程少

我国高校课程设置一般由公共课、专业基础课、专业课及实践教学环节构成。低年级阶段主要开设公共课和专业基础课，高年级阶段开设专业课，是一种分段制的模式。在这些课程中包括必修课和选修课两大类，但必修课的数量居多，选修课数量相对较少。

四、高等学校课程设置的改革与趋势

高校课程发展受社会制度、经济发展水平、科学技术、文化传统及课程理论流派等多种因素制约。今天科学技术高度发展，高等教育发展迅猛，课程理论也呈现多元化趋势，高校课程发展也呈现出新的发展趋势。

1. 课程综合化

当代科学技术的突飞猛进使学科呈现高度综合化的态势，狭窄的专业划分已不适应信息时代大规模横断科学发展的需要，不利于解决需要各门学科协同合作才能解决的某些实际问题。因此，加强文理学科的相互渗透与融合成为各国高等教育课程体系改革的一个主要趋势。其渗透与融合的形式归纳起来大致可分为两种模式：以学群、学类为组织进行综合知识教学的筑波模式和通过复合将文、理学科融为一体的牛津模式。筑波大学不设学部、学科，而以学群替代，以学科综合化为原则进行教学，以突破传统专业的狭窄领域，以广阔的学术视野适应社会多样化、复杂化的发展趋势。牛津大学为适应学科综合化的要求，尝试将两种以上科目结合在一个课程中形成复合课程，这种复合课程占该校所设课程的三分之一以上。

2. 开设大量选修课程

随着社会政治、经济、科学的发展和进步，社会对人才的需求也呈现出多样化趋势，再加上学生自身需要的多样性，因而，课程的多样化也成为必然趋势。各国纷纷开设选修课或加大选修课程的比例，实行灵活的课程设置。随着教学、科研、生产的相互融合，各国也开设了带科学研究性质的自由研究课程，使课程形式突破了仅仅传授知识这一传统特性。如课程在传统上向来统得很严的法国，其目前高校本科选修课程量，在本科 4 年课程中所占的比例已高达 40% ～ 60%；美国麻省理工学院的化工专业教学计划，选修课时数在总教学时数中所占比例从 9% 上升到 61%，而必修课则从 91% 下降到 39%。在选修课程中，逐步增大任选课程的比重也已成为国外高校课程改革的明显趋势。

3. 人文课程与职业课程并重

由于狭窄专业教育往往会导致人文精神匮乏，在高校课程中出现人文化趋向，主张实施更全面的教育，以求得人的自由、和谐发展，反对过早的专业化与过分的职业化。美、英、法等发达国家在高校课程设置改革方面，为拓宽基础、加强通识教育做出了许多卓有成效的尝试。美国人文学科促进会在其发表的一篇震撼美国教育界的报告——《挽救我们的精神遗产——高等教育人文学科报告书》中指出：当前高等教育过分满足于浅近的市场需要，使许多学生成为就业的机器，却忽略他们作为人所应有的较高的人文修养、个性乃至独创精神。麻省理工学院的本科课程体系中，人文、艺术、社会科学的课程地位显著。同时，为了使学生毕业后尽快适应就业需要，也为了适应终身教育、继续教育等的要求，高等教育过程与职业生活的联系越来越紧密，职业化正成为当代各国高等学校课程改革的一种趋势。美国课程专家曾统计 100 多所四年制高校和学院的课程，发现这些学校每年要淘汰 5% 的课程，增加 9% 的新课程，而新增课程中应用类课程占很大比例。

4. 国际化与信息化趋势明显

世界经济一体化进程的加快和信息化社会的到来，使得高等教育国际化、信息化趋势日益明显，体现在高校课程设置上，主要表现在：一是确立国际化课程目标。时代发展呼唤更多具有国际视野和国际意识的人，为大量培养这类人才，许多高校都确立了国际化课程目标，纷纷提出要培养能进行国际交流、合作、竞争的人才。二是设置国际化课程内容。美国高校的核心课程增加关于世界文明、世界史的要求，增设和加强了地区研究和国际研究方面的主修、辅修和专攻计划；同时，还把到国外参观与课程学习进行有机联系，从而开展跨文化的研究等。三是加强外语、信息课程教学。高校普遍加强了外语课程的教学，增加外语课程及其教学时间，增设语种，开展短期语言培训以及增加英语鉴定考试课程等。在美国，信息被视为国家的第三资源，许多高校都增设了门类众多的信息科学课程，几乎所有高校都规定“信息处理”为全校学生的必修课。

第四节　高等学校人力资源管理的意义与规划

一、高等学校人力资源管理概述

高校人力资源管理的质量，在很大程度上决定着高校的发展和教育质量的高低。高校人力资源概念有广义和狭义之分，广义的人力资源指高校中具有劳动能力的人的总称，包括在职的、部分离退休人员和失业或待业人员；狭义的人力资源指能够推动高等教育事业发展、培养专门人才而作用于经济和社会发展的具有智力劳动能力和体力劳动能力并处于劳动中的人们的总称，也就是高校的在职人员。后者是我们关注的重点对象。

在高校中，人力资源、财力资源和物质资源是构成其资源整体的最基本要素，而其中又以人力资源为其精华之所在，高校人力资源的重要性在各种资源中居于首位。“所谓大学者，非谓有大楼之谓也，有大师之谓也。”缺少高素质的人才，高校一切工作都将陷入混乱，难以有序、协调地进行。因此人力资源管理构成了高校各项工作的基础，成为高校管理工作的核心。

培养人才、发展科技和服务社会是现代大学的三项基本职能，但这些职能的发挥须以高校的人力资源作为载体。教师不仅仅是知识的拥有者和给予者，更是知识的创新者和学生的引路人，是教学计划等各种活动的策划者和执行者。没有一支结构合理的研究队伍，发展科技也就成为一句空话，特别是基础理论的研究。服务社会主要依托或由高校人力资源作为一个整体为国家和地方发展提供各种服务，为社会发展带来巨大经济和社会效益。可见大学三项基本职能，不仅需要高校教师去策划、组织，更需要他们去执行，充当其忠实的载体。

当然，培养人才、加强科研、服务社会等基本使命决定了高校是一个人力资源极其丰富的组织，但从人力资源到人力资本，还有一个开发和转化的过程，这就需要高校能够对人力资源进行科学、合理的管理、开发和利用。概括而言，高校人力资源管理就是指高校组织人力资源部门运用现代科学方法，对与特定环境要素相结合的人力在选、训、用、退等管理环节上进行合理的计划、组织、指挥、激励、协调，使人事、组织与其他物质资源保持最佳配置，充分发挥人的主观能动性，使人尽其才、事得其人、人事相宜，以实现学校的组织目标。

若进一步分析，则上述定义中关于人力资源管理的工作具有质的管理和量的管理两个有机组成部分。其中量的管理，是对人力资源外在要素的管理。由于高等学校开展的教育活动中客观存在着人力与物力在价值量上的大致比例，因此，需要根据人力和物力及其变化，对人力进行恰当的培训、组织和协调，使二者经常保持最佳比例和有机的结合，使人和物都充分发挥出最佳效应。

其中质的管理，是对人力资源内在要素的管理，其本质是对人的心理和行为的管理。这可从个体的人与群体的人两个角度分析，就个体的人而言，主观能动性是积极性和创造性的基础，而人的思想、心理活动和行为都是人的主观能动性的表现。因此，若对个体的思想、心理和行为忽视不见，而企求调动人的积极性和创造性是不可能的。就群体的人而言，每一单独个体的主观能动性，并不一定都能形成群体功能的最佳效应，相反可能出现内耗的问题。只有整个群体建立起融洽的关系，形成统一的任务观念，并能在行动上相互协作，才能使群体的功能等于或大于个体功能的总和。

总之，高校只有将工作重心落实到尊重人才、发现人才、培养人才、开发人才上来，只有通过科学的人力资源管理，在人与人之间，不同岗位、不同部门之间形成协调、互动、相互促进的关系，对组织中人的思想、心理和行为进行有效的组织、激励、矫正、指导和协调，充分发挥人的主观能动性，才能使高校的各项工作产生倍增效应，获得更大的效益。

二、高等学校人力资源管理的重要性

高校人力资源管理的重要性，首先体现在它关注协调人与事之间的关系上。在高校，无论是教学、科研，还是管理、后勤服务，每一项工作都要依靠人去完成，而各项工作之间的协调与发展，又取决于从事这些工作的人的整体素质，取决于人和事是否相宜，或者说，取决于人事关系的协调程度。因此，高校人力资源管理的质量，在相当大的程度上决定着高校的发展和教育质量的高低。其次体现在人事管理工作的整合性上。高校中的每个职工各有其工作岗位，通过人事管理把从事各项工作的人分类，使他们相互联系、相互依赖，形成分工协作、良性互动的关系。只有如此，才能使高校真正成为一个有机整体，并使各项工作产生“1+1>2”的倍增效应，从而实现管理活动中的效益最大化。

与企业相比，事业单位的人力资源管理制度明显落后。不少高校管理者的管理观念至今仍然停留在传统的人事管理工作的意识当中，对人力资源的理论尚缺乏深刻的认识和系统的理解。在其思想观念上，始终将资金的多寡视为高校发展与否的决定因素，而没有认识到人是第一生产要素，人力资源是制约高校发展的真正力量，师资队伍和科研队伍的建设才是学校需要付出心力的地方，他们对如何引进人才、用好人才和留住人才缺乏足够的认识。

因此，随着市场经济体制的建立和不断完善，高等学校内部管理体制改革的不断深化，高等学校也迫切需要改变传统的人事管理模式，加强人力资源的管理和开发。但需要注意的是，高校的组织结构不同于国家机关和企业，其人力资源管理活动也不可能照搬后者的经验，而是要从高校及教师劳动的特点出发，寻找适合的发展道路。

三、高等学校人力资源管理的特殊性

从组织管理学的角度来看，高等学校人事制度改革的目的不仅仅是人员数量的增减、人员待遇的提高，更在于高校人力资源的积极性是否被调动起来，学校整体办学效益和办学质量是否得到提高。因此高校需要建立并完善能上能下、能进能出、有效激励、严格监督、竞争择优、充满活力的用人机制，创造并维护一个尊重知识、尊重人才，有利于优秀人才脱颖而出、健康成长的环境，从而实现高校人才资源的整体开发与合理配置。

高等学校作为一种特殊的社会组织，其在组织结构上、人员关系上以及教师劳动性质上具有自己的特点，对这些特殊性的把握是开展高校人力资源管理工作的基本前提。

就组织结构的角度而言，高等学校具有双重系统的性质，即同时具有“科层体制”与“松散结合”两种特性，不同于具有典型科层体制特征的国家机关，也不同于由于经济利益的维系而在上下级之间保持指令与行动之线性关系的企业。有学者认为，学校组织在教学系统方面具有松散结合的特性，而在行政事务的非教学系统方面具有紧密结合的特性，且两种特性可以在学校组织中同时存在。换言之，高校虽有各种规章制度来规范和约束包括教学、科研等在内的各项工作，但教师本身在处理这些工作时是具有很大弹性的。因此，管理者不可能完全按照行政和企业的做法去调动和使用学术劳动力，而是要注意高校教师自身对教学活动的巨大影响力，要考虑到高校人力资源的专业性。

就人员关系的角度而言，高校双重系统的性质决定了在其内部长期存在学术权力与行政权力的争斗。学术权力的主体是学术人员和学术组织，前者包括教授、副教授、讲师、研究员等，后者包括学术委员会、学位委员会、职称评定委员会等；客体是学术事务，如授学位、评职称、学科专业设置等。行政权力的主体是行政机构和行政人员，包括校长、副校长、院长、各个处室等；客体是行政事务，主要包括依法办事、制定规章，自上而下贯彻执行等。学术权力和行政权力的互补与协调，对大学发展至关重要。大学中存在学术权力和行政权力矛盾之争是不争的现实。这个矛盾对高等学校人力资源管理是一种不可回避的挑战。

就教师劳动的角度而言，相对于一般管理活动的作用客体来说，高校教师是一个特殊的群体：高素质、追求自主性、独特的价值观、学习欲望强烈、易于流动等。其从事的教学科研等活动则具有劳动时间的模糊性、成果鉴定的复杂性、价值实现的间接性以及人力资源个人需求的多样性等特点。这些特点决定了大学人力资源管理决策要充分关注到自身的特殊性，不能简单套用一般管理中为提高劳动效率而采取的做法。

四、高等学校人力资源规划的地位

1. 人力资源规划的必要性

任何管理工作如果缺乏规划都难以有效开展，学校人力资源管理工作也不例外。通过它，高校可以保证把具备合适技能的人，在合适的时间安排在合适的岗位上，从而保证他们能够有效地完成任务，同时促使组织成功达到设定的目标。

人力资源规划的目的是为了适应组织现在与未来发展的目标，而预测和确定组织需要多少和需要哪些方面的人才。前者是量的要求，后者是质的考虑。可见，规划明确了组织应该选择什么样的人才，应该以什么样的培训知识和培训方式将员工发展、塑造成为组织未来所需要的人才。从这个意义上来讲，规划是高校教职员工录用、任用、晋升、交流、培训、辞退、定薪的基础和依据。

人才的培养需要很长的周期，其队伍的建设需要许多人的共同努力，并且还牵涉财、物、事等诸多因素。因此，只有通过科学的人力资源管理和开发，才有可能满足学校教育事业规划目标的要求，有目的、有计划地稳步发展与建设好师资队伍、教辅队伍、行政管理队伍以及后勤队伍。

由于任何一个管理系统都是由许多彼此联系又有相对独立性的子系统所组成的，因此，各个子系统之间力量协调的优化程度是影响管理系统效能的主要因素。学校的管理活动，是由从事教学、科研、行政、后勤等各类工作人员协作进行的。这类人员的整体素质如果在人力资源规划工作中没有得到充分注意，那么欲使上述各项管理活动呈现高效状态，就只能是一句空话。同样，如果各个部分没有学校人力资源规划的约束，置学校的整体利益于不顾，将注意力纷纷聚焦于自身发展的最优目标上，那么其结果只能是打乱学校管理系统的平衡，破坏学校管理系统的效能。

2. 人力资源规划的灵活性

相对于其他管理活动中的规划管理来说，高校人力资源管理工作的规划管理有其特异之处。它需要以教学为中心，各项工作的安排都要保证教学任务的顺利完成；它需要保持学校各项工作协调一致；它需要把近期、中期与远期的任务结合起来，做通盘全面的考虑。

近期、中期与远期，是根据规划所跨时间的长短而划分的，其中近期预测可定为一年，中期预测可定为两年，长期预测可定为四年。短期人力规划是马上就要实施的计划，且相隔期间很近，对其预测也较为确定，因此，规划内容应追求详尽，必须包括应该增加或裁减人员的类别、等级、人数及其增加或裁减人员的时间等。中期人力规划是今后第二、第三年的用人计划，因相隔期间较远，对其预测也难以周全，因此规划内容应该详略适当，能够标示出各年需要增减人员的类别和人数。长期人力规划是今后第四年至第七年的用人计划，相隔期间远，也不容易预测，只要表明各年度内必须增减人员的大致类别和人数即可。

由于影响高校发展的社会环境因素很多，其中任一因素的重大变动，都可能影响高校运作与发展，从而影响人力资源规划的内容。因此，在遇到环境因素有重大变动时或每隔一年，必须及时对人力规划做出修正。不同时间跨度的人力规划亦须适时调整，以期经常保持有短期、中期、长期三种人力规划。

五、工作分析

工作分析是人力资源规划的第一步，工作分析也称职务分析或岗位分析，指通过观察、访谈、问卷调查、专家评估等一系列方法，对每个工作职务的内容加以分析，清楚地确定该工作职务的固有性质和组织内职务之间的相互关系和特点，并确定操作人员在履行工作职务时应具备的技术、知识和能力。

1. 工作分析的基本步骤

一般来说，工作分析的基本内涵可以概括为7W：Who（谁来完成）、What（工作内容）、When（工作时间）、Where（工作地点及环境）、Why（工作目的）、How（如何完成）、ForWhom（为谁服务）。作为高校主管人力资源的校长或管理人员，他们为了特殊的工作招募和挑选合适的人员，就有必要了解以下工作的具体要求和细节：学校教育教学工作活动的范围、学校教育教学工作中所使用的设备、学校工作的绩效标准、学校工作背景、学校工作对人的要求等。对这些信息的把握也就是工作分析的过程，当然这个过程是有系统的，大致包括以下几个步骤：

第一步，搜集背景资料。应明确学校的发展战略和具体目标，清楚地了解学校的组织结构图、工作流程、教育教学工作任务或职务分类标准，也可以利用原有的工作或职务描述等。总之，应该搜集与学校教育教学工作任务有关的多种信息。

第二步，选择工作分析的样本。可以对学校的工作进行分类，然后从同一工作或职位的人员中挑选一个工作岗位进行分析，以节省成本。

第三步，搜集工作分析的信息。搜集有关学校工作活动、具体工作岗位对人员行为的要求、工作的环境、工作关系、工作对人员自身条件的要求等信息。

第四步，工作信息的确认。与从事这些工作的人员及其主管核对工作信息，以检验工作分析的准确性和完整性，确保工作分析所搜集的信息不发生偏差与错误。

第五步，编写工作说明书和工作规范。以书面形式呈现工作分析的结果。工作说明书概述工作承担者所担负的职责和义务，通常包含职别、任职者的上级主管、工作目标的简要说明以及职责和义务的详细列表等。工作规范概括了员工在完成工作描述所说明的职责和义务的过程中所要求的限制条件。

2. 工作分析的重要功能

通过工作分析，将特定工作职务的名称、在组织中所处的位置、职责范围、权限关系、工作流程、人际交往、管理状态、工作环境、任职资格条件、薪酬标准等信息以文字的形式记录下来，可以为人力资源管理者招聘合适的员工、进行人力资源有效配置、员工评价考核、编制人才发展规划、设计薪酬体系及标准等工作提供重要依据。

作分析强调以工作职务和人为中心的结合，强调在对组织目标和功能、组织文化和组织内外部环境的科学评析基础上，对工作职务和组织结构进行全面、即时并富有建设性的分析。应用于高校人力资源管理中，其具体功能体现在：

第一，评析组织的目标、功能、环境等因素，以工作为中心，科学系统地设置高等学校的组织结构，确定机构编制并合理设置工作职务岗位。

第二，提供各工作职务系统、完整、可靠的信息，为应聘者提供参考，以有利于高校组织招聘最合适的员工，保障员工实现个人目标和价值，并力图与组织目标保持一致。

第三，工作分析明确各工作职务的目标、要求、工作环境、时间及任职者的资格水平等，为高校组织开展科学绩效考评和考核工作提供依据，避免高校人事考核中的不公平性和随意性，为高校组织实现过程管理和目标管理相结合提供基础。

第四，通过工作分析，科学设计组织的薪酬体系和不同工作职务的薪酬标准，合理确定酬金差别，体现薪酬分配的效率优先、兼顾公平原则，真正贯彻以岗定薪、岗变薪变的人事分配制度改革的基本指导思想。

第五，通过工作分析，可以明确高校组织内部教学、科研、后勤服务、产业等不同部门、不同工作职务间的分工合作关系和权限结构，在制度上保证信息的畅通，减少内耗，降低高校组织人力资源成本，提高工作效率。

第六，通过组织结构及工作职务设计，形成系统科学的工作职务链，为员工选择个人发展方向、设立和调整个人目标、设计个人职业生涯规划提供依据。

六、人员需求和供给预测

高校人力资源规划的第二阶段是预测人力需求和供给，它涉及人员需求的确定、可获得人员的预测及为达到高校发展目标所需一定数量和质量人员的补充和更替。

1. 人员需求预测

人员需求是指满足高校未来需要所应配备的人员数量及其所应具备的技能条件的组合。高校的人力资源需求受到整体经济环境、社会及政治压力、技术改进和学校政策等内、外部因素的影响。为使工作的重点更加突出，人们在需求预测过程中主要将焦点集中在学校需求人才的数量、需求人才的专业技术种类、需求人才的能力水平与职务层次等三个方面。

从基本流程来看，人员需求预测在掌握学校人力资源存量状况的基础上，要从事以下四项密切相关的预测工作：首先，根据学校过去办学所取得成就和存在问题，预测将来事业发展的趋势；其次，根据未来事业发展，预计将来需用的人力；再次，就现有人力的检讨结果以及现有人力与将来需用人力的比较，拟定将来需要增减的人力；最后，根据将来需要增减的人力，拟定各个时间长度的人力规划。上述四个步骤中，以根据将来事业的发展预计将来需用人力这一步骤最为困难，也最为重要。

大多数学校管理者在预测未来人力需求时都会考虑到以下因素：预算约束；由于个人辞职、合同中止、工作变动和退休所引起的人员更替；特定工作领域出现的新技术；要求提高所提供的服务质量的有关决定；雇佣特定群体的数量目标等。但相对来说，对组织的产出或提供服务的需求更为重要。因此高校首先要预测学生的入学率，然后才能估计为这些入学者提供教育服务的工作人员数量。

2. 人员供给预测

预测人员的供给涉及可以获得人员数量的确定，而人员供给主要有两个来源，即组织内部和组织外部，前者是指那些已经在组织内的任职人员，后者则指组织以外的人员。

采用组织现有人员作为人力需求的供给源，通常要考虑组织内部的人员晋升，愿意并能够接受培训的工作人员数量等因素。如果填补职位空缺的组织内部候选人不足，组织通常会对劳动力市场进行分析，从组织外部招募人才。此时则需要考虑如下问题：在地方、区域和全国性劳动力市场上所必需人才的可获得性；在该领域内人才的竞争性；人口结构和人口数量的变动趋势及学校所需人才领域内学生入学率的变化趋势等。

在预计职位空缺时，编制组织图非常重要。组织图是描述某一时期内组织结构的图表。它可以显示出组织里所设的部门、组织的指挥线、各部门负责人、每位员工在组织中的地位、向谁负责等。有了组织图，可使管理者明白工作分析和职位评价所针对的是何组织、何部门的何职位，有助于他们明确将来学校发展的需求和现有管理人员的潜力、某些职位上存在的不足；有助于管理者确定可以让组织内哪些人员直接晋升，哪些人员需要适当的培训和开发，以及哪些人员工作不令人满意而需要淘汰，从而使工作分析、职位评价有了特定性。同时，组织图也是新录用工作人员了解本组织结构最简捷的方法。但是组织图无法提供每项工作的日常活动及职责、组织中实际的沟通形态、员工受监督的程度、各级领导的实权范围、工作人员的工资等级等内容，这还需要工作分析、职位评价来完成。

第五节　高等学校师资的培训与开发

高等学校师资培训与开发是对教师实施有计划的指导，使其获得必备的工作技能、工作态度以及有关知识，从而保证教师能够更好地完成学校赋予的任务。培训主要针对目前工作，而开发则主要针对将来工作，是一种未雨绸缪的行为。在一般使用过程中，两者都可称为培训。

一、教师职业生涯的规律

从高等教育规律来看，任何一名教师的成长都要经过一个比较长的培养过程。教师培训就是为提高教师素质、能力而采取的有组织、有计划的培养和训练活动。在当今知识爆炸、变化迅速的社会中，教师如果不能积极接受在职培训，满足职业生涯发展的需要，则势必会被淘汰。即使业务比较熟练的教师，由于环境变化等影响，也常会出现停滞不前的“高原”现象。

不少研究者对教师生涯发展的阶段进行研究，最初是德莱弗斯（Dreyfus）等于1980年基于职业专长领域的研究成果，从职业能力发展的角度提出了专长发展阶段的理论。在此基础上，舒尔（shuell）提出了教学专长发展的三阶段理论，柏林尔（D.C.Berliner）提出了教学专长发展的五阶段理论，费斯勒（Fessle）和胡伯尔曼（Huberman）等提出了教师职业生涯发展阶段的理论，斯腾伯格（R.Sternberg）提出了教师教学专长构成理论等。上述理论从教师职业能力发展的角度，为教师教学专长发展的评价提供了一定的理论依据。本小节从下面六个重要阶段来分析教师专业生涯发展的特点，同时讨论每一阶段需要的专业支持。

第一阶段：职前教育期。新教师入职之前，最依赖的教学方式和经验来自小时候做学生时获得的好老师的印象。随着时间变迁和社会发展，这些经验显然是不够的、陈旧的、模糊的甚至是肤浅的。因此新教师走上讲台以前，必须配以适当的专业训练。这些训练不只是理论讲座，还包括正确认识教师的使命、学校的规章、教学的基本特点和过程、学校的特色和文化等。

第二阶段：入门见习期。这是教师专业生涯最初的一两年，也被称为新教师的“生存期”。这个时期是新教师受到挑战最多的时期，也是形成基本专业行为的关键期。他们面临的挑战来自学生、家长、同事和校长，来自制度、规章、学校文化和专业诉求。他们必须改变自己作为一个普通人的举止言行，而养成作为一个教师的专业行为。

第三阶段：热情建构期。在新教师度过最初的“危机”之后，进入了热情成长的阶段，这个阶段出现在入职后的 3 ～ 7 年。作为青年人，他们愿意付出更多的时间、精力和勇气去试验新的方法、新的工具，去实践新的理念。在这个阶段，学校应当根据教师的不同需要，为其制定出中长期培养计划，目的在于补充教师的理论知识，提高教师的业务水平。

第四阶段：专业挫折期。从业后的 5 ～ 10 年。学校每年都会招进一些新教师，几年后受到学校重用的只是其中的少数。对于未受到重用的老师来说，不受重用就是专业发展上最初遇到的挫折。有的教师因结婚生子、家务缠身而阻碍专业发展，从而产生无尽的焦虑。在“挫折期”中，学校有责任通过调整工作、人性管理，帮助挫折者尽早缩短或者减轻挫折造成的心理伤害。学校应该想方设法给教师以更多关怀、理解、鼓励和调整，让他们找到自身长处和优势，重整旗鼓、发展前进。

第五阶段：稳定更新期。约为从业后的 10 ～ 20 年。这时老师已经具备丰富的教学经验，日常教学工作已经不会构成挑战。于是没有希望、过于稳定的工作很容易使教师进入“专业倦怠”，消磨掉他们的发展热情和对精益求精的追求。这对教师的专业发展、学生进步都极为有害。此时需要学校有意识地更换他们的工作对象、工作内容、工作环境，赋予他们不同的教育、管理和社会责任。使得他们有可能主动地去学习完成新工作、承担新责任所需要的知识、理论和技能，曾经有过的专业热情和专业精神会重新在他们身上燃起。

第六阶段：离岗消退期。这常常出现在教师即将离岗退休前夕。他们会回顾一生的教学生涯，感慨万千，感到自己忠诚教育事业，为教育奉献了最宝贵的青春和一生。退休离岗前他们会对教育工作倍加依恋（比前面任何一个时期更强烈）；另一方面，也会因数十年教学工作缺乏成就感到失落，面对新的发展他们会感到使不上劲、出不上力，担心成为“多余人”。面对未来退休生活他们更会感到迷茫和不知所措。因此，他们有时会表现出不耐烦、牢骚多、易急躁等心理问题。尊重并充分发挥他们在组织、带教、示范、承担社会责任等方面的优势，是保持他们的活力和专业精神最好的办法。

在教师职业生涯中，教师发展并非总是一种正向的成长过程，有停滞、有低潮期，呈现出明显的阶段性。依据教师发展阶段的特点，给予教师适当、适时的协助和教育，使教师自身蕴含的潜能不断发掘出来，教师在职教育就能够产生事半功倍的效果，这也是教师教育机构和学校应该认真思考并努力奋斗的方向。

二、教师培训工作的基本流程

教师培训应根据高校教师队伍现状和学科建设需要，结合教师培训意向进行培训需求分析，设计出科学严谨的培训计划，确定培训层次、手段、时间安排、经费渠道等。一般来说，在任何一个培训计划中都包含三个基本步骤，那就是估计组织的培训需求、实施培训和对培训计划的效果进行评价。

1. 估计培训需求

在设计和实施一个培训计划之前要进行需求分析，只有找出学校在人力资源方面的确切需要，才能根据这些需求安排在职进修内容，有的放矢地实施教师培训，否则，就会显得十分盲目。

培训需求应从组织、工作和个人三个层次进行分析。其中组织分析需要分析整个学校目前和将来的培训需求，以发展眼光去预测学校未来的发展状况，估计出哪些教师需要在哪些方面进行培训及这种培训所需时间，以推测出培训提前期的长短。当然，这种预测要有一定根据，要对学校过去的一些统计数据进行分析，在分析结果的基础上再来确定学校未来对教师素质的要求。

工作分析主要研究一个特定工作组或一个特定职位的培训需求，分析教师怎样具体完成他们各自所承担的责任，分析研究具体工作者的工作行为与期望的行为标准，找出其间的差距，从而知道此人需要接受什么样的培训。

个人分析主要研究特定个人的培训需求，培训重点在于促成教师个人行为发生所期望的转变。缺乏经验的教师，其绩效不良是由于所需要的知识或技能的欠缺；经验丰富的教师没有做好工作则可能是因为养成不良工作习惯或原有培训不当。这些都可以通过个人分析而发现。

2. 培训活动的实施

培训目标的实现要依靠有关部门的精心组织和实施，培训活动的实施需要组织者、培训者和受训者三方的密切配合。因此，在实施培训目标之前要有相应的宣传；实施过程中要进行必要的检查，并能够及时灵活地调整，保证培训任务顺利、有效地完成。

在教师培训的过程中，需要注意到受训教师的差异性。这些差异可能来自生理的、心理的、经验的，也可能来自学习能力与学习方式上的。教师培训中不可能都按照同质的要求而将教师分组、分班开展培训。事实上，即使按照同质分类进行培训的教学，其效果也不一定会比异质分组教学好。这只是分类方式的不同而已，在不同的培训教学中都可能会取得各自好的成效。因此，应在教师培训中引入“多元课程”的概念和方法，使教师培训尽可能促进参加培训的每个教师的发展。

在围绕解决教师问题为起点的教师培训中，开展教师的反思活动具有更重要的地位和价值，这样案例教学才能真正成为教师“教学问题解决的源泉”，成为“教师专业成长的阶梯”。由此，教师培训成为一种经验性活动，培训内容源于教师的工作，并与教师工作密切相关。培训涉及教师从事具体的教学、评价、观察和反思，并将成为学习者自己提出问题并找寻答案的活动。

高校本身就是一个学习系统，高校教师不仅具有强烈的学习欲望，而且具有很强的学习能力。因此，在职培训应成为高校教师培训的主要途径。高校要在学习时间、经费等方面给予大力支持，并对培训效果进行评估和跟踪反馈。高校要从教师人力资源开发的战略高度出发，有的放矢地规划和落实高校教师多学科、多层次、多方式的在职培训，健全教师继续教育的运行机制。

3. 对培训计划进行评价

培训结束后，应对培训的效果进行总结性的评估或检查，找出受训教师在哪些方面有收获，哪些地方有提高。这不仅可以找出培训不足，归纳出经验与教训，而且可以发现新的培训需要，以此作为下一轮培训的重要依据。

评价培训活动有效性的最好方法是受控对照实验。在受控对照实验中，一个或多个小组接受培训（实验组），一个小组不接受任何培训（受控组）。搜集实验组和受控组在接受培训前后的相关数据，然后比较两个组的工作表现，以确定相关变量的变化对培训结果造成何种程度的影响。

从评估的时机来看，培训项目的评估通常在四个阶段当中进行，分别是培训和开发活动进行之前、培训和开发活动期间、培训和开发活动刚刚结束之后及工作一段时间之后。不同时期的培训会产生不同的作用和效果。

三、培训工作的基本形式

对于教师专业素质提高而言，完整缜密的职前培训固然重要，但从终身学习理念来看，职后培训更能促进其自我导向性的学习活动，并充分满足教师在专业成长与发展方面的特殊需要。因为参加职后培训的教师比较了解自己的独特需要，所以他们更能有效地把握学习的要点，进而领悟到自我成长的深刻本质与内涵，最终实现意义非凡而又回味无穷的人生。

通过参加职后培训，教师增加了专业知识，提高了教学技能，提升了专业精神，如此，教师就有可能在信心十足的良好心态下，游刃有余地去改善其现在的以及未来的纷繁复杂的教学工作。从培训工作的实践来看，由于工作性质不同，可将其分为基础培训、深化培训和创新培训三大类。

1. 基础培训

对象是担负助教职务和尚未定助教职务的青年教师，大都是刚毕业的研究生和本科生。加强对青年教师的培养非常重要。因为青年教师是学校的未来。一般来说，青年教师刚来到学校时，对所处环境和自身能力均缺乏全面认识，在思想上尚未建立教书育人、为人师表的职业意识，在行为上还缺少为学生服务的奉献精神，在知识结构上也尚显不足。因此，首先要把坚持正确的政治方向放在第一位，教育他们要忠诚党的教育事业。同时，专业方向和工作岗位确定后，就应调整他们的知识结构，补充新知识，要求他们学习高等教育学、心理学、职业道德，使他们初步掌握高等教育的规律和方法。青年教师必须参与辅导、答疑、批改作业等教学环节，并培养他们严谨刻苦的态度和一丝不苟的精神，树立良好职业道德。

当青年教师经过专业培训之后，业务水平会有所提高，很快适应各自的教学岗位，胜任教师工作，并逐渐成为学生爱戴的教师。青年教师在工作岗位上取得了一些成功，这就使得他们获得了一种成就感和满足感，形成一种无形的激励作用。

2. 深化培训

对象一般是指具有中级岗位职务的教师，年龄在 30 岁左右，这是知识和能力上升最快的阶段和开始出成果的阶段。在这一阶段既要放手让教师承担教学科研任务，同时还要提供大量机会，让他们参加研讨班和各种学术会议，从中获得该学科发展的最新信息，使他们在专业知识、基础理论、科研能力方面都得到不断提高。当然，提高教学水平依然是一项重要任务。如美国纽约大学虽是一所研究型大学，但其对教学的重视程度丝毫不亚于其他以教学为主的高校。他们在教学上坚持认真、主动、训练的原则，设立“优秀教师奖”“优秀教材奖”，还开展了富有特色的教学咨询等活动，旨在通过教学方法的培训，提高教师教学工作的质量。

为教师创造这样的机会，不仅能为他们的事业发展提供必要物质支持，而且更重要的是使他们感受到学校对教师的关心和重视，从心理上产生对组织的信任感，奠定为学校奋斗终生的信念。

3. 创新培训

主要是对具有高级职称的教师群体的培训。具有高级职称的教师，均承担着教学和科研的双重任务。在这一阶段要给教师压担子，加重科学研究和难度较大的课程或新开课程，在实践中更新知识，增长才干。还要为他们的科学研究和教学提供物质条件，鼓励他们出国进修学习，参加各种国际学术研讨会，在与国外学者交流的过程中获得新的信息和新的知识，为科学研究上层次、上水平奠定基础。

根据马斯洛（A.Maslow）需求层次理论，自我实现是人类发展中最高阶段的需求层次。当教师在事业上取得成功时，会产生自我价值的感受，这时教师就会用自己的忠诚和努力来回报学校，而学校也在教师的努力工作中得到快速发展。为了达到自我实现这一工作目标，教师需要投入到学习环境中，不断地充实新知识，并发展前瞻性的观念，这是因为教师只有不断地学习，才能够具备新的生活价值观、新的知识技能，适应现代社会的各种挑战，达到自我实现的终极目的。

第六节　高等学校师资的绩效评估与薪酬管理

教师绩效评估是高校人力资源管理体系中的核心内容之一，是教师晋升降职、薪酬奖金福利、培训计划、职业生涯规划、招聘规划的重要依据。教师考核能够较全面地了解教师的实际状况，反映教师队伍的整体素质和水平。同时，也是对教师管理水平和效益的鉴定，使管理人员更加清楚地知道工作中的问题和差距，及时采取相应措施，解决各个工作环节中暴露的问题，不断改进和完善管理工作。

一、教师绩效考核的基本概念

“绩效”一词源于英文中的 Performance，原意是性能、能力、成绩、工作成果等。在西方心理学中则指与内在心理相对的外部行为表现。近年来，经济管理领域中广泛采用绩效这一概念表示员工在一定时间和条件下为实现预定目标所采取的有效工作行为以及实现的有效工作成果，它包含工作效果（数量、质量等）、工作效率（投入与产出比）、工作效益（如经济效益、社会效益、时间效益）等。教育绩效，指在一定教育目标的指导下，教育目标的实现程度、教育资源的配置状况和教育过程安排等情况的综合反映。

根据目标管理的基本理论，当一个组织确定目标之后，必须对其进行有效分解，转变成各个部门、团队以及个人的目标。绩效评估就是定期考察和评价部门、团队和个人工作业绩的一种制度，其目的是实现组织目标，调动员工积极性和创造性，获取更高业绩。因此，绩效评估就被视为一个组织试图达成某项目标、如何达成以及是否达成目标的系统化过程。其在本质上则凸现了管理活动中的控制功能。即在了解规划的执行进度与状况的过程中，对那些偏离组织目标的行为采取补救措施，也对行动者的决策与行为产生影响或引导作用，使个人努力目标能与组织目标趋于一致。

对于实施评估的高校来说，其主要任务就是对照工作目标或绩效标准，采用系统、科学的方法对教师在其教学、科研等工作岗位上所表现出来的工作能力、工作态度及业绩（如目标完成情况、职责履行程度）等进行以事实为依据的专业性评价，并且将上述评定结果反馈给教师，以保证教师个人与学校组织的目标一致化，最终通过把评估双方作为利益和责任的共同体，推动双方共同进步，实现双赢的局面。

教师绩效评估的目的，一是将评价结果反馈给教师使其了解自身的表现，同时作为薪资决策的有效信息，警告不称职教师并帮助管理部门决定是否继续雇用部分教师；二是辅导教师改进绩效并发展未来潜能，强化管理部门与教师之间的关系，诊断教师个人与学校组织问题。

台湾学者张德锐以“形成性评鉴”与“总结性评鉴”两个概念分别对应上述不同的评估目的。他认为，两者共同构成教师评鉴的整体，其中形成性评鉴旨在协助教师改进教学，提高教学效果，达成教学目标。总结性教师评鉴旨在评估教师表现水准的优劣程度，以便作为雇佣教师、续聘教师、决定教师薪资水准、表扬优秀教师及处理不胜任教师的依据，借以促进学校人事的新陈代谢。

二、教师绩效评估的标准

绩效评估标准是指按照什么尺度对工作的哪些方面进行评价。因此，制定标准必须是基于工作而不是基于工作者，不能因完成该项工作的人不同而设定不同标准。包括校、院、系所在内的学校各部门应在有效工作分析的基础上，明确各级各类岗位的特征及其特殊要求，并将学校期望教师具备的工作态度、工作行为和预期结果传递给他们，使其与学校的价值观和发展理念以及目标的战略方向保持高度一致。

（1）标准要公开并且最好能得到教师认同。公开标准可让每个教师都明白自身的工作要求，按照评估标准来指导、激励自己，提高工作绩效。而且，标准制定应主动邀请教师（尤其是一线教职员工）参与，增强他们对绩效评估的认同感，密切制度与人的关系。而评价标准制定的过程，则应尽量民主化与制度化。

（2）标准要尽量符合学校实际，明确而具体。制定绩效评估标准要从实际出发，避免盲目攀高或降格，标准要注重“质量并重”，能够量化的尽可能量化，实现数字管理，而那些无法量化的指标（如人格品行、道德修养等），则应具体说明。此外，若采用综合评估标准方式，还需要先行考虑如何综合分析评估结果。总之决定评估标准性质，应以能发挥预定的评估目的为主。

（3）标准要适度。有学者认为，高标准保证高待遇，高待遇促进高标准，这固然有一定道理，但正如厂家生产的产品一样，质量标准并非越高越好，产品功能并非越全越好，关键在于能够适应一定需要。更何况教师（尤其是年轻教师）整体待遇并不高。绩效标准应既有一定的压力，也应是在一定期限内经过努力可以达到的。

（4）标准要体现教育工作普遍性与特殊性的相互统一。评估标准不仅要有教师职业共性的评价指标要求（如同样的工作内容、工作岗位应该用相同标准去评估），而且要根据学校的不同类型（如研究型大学、教学研究型大学、教学型大学等）、不同学科不同类别的教师岗位（如专业技术岗位、管理职员岗位、工勤服务岗位等）、不同层次的教师岗位（如校级关键岗、院系重点岗、基础岗等）、不同专业技术职务的教师（如高级、中级、初级等），确定不同的评价指标及权重。

（5）标准要体现结果与过程的统一。教师绩效中可评估的指标一部分应与其工作产出直接相关，即直接对其工作结果的评价；另一部分绩效指标是对工作结果造成影响的因素，但并不是以结果的形式表现，而是指在工作过程中的表现。这样就使绩效评估的指标形成一套体系，既有过程指标，又有结果指标。任何一个有效的绩效评估指标系统都应当寻求两种指标之间的适当平衡，单靠其中某一个都是不充分的。因此对教师的工作业绩、态度、能力、品行等评估项目都要设立过程指标和结果指标。

三、教师绩效评估的内容

绩效评估制度中选择考评因素是绩效评估成败的重要因素之一。所谓考评因素是指评估员工绩效时，所据以评定优劣的项目和内容。

一般来说，考评因素大项可分为：工作能力或表现、品德操守、学识或才能。再由各大项分为若干子项：例如工作能力或表现大项下分为质量、时效、方法、主动、负责、勤勉、协调等；品德操守大项下分为忠诚、廉正、性情等；学识或才能大项下分为学历、见解、进修、表达、实践、体能等，再依各子项订定评估标准。

考评因素应该包含多少项目并无定论。一般依工作性质、要求或组织重视程度而有所差异，亦即考评因素愈与工作绩效要求相关者，愈为重要。就我国情况而言，1995 年颁布执行的《事业单位工作人员考核暂行规定》，将评估内容确定为“德、能、勤、绩”四个方面。同时规定，要重点评估工作实绩，以履行岗位职责，完成年度和任期目标任务实绩作为评估的主要内容。

“德”侧重评估教师的政治思想素质和职业道德。绩效评估的重点不在“德”，因为品质评估的操作性与效度较差，含混而主观，不明确，且往往与具体工作行为和效果之间没有关系。而且，对“德”的评估应着重在教师资格审查以及在岗位聘任前就把好关。

“能”主要评估教育教学科研岗位业务知识和完成岗位工作的能力、学术水平以及管理服务能力。“能”的评估重在工作过程，着眼于“干什么”“如何去干”，强调运用理论知识和获取新知识的能力、工作效率，分析问题和解决问题的能力以及兼任管理工作的组织、协调、综合、决策能力等等。

“勤”侧重评估工作态度。目标管理大师彼得•德鲁克（Peter Dmcker）曾言：“态度决定一切。”知识技能或潜力如果不与良好的工作态度相结合，对组织就毫无价值可言。评估工作态度会涉及责任感、事业心、积极性、协作性、勤奋敬业精神和遵守劳动纪律情况（出勤率、违纪违规率）等。

“绩”评估着眼于“干出了什么”，重在产出和贡献，主要评估履行职责情况，完成工作任务的数量、质量、效率，取得成果的水平及经济效益和社会效益等。例如教学岗位中“绩”的评估着重评估教学内容、教学方法、教学态度和作风、教学效果等。而科研岗位中“绩”的评估指标注重教师承担的科研项目和完成项目情况、发表论文和出版著作情况、获奖情况、科研成果情况（原创性理论成果、推广应用成果、专利发明成果）等，抵制学术腐败，尽量防止掺水的学术产出。

四、教师绩效评估的方式

教师绩效评估的方法有多种，但无论采用何种方法，都应以事实为依据，注重实效，简便易行，宜于操作。要将定性评估与定量评估结合起来，对于定性指标要注重运用模糊评判方法，建立数学模型将其转化为量化指标，实现数字管理。

从评估对象上分，可分为个别评估与集体评估。绩效评估必须对照岗位职责和目标任务进行。既要对个人履行岗位职责情况进行评估，也要对学科群体进行业绩评估，甚至要求对高层次岗位人员作述职报告。通过对任务完成和目标执行情况的评估，学校与院系所各级均能及时得到各种反映学科建设水平和工作业绩的数据信息，为进一步决策和下一轮岗位聘任提供依据。

从评估时间上分，可分为平时评估与年终评估、聘期内评估与期满后评估、定期评估与不定期评估。要特别注重平时评估，加大平时评估的监控力度，及时奖励先进鞭策后进。有条件的院校还可在校园内部网上实行评估公示制度。

从评估信息获取渠道上分，可分为自我评估、校内评估以及外部评估三种。其中自我评估是由受评教师根据学校自行发展的自我评估表，填写相关资料，逐项检讨，以了解自我教学、科研等工作表现。相对来说，这种评估方式对教师的压力较小，也因此容易出现评分宽松的现象。

校内评估包括同侪评估、上级对下属的评估、校内评估小组的评估、学生意见调查等。同侪评估主要有研习、示范教学、指导式练习和回馈、独立练习和回馈四个要素。上级对下属的评估是学校校长、副校长及其他行政人员对教师所做的评估，或是教育行政机关对所属学校进行的评估等。校内评估小组由学校行政人员、教师代表组成，必要时也可包含教育专家、教育行政人员等。学生是教学活动中最直接的对象，对教学有较深刻的感受，可提供有效的教师教学表现信息，因而学生评估越来越受到重视。

外部评估是由主管教育行政机关组织教育行政人员、学者专家、学校代表等组成外部评估小组，进行学校教师专业评估工作。这种评估方式在国外常用于不胜任教师的复评及将教师专业评估纳入考核的学校评估。为实现公平性和客观性原则，教师教学评估有必要提供多元资料来源，以多方检验资料的信度和效度。

从评估主体上分，可分为教师自评、教师互评、学生评价、家长评价、专家评价、领导评价和社会评价等多种评估形式，亦即教师评估信息的多渠道。信息来源的多元化本身是把“双刃剑”，既意味着绩效评估更为准确可靠，也使评估过程更为复杂，信息甄别难度加大，各种花费增加。

五、教师绩效评估步骤及结果使用

就高校教师的绩效考评而言，其评估程序大致如下：

第一步，组建各级各类岗位绩效评估委员会（由人事部门负责人、直接领导、单位主管等组成），并对评估责任人进行培训。

第二步，评估信息的收集、统计与分析。应使用合理的绩效评估表格，在聘任中期、后期，从多个不同的信息来源（如直接领导、下属、同事、学科组、自我评价等）广泛采集绩效评估信息。

第三步，严格对照岗位目标与职责任务确定评估等次，并以书面形式反馈给有关教师。在一定期限内受理教师本人的异议和申诉。

第四步，绩效评估逐级面谈，并建立评估档案。直接领导与教师面谈时应指出其优缺点（成绩和不足）和努力方向，提高员工对绩效评估结果的接受程度和满意度，增强员工改进绩效的主动性和积极性。

教师评估结果的处理，与前述评估目的有密切关系。如果评估目的在于促进教师专业发展，则评估结果报告就不一定要对外公布，因为专业发展是教师自身责任。但在外显品质与绩效责任的要求下，公布评估结果扮演着非常重要的角色。由于评估结果是否正确、合理，其可信度如何，会关系到教师岗位聘任制工作的成败，因此评估结果要公开接受监督，避免感情、人为因素的影响，要建立一套申诉制度和程序，尽一切可能增强绩效评估的可信度、效度和可接受性。

另外，绩效评估结果应作为续聘、调配、培训、待聘、辞退、调资、职务升降、奖惩的重要依据。要突出评估结果的权重，将教师报酬与之挂钩，以体现多劳多得和多投入生产要素多得的原则，唯有如此才能留住和吸引优秀人才从事教育事业。

六、薪酬管理中的几个基本概念

薪酬是员工因对组织提供劳动或劳务而得到的相应的报酬。根据其来源的内在性与外在性及表现形式上的经济性与非经济性，薪酬具有四种不同类型。其中外在的、经济性薪酬通常指工资性收入，包括基本工资、奖金、津贴等；内在的、经济性薪酬指职工福利；外在的、非经济性薪酬指工作环境，包括硬件环境和软件环境，即人文环境；内在的、非经济性薪酬指工作本身所提供的乐趣和个人发展空间。从这个意义上讲，薪酬既能满足教师物质方面的需求，也可能在一定程度上满足教师的某些精神需求。前者是后者的基础，两者缺一不可。

1. 工资

广义的工资，指用人单位依据国家有关规定或劳动合同的约定，在一定时间内以货币形式直接支付给本单位劳动者的报酬，一般包括计时工资、计件工资、奖金、津贴和补贴、延长工作时间的工作报酬及特殊情况下支付的工资。狭义的工资，指基本工资或标准工资。工资最主要的特点是：比较直接地与“劳”挂钩，以货币形式体现（主要应是现金），定期、直接、全额地支付给劳动者本人，有一定的计量方式（计时、计件等），有规定的等级水平。

2. 奖金

理论意义上的奖金，是组织对员工提供的超出正常努力的劳动或劳务报酬，是组织为了鼓励员工努力工作、提高劳动绩效和工作质量而支付的货币奖励。实际生活中的奖金一般较为宽泛，可以分为两个部分：其一是员工做一般努力甚至是低于一般努力也可以得到的“奖金”，这实际上是从工资中扣出，以奖金形式发放的工资；其二为严格意义上的奖金。奖金与工资相比，具有非常规性、浮动性和非普遍性等特点。

3. 津贴

津贴是一种补充性劳动报酬，是对工资难以完全、准确反映的情况的一种补偿。一般分为两类，一类是对有特殊贡献的专业技术人员发放政府津贴、企业津贴等，其目的等同于奖金，但以津贴形式发放。另一类主要是指员工在特殊工作岗位、特定工作环境和特殊劳动条件下额外劳动付出所得到的一种物质补偿形式，如危险作业、有毒有害作业、高温高空作业、海上野外作业等。

4. 福利

福利包括退休福利、健康福利、带薪休假、实物发放、员工服务等，它有别于根据员工工作时间计算的薪酬形式。与基本薪酬相比，福利具有以下两个方面的重要特征：一是通常采取实物支付或者延期支付的方式，而非货币支付和现期支付的方式；二是福利通常都有类似固定成本的特点，不像基本薪酬在高等学校的成本项目中属于可变成本，这是因为福利与员工的工作时间之间并没有直接的关系。随着福利在整个薪酬体系中比例的不断提高和人才市场化配置的渐次深入，无偿供给已不是其单一属性。保障、发展、激励和凝聚等功能都日益凸现出来。

薪酬管理则是组织根据员工的工作和贡献，制定合理的薪资制度，使薪资的给付达到最大的效用，使得组织与员工达到双赢。可见，薪酬管理已经构成人力资源管理的重要一环，其制定的薪酬制度合理性，具备系统的实施、调整和统筹，不仅关系到员工的切身利益，而且关系到组织发展和整个社会的稳定。

七、薪酬管理的目标

良好的薪酬管理必须能够吸引人才、激励员工努力，如此，组织与个体之间的关系才能和谐，组织才能保持可持续发展。具体来说，薪酬管理的三个目标分别如下：

1. 吸引和留住所需要的人才。人才的合理流动可以为组织带来生机和活力，但频繁的人才流失会损伤组织的元气，所造成的后果不仅无法在短期内弥补，甚至可能会带来安全危机。因此，通过探索并建立新型的薪酬制度，在人才竞争的环境下具有非常重要的意义，特别是在市场经济体制不断完善的经济发展阶段，薪酬所产生的作用将是显著的。

2. 使教职员工安心本职工作，并保持较高的工作动力和创造有效的工作业绩。一方面，教职员工的高效率能推动高校工作的发展，实现学校发展的目标；与此同时，强有力的工作动力会激发出更多的创造力，并有利于形成良好的文化氛围。因此，薪酬管理的好坏，影响的不仅仅是工资多少、生活质量高低的问题，薪酬管理目标应是提高人的工作动力，充分体现以人为本的思想。

3. 使组织目标与教职员工个人发展目标相协调。作为从事高等教育事业的高校，组织的目标在于生产公共产品，要符合国家利益。而教职员工的好奇心促使其产生对自由探索的追求。作为薪酬管理的一个目标，就是要协调两者的关系，使个人价值与组织目标更好地协调起来。

有效的激励制度对吸引和稳定人才具有重要意义。对个人的激励程度不仅受自己所得报酬的绝对值的影响，而且受报酬的相对值的影响。相对值是指自己付出的劳动与所得的报酬同他人付出的劳动与所得的报酬的比较值，这种比较包括同组织内部人员比较、同社会同类人员比较。如果比率相等，员工就处于公平状态。当比率不相等时，员工就会处于公平紧张情况，并试图纠正这种不公平。

因此，激励作用的产生与外界的环境有关，也与自身的主观满意度相关。薪酬对个人的激励主要是通过个人对薪酬是否公平的感受来决定其满意度，并将其反馈到其完成下一个任务的努力过程中。满意会导致进一步的努力，不满意则会导致努力程度的降低甚至离开工作岗位。根据期望理论，激励作用的大小取决于某一行动的效价和期望值，即一种行为倾向的强度取决于个体对这种行为可能带来的结果的期望强度以及这种结果对行为者的吸引力。具体而言，当员工认为努力会带来良好的绩效评价时，就会加倍努力。

由此不难看出，一种薪酬机制能否产生有效的激励作用，将受到以下三个因素的影响：首先，薪酬水平是否具有对外的竞争性，即与市场的工资水平相比较，薪酬能否具有吸引力；其次，薪酬分配机制对内是否具有公正性，即是否根据个人的劳动贡献公平地支付了薪酬；最后，对个人是否能产生激励作用，即是否真正具有个性化的激励效应，通过薪酬提供了高效的工作动力。这一点既是构成有效的薪酬机制的要素，又是检验薪酬制度是否有效的标准之一。

理论上我们总是希望薪酬机制能够同时具备以上三个要素，但实际情况是，这些要素总是不能同时具备，其中的一个要素总是要让步于另外的要素，或者囿于目前的薪酬管理水平，还难以满足有效的薪酬制度所必备的要素条件，从而导致薪酬管理中产生不尽如人意的问题。

八、薪酬确定的因素

由于高校教师职业的特点，世界各国和地区的高校对教师的管理通常都实行基于学术职务（如教授、副教授、讲师等）的管理体制。薪酬福利制度以及相应的考核评价机制，正是建基于此。教师职务及晋升体制、薪酬福利体制和评价机制，共同构成教师管理体制的要素。在那些将高校教师视为公务员的教育体制中，教师职务晋升及薪酬福利制度具有公务员科层制和固定薪级制（fixedsalaryschedule）的特点。在高校自主聘用的体制中，教师薪酬制度总体上也体现为薪级制，不同之处在于起始职务的教师可能中途因不获续约而离开。教师薪级制以职务和薪级为两个维度。不同制度的差别体现在决定职务聘用、晋升和薪级增长的因素上。

有学者认为，决定高校教师基本工资的主要因素是职务（职称）、学历、资历等因素。就学历而言，较高学位或学历（一般为博士）是进入高校当教师的必备条件，即学历因素已提前体现在教师的录用环节；就职务而言，各级各类教师的起点工资与职务（职称）紧密挂钩，以教授、副教授、讲师、助教，或研究员、副研究员等职务确定工资的矩阵标准；就年资而言，被聘教师工资档次的具体确定除根据学术水平外，其任教经历、工作经验都是影响薪酬的资历考量因素。

上述三个方面，不论是职务（职称）、学历，还是资历，都可归属员工个人的能力范畴。因此，高校教师基本工资的决定模式不仅是基于职位（岗位）的，更确切地说是基于能力的工资支付体系，反映了知识型组织薪酬制度的特点。也有研究者指出，决定个人薪酬的因素不仅有体现员工个人能力的职务因素，而且有组织和劳动力市场等外在因素在起作用，其中职务类因素要考虑的是职务评价；员工类因素要考虑的有比较价值、绩效（资历）、经验（潜力）、组织成员、政治性影响等；组织类因素要考虑的有薪酬政策、支付能力；劳动力市场类因素要考虑的主要有薪资调查、生活成本、工会、社会、经济、政府法规等。

随着人们对如何增强教师队伍的成本效益和薪酬制度的激励效果越来越关心，无论是那些西方福利国家所实行的教师公务员体制，还是美国、加拿大高校普遍实行的“单一薪级制”，都不断受到批评和挑战，这些制度被认为忽略了对教师教学质量、科研成果和工作业绩的考核。它既不奖勤，也不罚懒，缺乏竞争和激励机制。在此背景下，基于绩效的工资制度越来越受到青睐。

绩效工资（meritpay）也被称为与绩效挂钩的工资（performancerelatedpay）或基于绩效的工资（performancebasedpay），有时还被译作业绩工资或功绩工资。它是根据工作任务和工作实绩分配教师薪酬，将工作绩效及对工作绩效的评估与薪酬建立起制度性关联。旨在区分工作的平庸与卓越，激励教师追求卓越的工作态度。它实际是一种合约式薪酬体制，也是一种在美国等西方国家教育界比较典型的薪酬制度，其特点是薪酬的增长取决于工作绩效。由绩效决定加薪，不同于一般的花红或奖金，一般是体现在薪级的增长上，不是暂时性的。绩效工资与职务晋升、终身教职一道，都与对工作绩效的评估联系在一起。20 世纪八九十年代后，绩效工资越来越成为美国高校教师薪酬制度的主流发展趋势。特别是 20 世纪 90 代之后，在政治、经济和教育改革力量的推动下，美国越来越多的高校，特别是研究型大学，采取了不同形式的绩效工资的做法。

由此，我们可以将薪酬确定的主要因素归纳为职务、绩效、个人和外在环境四个层面。其中职务因素要求以工作分析、工作评价等方法去衡量职务的价值，并以职务价值作为确定薪资的重要依据；绩效因素要求以员工的绩效表现作为确定薪资的重要依据；个人因素则要求以员工的技能、资历、教育等个人因素作为确定薪资的重要依据；外在环境因素则要求将所在地区的生活水平、外部劳动力市场的发育情况以及政策与法规等作为确定薪资的重要依据。

九、薪酬框架的建立流程

制定合理的学校薪酬制度，在充分考虑各项影响因素之外，还需设计精确的薪酬管理流程，以保证薪酬制度的正确执行。制定健全合理的薪酬方案与制度，是学校人力资源管理的一个重要内容，因此需要有一个完整的程序来保证。下面是典型的薪酬设计与管理流程，它由七个环节构成。

第一步，制定本单位的薪酬原则与策略。这是单位薪酬体系设计的总思路，是以后诸环节的前提，对后者起着重要的指导作用。这一步骤明确本单位薪酬的原则，比如是提倡薪酬等级拉开距离还是注重薪酬的整体平均，是强调薪酬的弹性还是刚性，是否强调基本薪资、奖金、福利之间的比重等。

第二步，岗位分析。这是薪酬体系设计的基础。根据学校的组织结构，通过工作岗位的分析，将学校内部各个岗位的任务、责任和工作范围都逐一明确，并形成文件下发，这些文字材料是下一步职务评价的依据。

第三步，职务评价。这项工作主要是找出学校内部各种职务的共同付酬因素，并根据一定的评价方法，按照每项职务对单位贡献的大小，确定其具体的价值。这个环节是薪酬设计过程中最关键的一步。经过职务评价，会获得各种职务分析，这些职务充分反映了该职务对学校的价值和重要性，也是下面确定各项职务薪酬范围和数值的依据。

第四步，设计薪酬结构。经过上面的职务评价环节，找出各种职务理论上的价值后，还必须据此将其转化成实际的薪酬，才能有实用价值。这便需要进行薪酬结构设计，确定薪酬结构线。

第五步，地区薪酬调查。这项活动主要需要研究两个问题：要调查些什么，怎样去调查，怎样去做数据分析。调查的内容当然首先是本地区、本行业，尤其是与本单位规模相当的单位的薪酬情况。参照同行业或同地区其他行业单位的现有薪酬来调整本单位对应职务的薪酬，以便保证本单位薪酬体系的竞争。

第六步，确定薪酬水平。这一环节是在职务评价后，学校根据其确定的薪酬结构线，将众多类型的职务所对应的薪酬归并组成若干等级，形成一个薪酬等级系列。由此可以确定学校内部每一职务的薪酬范围和具体的数值。

第七步，薪酬评估与控制。对薪酬进行评估和控制是薪酬体系的最后一个环节，不仅要在设计之初对其予以控制，而且要在以后的正常运行中适当地控制、调整薪酬水平和薪酬比例，使其发挥应有的功能。

第五章　高等学校发展战略与信息化管理

第一节　高等学校发展方向与目标选择

一、战略与战略管理

从词义学来看；战，指战斗、战争；略，指韬略、策略。该词本义指军事斗争中某一方将领指挥军队打仗的艺术，在战争中利用军事手段达到战争目的的科学和艺术。后来其实际使用范围远远超出军事领域。凡存在某种竞争对手或利益冲突时，人们为争取和维护自身利益而做出某种重大的、全局性的谋划都可以泛称战略。

现代管理科学中的“战略”一词，具有多方面内涵：（1）战略是一种计划，一种有意识有预计的行动程序，一种用来实现组织基本目标的统一的、综合的、一体化的计划。这一意义的战略具有两个显著特征，一是导前性，须在活动之前进行，以备使用；二是主导性，是有意识、有目的地开发和制定的。(2)战略是一种用以战胜竞争对手的计谋或对策。（3）战略是一种定位，是组织在对自身所处环境和位置清醒思考、全面分析的基础上，对自身目标和使命的界定以及实现目标途径的选择。（4）战略是一种模式，是组织为实现有关目标在做出重要决策、采取行动途径和进行资源分配等方面时形成的某种一以贯之的思路和模式。5. 战略是一种观念，作为某种抽象概念的战略不仅存在于组织管理者的思想中，还应通过一定方式而成为一种集体意识，同价值观、文化、理想等精神内容一样为组织成员拥有和共享。

管理学中的战略与战略管理联系在一起。所谓战略管理，即一定主体针对有关战略问题，在分析有关战略环境和战略条件基础上，科学地制订战略目标和战略行动方案，并将战略行动方案付诸实施和施加控制，以保证战略目标得以实现的动态活动过程。从其具体活动的步骤出发，一般可以分为战略分析、战略制订、战略实施和战略控制等阶段：战略分析阶段的主要工作是战略问题的提出、外部环境与内部条件的分析；战略制订阶段的主要工作是提出战略主体在一定时期内可选择的战略目标以及实现这一目标的具体战略方案；战略实施阶段的主要工作是在选定战略方案的基础上，按一定的程序或步骤实施有关的各项具体措施；战略控制阶段则需要对战略实施的效果进行评估、测定，必要时进行适当的修正。

二、战略管理与高等学校发展

近年来我国高等教育界日益重视战略管理问题，高等学校的领导者都在思考学校发展战略问题，关于高等学校发展战略研究的学术活动显著增多，许多高校成立了学校战略发展研究机构，或将原有政策研究机构更名为政策和战略研究室。带来这一趋势的原因主要在于新形势下我国高等学校日益凸显的两个特性：

一是高等学校办学的主体性。在高度集中的高等教育管理体制下，高等学校缺乏办学自主权，高等学校的重要工作都要按上级行政部门的“红头文件”办，学校本身很少需要考虑也无力决定学校工作中有关全局性、整体性的战略问题。即使制定学校发展规划，也受到上级行政主管部门领导者主观意志的影响，导致这种规划频繁“流产”或经常被束之高阁。20 世纪 80 年代以来，特别是 90 年代随着我国高等教育体制改革，高等学校办学自主权逐步扩大。由于确立了高等学校面向社会自主办学的法人实体地位，高等学校在学科设置、学生招收、人员聘用、经费筹措等方面拥有更多自主权，学校领导需要更多地思考有关学校发展的全局性、整体性和长期性工作。

二是高等学校之间的竞争。相对于人们的需求来说，任何资源都是短缺的；耗费比较昂贵的高等教育资源更为短缺。因而在市场经济体制下，高等学校为维持自身的正常运行和求得新发展，都不可避免地要与其他高等学校进行资源竞争。而随着高等教育大众化、高等教育国际化及高等教育规模的不断扩张，高等学校面临的竞争日益激烈。高等学校要在竞争中取得相对有利地位而实现自身利益，保障学校的长远利益和根本利益，就需要未雨绸缪，谋而后动，不仅要从学校自身的实际条件出发，而且要从与其他高校的互动中，对学校工作做出长远性、全局性、整体性的筹划和谋略，这就使得学校发展战略问题在高等学校管理中日益占据重要地位。当然，需要注意的是，高等学校的竞争在很大程度上是一种学术竞争行为，其冲突是非对抗性的，有时会出现双赢的结局。

高等学校战略从层次上则可以分为学校总体战略和部门工作战略（如人才培养战略、科学研究战略、师资队伍建设战略等）。学校发展战略往往特指那些处在学校总体战略这一层次上的，从学校全局考虑，旨在改善学校整体生存状态的战略。无论是学校总体战略还是部门工作战略，都与学校的生存和发展息息相关。

三、高等学校发展定位的意义

研究高等学校发展战略问题，最主要的就是要解决学校的定位问题。

定位，指组织在清醒思考、全面分析所处环境和可能发展前景的基础上，对自身在系统中的现实地位或期望争取的地位的认定并根据这种认定，对组织目标、使命的界定和对实现目标途径的选择。

学校定位的必要性在于明确适当的办学目标对于学校发展具有重要意义。一所高等学校如果缺乏明确、适当的定位，在办学目标上模糊不清或者摇摆不定，目光短浅或者好高骛远，都不利于学校办学水平的提高和持续不断的发展。“十年树木，百年树人”，一所高等学校有明确清晰和恰当的办学目标，才有集中的努力方向和有效的办学业绩，才能增强内在凝聚力，通过目标激励效应推动学校工作不断前进。

学校定位不仅要考虑学校的现有条件和自身发展愿望，还要强调学校在整个高等教育体系中的适当地位，从与其他高等学校的互动中确立学校的发展走向。这种系统性、比较性的考察，可以使学校管理者对学校发展所处的客观形势、外部环境的需求和制约以及自身优势和不足等都获得更加全面、清醒、深刻的认识，从而有利于高等学校更好地选择未来的发展目标，更自觉地协调好学校发展与外部环境的关系。

高等学校的科学定位，可使学校在适应环境变化的动态发展过程中、在办学的主要任务上保持相对稳定性，这种稳定性有利于高等学校的工作增强计划性和保持有序性，也有利于在办学中获得累加效应和形成鲜明特色。

四、高等学校发展定位的维度

现代高等教育显现出极其丰富的多样性：在办学类型上，除传统的普通高等学校外，还出现了大量在培养目标、教学方式和运行机制上都与之迥然不同的非传统高等学校，如成人高校、电视大学、网络大学等；在办学体制上，有公立与私立以及民办高等学校之分，还有两种体制混合的高等学校；在办学规模上，有在校生达数万人的巨型大学，也有在校生仅有几百人的微型大学；在学科结构上，有单科性学院、文理学院、多科性院校和综合性大学；在人才培养层次上，有具备从本科到硕士、博士完整的高等教育人才培养序列（研究生培养占有较大比重）的研究型大学，有以培养本科生为主的本科院校，也有主要培养本科以下层次人才的专科学校。高等教育的多样性，使得高等学校的定位面向一个多重维度的高等教育空间，定位具体内容包括办学类型的定位、办学体制的定位、办学规模的定位、学科结构的定位、办学水平层次的定位等等。

某一具体高等学校在某一特定时刻思考学校定位问题，往往只集中在某一维度上，如规模定位或办学水平层次的定位、学科结构的定位等。但有时某一维度的定位问题，也会同时带来其他维度的定位问题，如随着办学规模的重新定位，学校的学科结构、办学体制可能都需要重新定位。反过来，当需要进行多重维度的学校定位时，有可能寻找到某一关键性的维度，先进行着一维度上的定位，再据其进行其他维度的定位。

五、高等学校发展定位的方法步骤

学校定位是一种决策活动，依据一般决策的方法和程序，高等学校定位大体上可分为以下几个步骤：

1. 诊断问题。如对于学校学科结构的定位，首先需要分析现状、自身优势和存在的不足，必要时还需要从发展历史上总结学校的成功经验和教训。

2. 搜集有关信息情报。需要充分了解其他高等学校特别是同类高等学校的动态和做法，以利于在和其他高等学校的比较对照中认清自身。

3. 进行有关预测。需要预测国家经济建设和社会发展变化（包括产业结构的变革、社会就业形势的变化、政府教育政策的持续或调整等）对高校人才需求在数量、结构等方面的影响。

4. 确定有关目标。根据上述工作获得的信息，拟定学校发展目标。在有许多目标的情况下，应尽量找出主要目标，并将关联性较的某些目标进行适当归并。这样，可以使复杂的多目标决策问题得到简化。

5. 分析实现目标的有关制约因素或边界条件。在分析制约因素时，不但要认真分析学校的内部条件，更要认真分析学校的外部大环境。

6. 拟订方案。可以先进行轮廓构想，再逐步细化；需要设计出几种可比较、可区分的方案，在不同方案中择优选择。

7. 方案评估选优。对方案的可能结果做出评估，从中选取最优的行动方案。

8. 反馈修正。和一般决策活动一样，高校定位也并非一锤定音，需要对所选方案初步实施或试行的效果进行检验，如与预期效果有一定偏差，需对原选方案进行必要的修正。

这是一种理性决策模式，注重决策活动的系统性和决策过程的规范性，强调不应随便接受某一方案，而应选择最优方案和追求最好结果。这种决策方法通常在学校定位中可供选择的方案范围有限，而每一可选方案的后果比较容易确定时应用。但在实践中，高等学校定位可供选择方案很多，而某些可选方案后果又无法确定。而且高等学校重大决策一般都需要有教师的广泛参与，在广泛的民主参与过程中，决策结果有时并不取决于专家周全齐备的思考，而取决于多元参与主体不同价值偏好之间的妥协调适。高等学校定位由于决策技术上的困难和决策程序的民主化，致使理性决策模式在实际应用中具有很大局限性。因而在高等学校定位中多采取渐进型决策模式，即在原来的基础上做出一些渐进性、边际性调整。采用渐进型决策模式，是将学校发展战略考虑的重点，从理想的、具有强烈感召力但也具有更大风险性的、长期的发展战略，转向更现实稳健的、具有严格可控性的、近期的发展战略，以求“稳中求变”“积小变为大变”，使学校定位过程成为逐步的位移过程。

六、克服高等学校发展定位中的“同构化”趋势

近年我国高等学校在定位中出现了明显的同构化趋势。在办学规模上，片面追求越大越好。数万人的大学比比皆是，甚至一些单科性院校，在校生也有万人之众；在学科结构上，热门学科专业校校都有，几乎每所高校都有经济、外语、计算机、电子等学科；高校追求综合化，学科越齐全越好；在办学水平层次上，盲目攀比，高校“升格”风正愈演愈盛，专科升本科，本科院校则争硕士点、博士点，办成研究型大学成为高等学校普遍追求的目标。

从“不想当将军的士兵不是好士兵”的角度来说，高等学校追求更高发展目标，对任何一所高校来说都可能会在某种程度上刺激其努力致力于提高学校水平。但高等学校发展定位的同构化趋势，却产生严重的负面效应：

一是导致高等学校人才培养层次、专业结构与社会需求结构之间的严重脱节，某些热门专业人才过剩现象严重，而某些培养生产第一线人才、制造业急需人才，但办学成本较高、规模扩张较难的专业领域则人才紧缺。

二是导致高等教育重心过快上移，造成人才培养质量下滑、学历贬值，研究生教育质

量信誉危机等。

三是钝化高等学校间的协作精神和分工意识，导致高等学校发展中追求“大而全”的倾向，造成许多专业和实验室的重复设立和重复布点，使得人力、财力、物力的使用过于分散，造成了高等教育资源的浪费，降低了高等教育办学效益。

四是妨碍高等教育管理和改革。由于弱化了高等学校间的互补功能，强化了传统专业结构体系的惯性，高等学校缺乏明确的层次界限，政府主管部门无法按能级原理对高等学校进行明确、恰当的分类指导与管理。

这种同构化的主要原因在于：

一是传统的惯性。在高度集权的计划经济体制下，我国高等教育管理上行政干预过多，缺乏适当的自由竞争机制，在高等学校办学模式上一直存在单一性或趋同化的倾向。近十多年来，随着高等教育改革不断深入，高等学校办学自主权不断扩大，市场竞争意识日益增强，日益注重自身办学特色。但在实际工作中，许多人往往还会不自觉地沿袭传统思维模式，从众心理导致高校定位同构化。

二是利益的驱动。由于我国的高等教育资源有限，为提高效率不得不采取抓重点的政策，确定了一部分重点高校，在资源配置上给予一定倾斜。但这种倾斜使进入重点高校行列成为许多高校努力的目标。近年来，随着社会主义市场经济体制的建立，虽然出现了高等教育投资主体多元化的趋势，但仍以政府投资为主。由于利益分配倾斜，高等学校在寻求自身利益最大化时都会把学校定位的视线瞄向那些获利最多的高等学校，这就必然带来高等学校定位中的同构化趋势。

要克服高等学校定位的同构化趋势，促进高等学校的多样化发展，一方面，需要在政策制订中进一步解放思想，减少对高等学校的行政干预，以有利于促进形成自由平等的竞争机制；另一方面，则要注意避免高等学校的无序竞争，注重高等学校的分层次发展，使高等学校形成合理的分工格局，并对不同层次的高校采用系统的评估标准和评估方式，鼓励高等学校发展各自的特色和展开同层次的竞争，从而为高等学校创设多平台的竞争舞台。

第二节　高等学校形象设计与学风建设

一、学校形象

所谓学校形象，是学校办学的客观状况和给予社会公众的某种整体感觉或认知印象。它取决于学校的办学业绩、实力、个性和特色，也取决于社会公众对学校办学状况的了解程度、价值偏好和认识水平，它是学校客观状况与公众主观价值判断两者结合的产物。

参照组织理论，学校形象可分为学校视觉形象、学校行为形象和学校理念形象三个不同层次。

学校视觉形象，即通过一定物质载体或标识符号（包括校园、校舍、校牌、校标、校徽、校服及具有学校标志的办公用具和纪念品等）所反映和显示的能为人们视觉直接观察与感知的学校形象。这是学校形象最表层最直观的部分，是学校的外在形象或外显形象，也往往是学校给人的第一印象。

学校行为形象，是通过有关活动过程与行为规范（包括学校的办学和管理活动、教师的教学和科研工作、学生的学风和言行举止以及相关的各种学校规章制度）所反映和显示的学校形象。从可观察性来说，行为形象一般可以归结为外显形象或外在形象。与视觉形象相比，视觉形象多是一种静态的外显或外在形象，而行为形象则多是动态的外显或外在形象。同时，行为形象往往与学校有关人员的具体活动密切相关，人们通常提到的学校领导形象、教师形象、学生形象，一般都属于学校行为形象。

学校理念形象，是学校形象最深层次的部分，即学校办学理念、学校精神、学校道德等给予人们的感受和认知。

学校办学理念，是学校领导者和管理者在学校办学的目标、方针、原则和指导思想等方面所形成和坚持的理性认识和价值观念。

学校精神，也被称为学校文化，是学校全体师生在长期的教学、科研等活动中共同形成的“对内具有共性、对外具有个性”的价值观念、思想信仰、道德准则、行为规范和心理倾向的总和。一个特定社会组织的文化精神，是其组织成员在长期的组织活动中所形成的具有普遍性、传统性和支配性的意识形态的总和。所谓普遍性，是因为它反映了组织成员共同的理想追求和思想基础；所谓传统性，是因为它必须经过连贯不断、年复一年的组织活动与组织成员的日积月累才能形成，而一旦形成，它便具有一种代代传承的稳定性和渗透力；所谓支配性，则是因为它作为组织成员的某种共同的行为准则，会对整个组织起着精神支柱的作用，对组织活动往往会显示出一种无所不在的影响力。

学校道德，是在一定的社会制度、文化体系、道德形态下，学校全体成员在学习、工作和生活中所认同和信守，用于调整学校与其他社会组织之间、学校与其组织成员之间及学校成员个人之间关系的行为规范的总和。

学校办学思想、学校精神、学校道德等，虽然可以文字、语言为载体而直观地表现或呈现出来，如校训、校歌、学校章程、教师学术规范、学生守则等，但更多地则蕴含、渗透和凝结在一定的办学活动、制度规范、组织典仪和物质设施中。因而，学校理念形象是学校的内在形象或内隐形象，寓于外在形象或外显形象之中。学校建筑布局中总会凝结着某种办学思想，学校有关制度规范中总会包含一定的价值信念，学校各种活动中也总会寄寓着一定的期望理想。

从学校形象的三个层面来看，学校形象几乎涉及学校中所有的事物、人员和活动，学校办学的方方面面都会影响到社会公众对学校的感受和认知。由于学校中不同事物、人员和活动对社会公众的影响程度不同，公众对学校的了解往往是零碎的、不完整、不全面的，因而要给予社会公众良好的学校形象，就需要学校管理者借助学校形象设计使学校形象得到不断提升和广泛传播。

二、学校形象设计

学校形象设计，是从塑造良好的学校形象和凸显学校特色和精神出发，对学校治校理念、组织规范、办学活动、校园环境、物质设施等所有关系到学校形象的方面进行系统规划、整合，并通过一定的表达系统传递给社会公众，从而提高学校的知名度、美誉度，增强社会公众对学校的了解、信任和认同，最大限度地争取社会公众的支持，以实现学校的可持续发展。

学校形象设计，从实际操作来说，一般可以有以下几个主要步骤：

1. 调查分析

要进行学校形象设计，需要把握学校在社会公众中的实际形象和确定学校形象的定位目标，这就需要对学校发展历史、办学现状、变化趋势等进行认真的调查分析。通常可分为对学校外部环境调查分析与内部状况调查分析两个部分。外部环境调查与分析，需要了解党和国家的有关方针、政策和法规，教育发展的宏观形势，学校面临的社会需求，其他学校的战略动向，公众对学校的评价与期望等。内部状况调查与分析包括总结、发掘学校办学的历史经验，了解学校目前教学、科研、行政、财务等方面的运行状况，评价自身的办学水平、工作业绩等，评价对自身使命和职责的履行程度，估计自身实力和条件、优势与不足等。学校形象设计调查与分析的目的在于清醒地把握学校发展的客观环境和正确地估量学校现实的公众形象，从而确立学校合适的发展定位和形象设计的合理目标。调查分析方法可采取历史文献法、访谈调查法、问卷调查法、专家咨询法等。

2. 规划设计

这是学校形象设计中的核心活动，依据学校形象的三个层次，学校形象的规划设计可分为理念形象设计、行为形象设计和视觉形象设计。

学校理念形象设计，是学校形象设计中最抽象、最深层的组成部分，即从学校发展历史、办学实践和今后办学目标的定位中，对学校办学思想、管理风格和学校精神等进行总结、提炼与归纳，并从弘扬学校传统和学校精神，彰显学校特色和学校个性出发，通过一定的语言和文字载体（如校训、校歌等），准确、凝练、生动地表达出学校办学理念和学校精神传统。

学校行为形象设计，是将学校办学理念落实、外化为学校各种人员的具体行为的过程。它是理念形象设计进一步的具体化、规范化，它包括学校内部组织及其成员行为与活动的规范与协调，有目的、有特色地组织活动的设计和安排等。其中最重要的是学校各种规章制度的制定，即以书面文件形式规定学校内部组织结构和人员的权限、职责、任务。

学校视觉形象设计，是将学校办学理念外化为易为人们的视觉所接受的物质载体的过程。它是理念形象设计进一步的物质化、标志化，它包括学校校园建筑和各种物质设施的设计及能够表现学校特色和个性的有关标识性文化符号，如校标、校牌、吉祥物等，以及其他物质载体，如服装、运载工具、办公用品等的开发。

3. 推广传播

学校形象设计不仅要解决树立、塑造或建设学校形象问题，还要解决推广传播学校形象问题。一方面在学校内部的活动（包括学校文化精神建设、制度与行为规范建设以及有关物质文化的建设）中推广传播学校形象，另一方面在对外活动中推广传播学校形象，建立和密切学校与公众间的联系，使社会公众更全面、真实和深入地了解和感受学校办学的客观实际和个性特点，理解和认可学校的办学理念，从而提高学校的知名度与美誉度。

学校视觉形象的推广传播，包括学校视觉形象、行为形象、理念形象的推广传播三个部分。根据人们的认识规律，学校形象的推广传播多侧重于视觉形象和行为形象方面。学校形象的推广传播主要有两个具体方法：一是编撰制作有关宣传材料，通过有关大众媒体（包括文字媒介如报纸、书刊、布告栏等）、语言媒介（如新闻发布会、家长座谈会、广播等）形象媒介如展览、宣传橱窗、电视等，把学校有关信息传达给社会公众；二是举办主题活动（如学术活动、礼仪活动、庆典活动、娱乐活动及公益活动等）向社会公众表达学校办学理念和展示学校形象。值得注意的是，学校形象与学校领导者形象、教师形象、学生形象密切相关，宣传学校师生员工中的优秀事迹，对推广传播学校形象有着十分重要的作用。

4. 反馈调整

学校形象设计需要根据环境变化和计划执行的实际情况，不断进行调适、修正。这种调适和修正分为不同类型：一种是适应性的，即由于学校赖以生存的环境和条件发生变化，学校办学理念和目标必须做出相应调整；一种是引导性的，因为信息传达的不完全、不对称，造成公众对学校形象产生认识偏差，需要通过适当途径说明真相，澄清事实；一种是补救性的，因为某种工作失误或其他原因导致学校形象的损害，需要采取必要的纠正措施以弥补过失。要有效地进行反馈调整，需要有畅通的信息传递系统、快捷的信息收集系统和敏感的信息处理系统，这就需要建立相应的信息系统。除此之外，还要树立权变观念，学校形象设计并非一蹴而就或一劳永逸，随着社会的发展、环境的变化，学校面临的社会需求会不断变化，学校形象必须做出新的设计，才可能使学校适应形势的变化而立于不败之地。

三、学风建设的意义

学风，是某种学习上的风气，或者指学术研究方面的某种风格。其实质是学习者的主观精神因素在获取知识的认识过程中的外在综合表现，反映学习者不同的心理素质以及这些心理素质的发展和活跃程度，反映在学习者主观精神因素中占支配地位的世界观和人生观上，反映学习者一定的行为倾向。学风之所以成其“风”，还因为它不只是学习者主观精神因素的一般外在表现，而且是一种有相当强度和一定趋向的表现。

学风对于高等学校的人才培养具有极为重要的意义。

学风对于人才培养的意义，首先在于培养学生良好的学风与教学活动目的之间密不可分。教学活动的目的，不仅在于丰富学生的知识，提升学生的能力，还应当在于培养学生良好的学风，包括激发学生旺盛的求知欲望，培养学生严谨的科学态度、坚韧的学习毅力、大胆的探索精神和谦虚谨慎、实事求是的学术道德等。这两方面相互联系、相互影响。由于知识在作为构成世界观的材料、作为方法论探究的目标、作为促进人心理素质发展的营养等方面具有重要意义，良好学风的形成，总是要寓于传授知识的实际过程中，而包含在学风中的认识要求、认识兴趣和认识方法，也都直接影响着学生认识领域的扩大和认识能力的发展。在具体教学活动中，对于学生来说，良好学风的培养不像掌握知识和增加实际技能那样具有较强的显见性、阶段性和独立性，而表现为潜在性、连续性和广泛的相关性。良好学风一经形成，可以使学生获得一种经久不衰的不断进取的精神力量，并掌握探求知识、发展能力的正确途径，这就为其今后的学习、研究奠定了坚实、牢靠的基础。而如果只重视具体知识的传授和具体技能的培养，忽视良好学风的培养，脱离崇高的认识目标、浓厚的认识兴趣和正确的认识方法，学生认识能力的发展就如同无源之水，很快就会干涸。

培养良好的学风，对学生个体而言，是教育的重要目的；对学校整体而言，是一种有力的教育手段。

浓郁的学风可以填补学校教育中各种教学活动之外的空白时间带，使学校教育的各个环节更好地连贯、协调起来，起到一种连续加热的升温效应；可以借助集体意志对个人心理的积极影响，营造一种相互激励、相互促进的强烈气氛；可以利用精神力量的渗透、感染作用，随时随地给予学生的思想以潜移默化的影响和细致入微的熏陶。

良好学风之所以成为有力的教育手段，还在于学生的主观能动性在教育活动中的重要地位。受教育者是具有主观能动性的人，发挥学生的主观能动性，是教育活动的关键。现代教育理论强调由教育者和被教育者共同创造一种和谐而又活跃的教育气氛，受教育者在教育活动中并不是消极被动的接受者，而是积极主动的参与者。培养良好的学风，可以发展学生的自我学习意识，使他们提高自觉性，克服盲目性，发挥积极性，避免被动性，以主动参与者的姿态加入教育活动，从而使教育活动得到更有积极意义的效果。

四、诚信品格、科学精神、自律意识

学风问题，从实质上说，属于学术道德问题。树立良好的学风，离不开学术道德建设，而最基本的学术道德是诚信。“学术的天职在于追求真理”，对真理的追求无疑需要诚信的品格，“诚实是科学职业的一条绝对的、不可动摇的要求”。而学术风气的败坏，特别是科学欺诈行为等，其主观原因正在于诚信品格的缺乏。因而，倡导和重塑学术诚信之风，对学风建设十分必要。

科学活动是一种探求真理、揭示客观规律的活动，科学精神首先是实事求是的精神。实事求是，一方面应当对科学真理高度热爱、虔诚崇仰和不懈追求，并把这种热爱和追求与对社会主义现代化建设强烈的事业心和崇高的责任感紧密结合在一起。“在科学的入口处正像在地狱的入口处一样”，追求知识、探求科学的道路，总是充满崎岖、充满艰辛的，真正前进每一步，总是要付出辛勤的汗水和巨大的努力。没有远大的理想、崇高的目标和坚韧的毅力，没有那种“独上高楼、望断天涯路”的渴望苦思，“衣带渐宽终不悔”的不懈追求，以及“众里寻他千百度”的辛勤寻索，是难以克服这条道路上所充满的障碍险阻而攀上光辉的顶峰的。实事求是，另一方面是要有严谨的科学态度。“知识的问题是一个科学问题，来不得半点虚伪和骄傲，必定需要的倒是其反面——诚实和谦逊的态度。”科学遵循自身规律发展、前进，从事科学研究，必须遵循科学发展的客观规律，必须依据严格的科学方法，必须具有对于客观事实的高度尊重。“知之为知之，不知为不知”，决不允许任何自作聪明、弄虚作假，必须具有对每个细节一丝不苟和追根究底的态度，而绝不允许任何马虎和侥幸；必须对前人经验进行辩证的总结和认真的借鉴，而绝不能不加辨析、生搬硬套；必须对事物的现象和本质进行细致的观察、深入的分析、多方的比较和全面的综合，而绝不能只停留在表面的、孤立的和零碎的现象上；必须注意从个别现象和具体事物中寻求和把握具有一般指导意义的理性认识，而绝不能只限于对现象的简单描述或流于对概念的机械割裂和拼凑。只有坚持这种严谨的科学态度，才能在科学研究中进行“去粗取精，去伪存真，由表及里，由此及彼”的思维加工，深入到事物的本质，探索到深入的而不是浮于表面的，完整的而不是支离破碎的知识，从而获得真正有意义的科学成果。

其次，科学精神体现在创新性上。创新精神，首先是强烈的创新动机。这种创新的动机是创造性的源泉，它包含着永无止境的科学兴趣，永不衰减的求知欲望；它绝不满足于任何现成的结论和止步于前人的成就，绝不拘泥于现成的模式和迷信于书本的条文，绝不会盲从苟同、随意附和、人云亦云，也绝不只是临摹效仿，更不齿于抄袭、剽窃，而总是努力突破传统，独辟蹊径，别开生面，自树一帜，争取“有所创造，有所发现，有所发明，有所前进”。

科学的创新精神，包含着大胆的创新勇气。由于旧的思想观念和规范模式所固有的惯性，由于理论经过实践检验必需一定时间，新的见解、新的观点、新的理论在刚刚提出时，常常被认为是对真理的亵渎，甚至被作为是某种异端邪说。

科学研究也需要一种合作精神。现代科学既高度分化又高度综合的发展趋势，使得单个科学工作者的研究领域日益相对狭窄，也使得重大科学发现越来越需要更多科学工作者的合作和协同。因此，科学工作者应善于与人合作，互相尊重和理解。

科学研究还需要奉献精神。强调这种奉献精神，是因为在现实生活中，科学工作者的待遇低于自身劳动价值。而且，由于多种因素的影响，在科学界内部，在一定程度上存在着诸如“马太效应”“波敦克效应”等，科学工作者无法公平竞争。毫无疑问，这种不合理现象随着国家、社会的不断进步，会逐渐消失。但从科学工作者自身来说，既然选择了科学工作这种职业，就应当有那种“板凳甘坐十年冷，学问不做半句空”的为科学事业而甘居清贫的风骨。

“学术自律”，指科研工作者应遵循学术道德规范的自觉意识。

自由是摆脱某种约束，自律却要接受某种约束。从表面来看，学术自律与学术自由似乎有所冲突。但两者所涉及的约束不同，学术自由强调摆脱外在的约束，学术自律强调内在的约束。因此，两者是可以并行不悖的。在社会生活中，一定的内在约束正是自由不可或缺的条件，任何有序的社会活动都同时需要自由和约束这两种张力。没有任何内在约束的自由所展示的，乃是一幅没有交通警察或信号灯维持秩序的十字路口的情况，道路被车辆堵塞，各种愿望、冲动和目的在路上以各种速度向四面八方横冲直撞，但谁也移动不了”。这种“没有内在规则约束”的人，各种欲望相互约束、冲突和碰撞，却始终不自由。

从学术自律的作用来看，学术自律也绝不是对学术自由的限制，而是学术自由的保障。人们之所以需要学术自由，一方面是为了能使学术活动保持独创性的活力，从而更好地促进知识的发展；另一方面则是为了使学术活动保持对社会不良现象的批判性张力，从而更好地推动社会的进步。学术自律要求学者防范那些侵蚀学术独创力的病毒，防范那些可能导致学者与丑陋同流合污的诱惑。学术自律正是为了维系住学术活动的独创性活力和批判性张力，也正是对学术自由的有力保障。

第三节　高等学校管理信息系统的建设

今天的社会被称为信息社会，信息在管理中的作用也日益突出，高等学校管理现代化中极其重要的一个方面就是管理信息化，管理的信息化则需要在高等学校建立管理信息系统。

一、信息、信息系统、管理信息系统

1. 信息

什么是信息？不同的角度可以有不同的理解。有人认为“信息就是消息，是具有新内容、新知识的消息”；有人认为“信息就是情报，是有价值的情报”。信息论的创立者申农提出：“信息是能够用来消除不确定性的东西。”控制论的创立者维纳则提出，信息是我们适应和感知外部世界过程中“同外部世界进行交换的内容”。但不管从什么角度去定义，都似乎难以全面反映信息的特性。信息的特性，至少表现在以下几个方面：

（1）客观性，即事实性。信息反映了客观存在事物的运动状态和方式，“信息是关于客观事物的可通信的知识，通信则是把信息用于事实”。信息的价值首先正在于它对客观事实的反映。但另一方面，信息又不是客观事物本身，它可以脱离其源物质或源事件而相对独立存在。例如，人们用文字、图片或录音、录像设备可以记录某时某地发生的某一事件，随着时间的流逝，虽然当时的场景已不复存在，但记录下来的信息却可能再现当时的情景。

（2）与主体的联系性。信息作为反映一定事物状态的消息、信号或情报，其价值还在于主体认识客观事物的需求。信息反映了客观事物状态与有关接受者之间的某种联系，它能为人们所接受和利用。

（3）可传递性、扩散性和共享性。可传递性，即信息可以通过多种渠道和多种传输方式进行传递。信息传递，需要借助一定的物质载体；传输渠道可以是报纸、书籍、电话、演讲、无线电广播、计算机网络和卫星通信等。通过广泛传递，信息会不断得到扩散，为更多的人所知晓和共享。.

（4）时效性。信息的价值一般在于它所反映的知识和内容的新颖程度。因此一般来说，信息采集、传递、加工和处理的时间间隔越短越好；同时，随着时间的推移，大多数信息的价值会越来越低。只有少数信息的价值如历史记载等有可能随着时间的推移因人们获得难度的增加而增长。

值得注意的是，在管理中，由于信息与主体的联系性，对于同一问题，处于不同管理层次的管理者所要求的信息往往并不相同。因此管理中的信息还有一个明显的特性，即其等级性，信息和管理层一样可分为战略级、管理级和操作级。

管理中的信息与数据有着密切的联系。信息与数据是何关系？通常可以把数据理解为以数字符号呈现的一类特殊信息。但在一般信息管理理论中，多把数据视作“原始性”的信息，认为数据是可以记录、通信和识别的某种符号，是信息的某种载体；而信息则是经过数据加工后的结果，是数据的含义。

2. 信息系统

信息系统，是“对信息进行采集、处理、存储、管理、检索、传输和必要时向有关人员提供有用信息的系统”。

信息采集将分布在不同信息源的信息收集起来。信息采集有许多方式和手段，如人工录入、网络获取、传感器自动采集等；对于不同时间、地点、类型的数据，需要按照信息系统所需的格式进行转换，形成信息系统中可以交换和处理的形式。如从传感器得到的传感信号需要转换成数字形式才能被计算机接收和识别。

信息处理即对采集录入信息系统的数据进行加工整理，如对账务数据的统计、结算、预测和分析等。信息处理一般需经过真伪鉴别、排错校验、分类整理与加工分析四个环节。信息处理的数学含义即数据处理，包括排序、分类、归并、查询、统计、预测、模拟以及进行各种数学运算等。

信息存储，指数据被采集进入系统之后经过加工处理形成对管理有用的信息，以适当的方式存储保管。信息存储包括物理存储和逻辑组织两方面。物理存储指将信息存储在适当的介质上，逻辑组织指按信息的内在联系和使用方式将大批的信息组织成合理的结构。当需要存储的信息量很大时，必须依靠先进的数据存储技术。

信息管理，是为了有效地使用信息。其内容包括：规定采集数据的种类、名称、代码等；规定存储数据的存储介质、逻辑组织方式；规定数据的传输方式、保存时间等。

信息检索，即查询信息系统中存储在各种介质上的信息。为了便于使用者查询，检索方法要简便和易于掌握，同时其响应速度要满足用户的要求。信息检索需要使用数据库技术和方法。

信息传输即信息的传送。在信息系统中，从采集点采集到的数据要传送到处理中心，经过加工处理的信息则需要传送给有关使用者。信息传输会涉及传输路径和传输速度等问题。一般来说，系统规模越大，传输问题越复杂。

现代社会的信息系统是建立在现代计算机技术和现代通信技术基础之上的，它需要有关硬件平台、软件平台和网络平台的支撑。

信息系统的硬件平台通常由信息处理设备、信息存储设备、信息传输设备、信息输出设备和信息采集设备等构成。信息处理设备有个人计算机、工作站、服务器等。

个人计算机，即通常所说的PC，主要用于数据处理和人机交互。一台PC至少包括主机、显示器、键盘和鼠标。个人计算机也称微型计算机，以别于小型或大型计算机。

工作站，是一种主要面向专业应用领域，具备强大数据运算与图形图像处理能力，为满足如科学研究、工程设计、软件开发、信息服务、模拟仿真、金融管理以及动画制作等专业领域需要而设计开发的高性能计算机。根据其软、硬件平台的不同，工作站可分为基于 RISC/UNIX 系统的传统工作站和基于 Windows、Intel 的 PC 工作站。UNIX 工作站是一种高性能的专业工作站，具有功能很强的处理器和优化的内存、输入/输出和图形子系统，使用专有的处理器、内存等硬件系统，专用的 UNIX 操作系统以及针对特定硬件平台的应用软件。而 PC 工作站是基于高性能的 X86 处理器，采用符合专业图形标准的图形系统以及高性能的存储、输入/输出和网络等子系统，以满足专业软件的运行要求。

服务器，也是计算机的一种，是网络上一种为客户端计算机提供各种服务的高性能计算机。它在网络操作系统的控制下，将与其相连的硬盘、磁带、打印机及各种专用通信设备提供给网络上的客户共享，并能为网络用户提供集中计算、信息发布和数据管理等服务。其高性能主要体现在高速度的运算能力、长时间的可靠运行和强大的外部数据吞吐能力等方面。目前根据体系构架的不同，服务器主要分为 RISC（精简指令集）架构服务器和 IA 架构服务器两类。后者由于具有“小、巧、稳”的特点应用更为广泛。

信息存储设备有磁盘阵列、磁带机、光盘机、IC 卡及移动存储设备等；信息传输设备有电话、传真机、计算机局域网及广域网；信息输出设备有显示器、打印机、绘图仪、投影机、音响、激光照相馆排机、数控机床、数控机器人和专用信息输出设备等；信息采集设备则有扫描仪、数字化仪、数码相机、数码摄像机、条形码阅读器、指纹仪、触摸屏、光电检测设备和专用信息采集设备等。

信息系统软件平台即操作系统软件平台。目前，较流行的有 UNIX、WindowsNT 和 Linux 等软件系统。

现代信息系统的发展大体经历了三个阶段：

（1）电子数据处理系统（EDPS）。由于计算机的产生，从 20 世纪 50 年代开始，出现了数据处理的计算机化。先是单项数据处理，即用计算机部分地代替手工劳动，进行一些简单的单项数据处理，如工资计算、账务处理中原始凭证的录入等。后来发展到综合数据处理，由于大容量的外存储器的应用，计算机能带动若干终端，对多项业务数据进行综合处理。

（2）管理信息系统（MIS）。20 世纪 70 年代初，随着数据库技术、网络技术、通信技术和科学管理方法的发展，在中心数据库和计算机网络支持下，产生出由信息收集、信息存储、信息加工、人机对话与输出等部分以及信息管理者组成的，能对各类管理信息进行系统综合处理，并辅助各级管理人员进行管理决策的信息处理系统；它不仅能把组织上内部的各级管理联结起来，而且能克服地理界限，通过分散在不同地区的网络互联，形成跨地区的管理信息系统。

（3）决策支持系统（DSS），是管理信息系统的发展与深化。在管理决策中，需要确定目标，收集信息，设计方案以及对各种方案进行分析、预测和选择。一般管理信息系统可以解决其中的结构化决策问题，即相对比较简单、直接，目标明确，信息充分，决策过程和决策方法有固定规律可循，能用明确的语言和模型加以描述，并可依据通用模型和决策规则实现其决策过程自动化的决策问题。但现代管理决策往往会面临那些相对比较复杂、困难，目标含糊不清，所需信息不完整或比较模糊，其决策过程和决策方法方案的比较和选择难以有固定规则可循的决策问题，即非结构化或半结构化决策问题，这就推动了信息管理系统向决策支持系统的发展。相对一般信息管理系统，决策支持系统具有更强的语言处理和人机交互能力，并具备将依据数学模型的计算和推理与依靠决策者的主观判断结合起来的问题处理能力。

这几种信息处理系统，既各自代表了管理信息系统发展过程的某一阶段，同时又独自发展和相互交叉。这是因为三者的面向不同；EDPS 是面向业务的信息处理系统；MIS 是面向管理的信息处理系统；DSS 是面向决策的信息系统，它既可以是一个独立的系统，又可以是 MIS 的一个高层子系统。

3. 管理信息系统

管理信息系统，指对一个组织进行全面管理的人和计算机相结合的信息系统，它是基于计算机技术、数据库技术、网络技术、通信技术发展起来的综合应用这些技术，并与现代化的管理思想、方法和手段相结合，辅助管理人员进行管理和决策的人机系统。

管理的任务在于通过有效地管理好组织活动所需要的人、财、物等资源实现组织目标，而要管理好这些资源，离不开反映这些资源的有关信息，因而信息也是管理活动中极为重要的资源。信息对于管理的重要性在于管理的实质是决策，管理工作的成败，取决于能否做出有效的决策，而决策的效率则取决于信息的量与质。基于计算机的信息系统能将组织活动中产生的大量数据迅速收集、处理和转换为对组织中各级管理人员做出决定具有重要作用的信息，从而能使管理人员做好决策和有效地实现组织管理的目标。

由于管理信息系统的功能和服务对象的不同，管理信息系统可以有事务型管理信息系统、办公自动化管理信息系统和专业型管理信息系统等。

事务处理指一个组织中对日常发生的工作需要所产生的业务活动的处理。事务型管理信息系统将手工信息处理过程计算机化，使用计算机对组织中事务处理活动中的各种数据进行记录、传输、分类、修改、存储、统计、汇总。这种管理信息系统要求能够有效地处理大量的数据输入、输出；能够进行严格的数据编辑，保证记录的正确性和时效性，能够通过审计保证所有输入数据、处理程序和输出数据的完整、准确和有效。系统具有很高的实时性和数据处理能力，主要面向事业单位，基本处理对象是日常事务管理的有关信息，决策工作相对较少。

办公自动化管理信息系统，指利用先进的信息处理技术及设备，与办公人员一起构成的服务于某种目的的人机信息处理系统；是一个以技术和自动化的办公设备为主的系统。相对而言，其中有关科学方法和模型方面的内容较少。此类管理信息系统一般包括以下几方面的功能：

（1）文档管理，包括收发文件管理、文件催办、电子批复、文件归档等，具体操作包括文件的登录、检索、修改、删除、备份、打印以及文件分类统计。

（2）日常办公事务管理，包括来访、出差、会务和日程安排、公车管理、计划编制等。

（3）个人办公管理，主要包括文字处理、电子报表、电子邮件、传真与电话、视频点播、网上浏览和日程安排等。

（4）办公流程管理，主要包括支持各部门之间的协同工作，跟踪与监督每一工作环节，定期汇总并产生工作记录等。

专业型管理信息系统，指从事特定行业或领域的管理信息系统，如人口管理信息系统、科技人才管理信息系统等。此类管理信息系统专业特色很强，主要功能是对某一专业领域有关信息的收集、加工、存储和预测等，信息分类相对简单，但存储规模一般较大。

此外还有电子数据交换系统、国家经济基础信息系统、企业管理信息系统等。

在我国，高等学校管理信息系统的发展是从 20 世纪 80 年代开始的。早期主要是数据处理计算机化，即用计算机进行一些简单的单项数据处理工作，如学籍管理、工资管理、档案管理等。进入 90 年代后半期以来，随着网络技术、通信技术和科学管理方法的发展，计算机在学校各项管理工作中的应用日益广泛，学校各级管理和各方面之间的信息网络日益形成，许多高等学校从学校管理现代化的目标出发，纷纷开发出学校管理信息系统。由此，学校管理中的各种数据和信息有可能得到集中和快速处理；同时，不同高校之间通过网络互联实行了许多方面的信息共享。目前，在不少高校，管理信息系统对学校决策的支持作用也日益得到学校管理者的重视。

高等学校管理信息系统中，往往同时包含事务型管理信息系统、办公自动化管理信息系统和专业型管理信息系统。

二、管理信息系统的规划

管理信息系统的建设耗资大，技术复杂。为减少系统开发的盲目性，使系统具有良好的整体性和较高的环境适应性，缩短系统开发周期和节约系统开发费用，需要做好管理信息系统的规划工作。

管理信息系统规划的主要任务有三个方面：

（1）确定信息系统的目标、约束及总体结构。要规划学校管理信息系统的建设，首先要调查分析学校的目标和内、外部环境，评价现行学校管理信息系统的功能、环境和应用状况，在此基础上确定学校管理信息系统的使命、目标；并确定管理信息系统建设所受的有关约束，即 MIS 实现的环境、条件（如有关管理的规章制度、人力、物力等）。另外，在确定管理信息系统应实现的功能的同时，还要确定系统的总体结构，包括信息的主要类型和主要的子系统，为系统开发提供基本框架。

（2）预测未来发展，主要是对影响规划的信息技术发展的预测，包括计算机硬件技术、网络技术、数据处理技术、办公自动化技术等，这些技术的不断更新会给 MIS 的开发带来重大积极影响，如处理速度、响应时间等。因此需要及时结合相关技术的最新发展，使开发的管理信息系统更具生命力，并可提供系统今后的发展、研究方向。

（3）确定管理信息系统开发的总体方案，安排项目开发计划。其中包括制定管理信息系统的资源分配计划，即对实现开发计划所需要的硬软件、技术人员、资金与工作进度等做出计划安排。特别要做好近期计划，包括确定硬件设备的采购时间表、应用项目开发时间表、软件维护与转换时间表、人力资源的需求以及人员培训时间表、财务资金需求等。

制订管理信息系统规划的具体步骤有：

（1）确定规划的基本问题，明确 MIS 规划的年限、具体方法和有关策略。

（2）收集相关信息。

（3）评价系统状态和进行战略分析。对信息系统的现有基础、战略目标、开发方法、功能结构、社会和技术环境、有关风险和政策等进行多方面的分析。

（4）明确战略目标。确定 MIS 的开发目标，确定其应具功能、服务范围和服务质量等。

（5）进行可行性研究和定义约束条件。分析和论证目标实现的可行性，并根据有关财力、人力、物力及技术条件的限制，确定 MIS 的约束条件和相关政策。

（6）提出未来战略图。描述 MIS 的初步框架，提出子系统的划分。

（7）选择开发方案。选取优先开发项目，确定总体开发顺序、开发策略和开发方法。

（8）确定实施进度。估算项目成本和人员需求，并列出开发的时间进度表。

（9）通过规划。将规划形成文档，经有关组织程序批准后实施。

在规划中需要描述 MIS 初步的总体框架，其中会涉及计算模式规划与网络系统安全规划等问题。

学校管理信息系统一般都采取分布式事务处理，其可选择的计算模式有：

（1）终端—主机模式。所有的应用程序和数据资源都驻留在同一主机中，用户使用一个“亚”终端与应用程序和数据资源进行交互，终端没有数据处理能力；所有的计算处理、数据访问、数据显示均由主机上的应用程序完成。

（2）文件服务器模式。应用程序和数据资源均驻留于同一主机即文件服务器中，但终端用户的计算机具有计算能力；文件服务器向用户发送所需要的数据，对于这些数据的分析、处理、格式化和显示等，可由用户个人计算机上的程序完成。

（3）客户 / 服务器模式。其中有多个计算机平台专用于某些特定功能，如数据库管理、打印、通信或程序执行，这些平台即为服务器。每台服务器都可接收网络上所有计算机的访问。客户是任一台计算机，可发送信息给网络上的服务器，请求提供服务。所有客户的请求和服务器的响应均通过中间件传播，中间件是一种软件，它翻译来自客户机的请求，使其能与客户服务器环境中的有关网络协议、标准和数据库兼容。这种客户 / 服务器的计算模式简称 C/S。但随着计算机技术的发展，在 C/S 中，客户与服务器都可以不一定是计算机，而是能满足上述请求 / 服务模式的软件。此外，随着 Web 的普及，一种特定形式的 C/S 即 B/S（Browser/Server）逐渐成为应用开发的主流模式。其中，客户是浏览器，如 InternetExplorer 和 NetscapeNavigator，服务器则是 Web 服务器。

这三种模式相比较，客户 / 服务器模式具有成本较低、工作效率较高、系统安全性较强等优势。

目前管理信息系统的开发是基于网络环境的，在传输网络的选择上，需要考虑传输网络的服务质量问题。这种服务质量，一方面反映在网络可用带宽、传输延时以及可靠性等上面；另一方面则涉及网络安全问题。国际著名的网络安全研究公司 HurwitzGroup 曾提出网络系统完全需要解决好五个层次的问题：

（1）网络完全性。通过判断 IP 源地址，拒绝未经授权的数据进入网络。

（2）系统安全性。防止病毒对于网络的威胁和黑客对于网络的破坏和侵入。

（3）用户安全性。首先是根据不同的安全级别将用户分为若干等级，规定对应的系统资源和数据访问权限；其次是强有力的身份认证，确保用户密码的安全。

（4）应用程序安全性。解决是否只有合法的用户才能对特定数据进行合法操作的问题，其中涉及两个问题：一是应用程序对数据的合法权限；二是应用程序对用户的合法权限。

（5）数据安全性。在数据保存中，机密的数据要置于安全的空间，并对其加密处理，以保证万一数据失窃时偷盗者也无法破译。

管理信息系统的开发还需要考虑实施的阶段性。美国管理信息系统专家诺兰曾提出计算机管理信息系统的发展可分为 6 个阶段：初装阶段、蔓延阶段、控制阶段、集成阶段、数据管理阶段和成熟阶段。其发展取决于资源条件（计算机软硬资源）、应用方式、控制方式、组织机构、领导模式和用户意识等 6 种增长要素。管理信息系统中这几种增长要素的发展趋势是：应用方式上从批处理方式向联机方式发展；控制方式上从短期、随机的计划向长期、战略的计划转变；组织机构上从附属于别的部门发展为独立部门；领导模式上，开始时主要是技术领导，以后随着用户和上层管理人员越来越多地了解 MIS，逐步由上层管理人员与 MIS 部门一起决定其发展战略；用户上，则从原来主要是作业管理级发展到越来越多的中上层管理级。

三、管理信息系统的开发

要建立一个新的管理信息系统，涉及管理信息系统的开发方法。管理信息系统的开发常用的方法主要有以下几种：

1. 生命周期方法

这种方法，是从时间角度，根据管理信息系统的生命周期，把管理信息系统的开发划分为若干阶段，对每一阶段，都提出相对独立的任务，而后通过逐步完成每一阶段的任务实现整个开发过程。

从工程的角度来看，通常一个信息系统的生命周期分为系统定义、系统设计、系统实施与维护等 3 个时期。其中，系统定义时期可分为问题定义、可行性研究和需求分析等 3

个阶段；系统设计可分为总体设计、详细设计、编码单元测试和综合测试等 4 个阶段；系统实施与维护时期则可分为系统实施和系统维护 2 个阶段。这样，一个信息系统的生命周期共包括 3 个时期 9 个阶段。一般来说，其中最主要的是可行性研究、需求分析、系统设计、系统实施与系统维护。

（1）可行性研究。解决“是否要做”的问题，即在系统开发项目确定之前，对系统工程开发的必要性、可能性以及可选方案进行分析评价，为有关决策提供科学依据。其内容主要包括明确任务、调查环境、提出方案、分析可行性等。

（2）需求分析。解决“做什么”的问题，在可行性分析的基础上，针对现行系统进行全面的调查分析，提出新系统的逻辑模型。其具体内容包括需求调查、数据分析、功能分析和系统定义等。

（3）系统设计。解决“如何做”的问题，即对实现需求分析阶段提出的逻辑结构模型所做的各种技术考虑和设计，具体内容包括模块设计、代码设计、输入 / 输出设计、文件或数据库设计和可靠性设计等 5 个方面。工作包括软硬件准备、程序设计、数据收集和准备、人员培训、系统测试、系统转换（新旧系统转轨）和系统评价等。

（4）系统维护。在系统启动后，保持系统的正常运行，并不断加以完善，尽量延长其使用寿命。

在生命周期开发方法中，遵循一种“瀑布模型”，强调相邻两个阶段具有紧密相连的因果关系；强调开发过程是严格的下导式过程，各阶段间具有顺序性和依赖性，前一阶段的输出是后一阶段的输入。因此，每一阶段工作的完成都需要评审确认；同时，后一阶段一旦出现问题则要通过对前一阶段的重新确认来解决。

生命周期方法是早期信息系统的开发方法，提供了系统开发的基本框架，有利于保证提高系统开发的质量，但由于用户介入系统开发程度不深，开发周期长，可运行的系统要到项目开发晚期才能得到，而有的系统错误如果到检查运行程序时才发现，则可能带来灾难性的后果。因此这种方法一般只适用于需求明确、设计方案确定和所有阶段都有把握成功的管理信息系统的开发。

2. 结构化系统方法

这种方法也被称为新生命周期法，是生命周期法和结构化程序设计思想的结合，其基本特点是：

（1）面向用户的观点，强调用户是系统开发的起点和归宿，用户的参与程度和满意度是系统成功的关键，开发过程应面向用户，一方面使用户更多地了解新系统的功能和及时提出有关需求，另一方面可使系统开发人员更多地了解用户需求，从而使新系统更加科学合理。

（2）自顶向下，逐层分解，逐步求精。即把大问题分解成若干子问题，对每个子问题单独分析，进一步考虑其内部细节，从而由模糊到清晰，由概括到具体，将一个复杂问题逐步细化为若干容易解决的细节。如对于高等学校管理，可先分解为教学管理、科研管理、外事管理、人事管理、财务管理、校产管理等，其中的教学管理可以分解为学生学籍管理、课程管理、教材管理等；学生学籍管理中则可设计出姓名、基本资料、学业成绩等；其中的基本资料可包括年龄、性别、籍贯、专业、入学时间等。这样逐一分解求精，使一个复杂的系统分解成若干易于控制的子系统，每一个子系统又进一步分解成更小的子任务。

（3）分而治之、自底向上的模块化技术。系统分解求精形成的每一层次的子系统、子任务都可以独立编写成子程序模块，从而使系统按功能分解成若干模块，这些模块相对独立，功能明确，界面清晰，使用维护方便。而系统的实现过程则是从底向上，一个模块一个模块地开发、调试，然后从几个模块联调到整个系统联调。

（4）严格区分系统开发的阶段。将整个信息系统的开发过程分为若干阶段，每个阶段都有明确的任务和目标，以及预期要达到的阶段成果。前一阶段的工作成果是后一阶段的工作依据，因此，达到了某一阶段的目标，才进入下一阶段。

（5）对标准化、一致性、确定性、完整性的追求。标准化即系统开发过程中的每一步都强调按工程标准规范化，使用标准化、规范化的格式、术语和图表等组织有关文档，以便系统开发人员和用户交流；一致性即系统软件各部分符号的表达使用、对象及过程的描述和调用形式、操作的控制结构等都具有某种统一性和系统性；确定性即系统中的对象、过程定义明确，无歧义性，可以测定；完整性即对任一对象、过程的表达描述及处理都充分、完备，不致遗漏任何重要内容或成分。

结构化方法是系统开发方法中应用最广泛、相对成熟的方法；但也有开发周期较长、开发指导思想过于理想化的缺点。同时，该方法要求开发人员能完全了解用户情况，充分掌握用户需求，并能预见可能发生的变化，这在具体实施中是有一定困难的。

3. 原型法

原型法的基本做法是：在系统开发的初期，在对用户需求初步调查的基础上，以快速的方法先构造一个可以工作的系统雏形即原型，将原型提供给用户使用；再通过听取用户意见，对原型系统进行修正补充，形成新的原型。这样经过几次原型的更替，得到最终较完善的系统，并实现用户与开发者之间的完全沟通。

原型法的过程主要有如下几步：

（1）用户基本需求分析。在这一阶段，用户说明自己的基本需要；而系统开发者或建造者则需要确定用户的期望，并估算开发原型的成本。

（2）开发初始原型系统。在对用户基本需求进行分析的基础上，进行初始原型系统的设计，建立一个能运行的应用系统满足用户的基本信息需求。对原型的一般要求是：实际可行，具有最终系统的基本特征，构造方便、快速，造价低等。开发初始原型的具体工作包括确定系统数据管理方式、功能模块划分、系统集成、数据准备和原型系统调试等。

（3）使用原型系统完善需求。在此阶段，用户通过使用原型系统，发现原来提出的系统需求中存在的问题，进一步完善对需求的描述。

（4）完善原型系统。在用户所提出的新的需求的基础上，系统开发者或建造者进一步改进原型系统。

原型法的主要优点在于增强了用户与开发人员之间的沟通并能启发用户需求，也降低了系统开发风险。但对软件开发工具的依赖性强，不利于控制；另外，由于缺乏对系统全面、细致分析，可能导致系统质量不高。

4. 面向对象方法

这种方法认为，客观世界是由各种各样的对象组成的，每一对象都有自己独特的状态特征和运动规律；不同对象之间的相互作用和联系构成了不同的系统。因而这种方法不同于其他面向数据的信息系统方法，它是面向对象的，在设计管理信息系统时，针对问题域中客观存在的事物设立分析模型中的对象，用对象的属性和行为分别描述事物的静态和动态特征；并用“类”描述具有相同属性和行为的对象群；用对象的结构描述客观事物的分类和组合特征。这种方法包含三种基本活动：识别对象和类，描述对象和类之间的关系，通过描述每个类的功能定义对象行为。其主要过程是：

（1）系统调查和需求分析。对系统将要面临的具体管理问题以及用户对系统开发的需求进行调查研究，明确系统目标和功能，弄清系统要“干什么”。

（2）问题分析和求解。从繁杂的问题中抽象地识别出对象及其行为、结构、属性等，即面向对象的分析。

（3）整理问题。对分析的结果进一步抽象、归类、整理，并最终以范式的形式将之确定下来，即面向对象的设计。

（4）程序实现。将上一步整理的结果利用面向对象的程序设计语言转换为应用软件。

面向对象方法利用特定的软件工具，直接完成从对象客体的描述到软件结构之间的转换，缩短了开发周期，但需要有一定的软件基础支持；另外，对于大型系统而言，自上而下的面向对象方法开发系统，易造成结构不合理和各部分关系不协调的问题，从而会影响系统功能。

除了上述四种方法外，常用的管理信息系统开发方法还有计算机辅助软件工程方法、组合开发方法等。

四、MIS 的系统分析

在管理信息系统的开发过程中，系统分析是极为重要的一环，它是系统设计和系统实施的基础。系统分析一般包含以下步骤：

1. 系统的初步调查

主要了解四方面的情况：一是组织的目标和对信息系统的需求；二是现行信息系统的组织结构、工作方式和存在问题；三是系统资源情况，包括可能投入的人力、物力、财力和技术力量等；四是组织中各方面人员对开发新管理信息系统的态度。

2. 可行性分析

分析新系统开发是否必要和条件是否具备，一是要分析必要性，其中一方面有“显见”的必要性，即由于现行信息系统的缺陷而要开发新系统的必要性；另一方面还有“预见”的必要性，即根据组织和技术发展趋势预测开发新系统的必要性。二是分析可行性，包括管理可行性、经济可行性与技术可行性。管理可行性反映在管理人员对新系统的开发是否支持和是否能够建立相应的管理制度。经济可行性需要考虑新系统开发的经费保证和新系统开发的经济效益。技术可行性则要考虑系统建设中的硬件、软件和技术人员等要素。硬件包括计算机的存储量、运算速度，外部设备的功能、效率、可靠性，通用设备的功能、质量等；软件包括操作系统提供的接口能力是否符合需要，如实时处理能力或批处理能力是否具备，分时系统的响应时间是否可接受，数据库管理系统的功能是否足够，程序语言的种类和表达能力以及网络软件的性能是否满足需求等。

可行性分析最终要提交可行性分析报告，其内容一般包括：

（1）系统简述，说明系统的名称和功能，系统开发的背景、必要性和意义，系统的基本环境。

（2）系统的目标，主要包括系统应达到的目标、系统的边界、系统的主要功能、系统的软硬件配置、系统的大致投资、开发工作的时间安排等。

（3）系统的可行性结论。可行性分析的结果一般可有以下几种：可以立即开发；目前不可行或等到以后某些条件具备时再进行；原系统改进了没有必要再开发新系统。

3. 系统详细调查

主要指的是弄清现行系统的运行状况，为系统工程设计做好准备，其内容包括：

（1）组织结构分析，弄清楚组织内部的部门划分以及部门之间的关系。

（2）业务流程分析，弄清楚组织内各种业务活动，每一种业务活动的各个环节，各个环节中的信息来源、处理方式方法和信息流向，并绘制出业务流程图。

（3）数据流程分析，根据组织的业务流程，舍去其中的有关物质要素，抽象出其中的信息流程，根据有关数据项、数据结构、数据流和外部实体等，绘制出数据流程图。其中，数据项又称数据元素，是数据的最小单位，即不可再分的数据单位；数据结构即数据之间的关系；数据流即数据处理过程中的输入和输出；外部实体即存在于信息系统之外但与系统有联系的人或事物，是数据的外部来源或流向之处。而在绘制流程图的基础上，还要通过数据字典，进一步定义和描述所有数据，对一切动态数据和静态数据的数据结构和相互关系加以说明。

4. 系统化分析

在系统详细调查的基础上，进一步分析系统目标；在原有业务流程分析的基础上，进行业务流程的优化，确定新的业务流程；在原有数据流程分析的基础上进行数据流程的优化，确定新的数据流程，进而进行系统功能分析和子系统划分；进行数据属性分析，包括其静态特性和动态特性的分析、数据存储分析、数据查询要求分析以及数据的输入输出分析，确定新系统的数据处理方式。

信息系统的数据处理有批处理和联机实时处理两种方式。批处理方式是按一定时间间隔把数据积累成批后一次输入计算机进行处理，其特点是费用较低而又可有效地使用计算机。联机实时处理方式是数据直接从数据源输入中央处理机进行处理，由计算机即时做出回答，将处理结果直接传给用户。这种处理方式的特点是及时，但费用较高。

5. 提出新系统的逻辑方案

它反映了系统分析的结果和对新系统的设想，其中包括新系统的业务流程和数据流程、新系统的子系统划分、新系统中数据资源的分布和新系统的管理模型等。

6. 撰写系统分析说明书

其主要内容包括系统概述、现行系统概况、用户对系统的需求说明、新系统的逻辑方案、系统开发资源与时间进度等。

五、MIS 的系统设计

系统分析阶段形成的基于用户信息需求的系统逻辑方案，还需要转换为基于计算机与通信系统的物理方案，即需要在逻辑性模型的基础上进行物理模型的设计。这就是 MIS 信息系统的系统设计。

1. 系统设计的依据

系统设计要坚持实事求是的态度，充分考虑系统的内外部环境和客观条件，其主要依据是：（1）系统分析的成果。（2）现行技术，主要指可供选用的计算机硬件技术，软件技术，数据管理技术和计算机网络技术，现行的信息管理和信息技术标准、规范和有关法规。（3）用户需求。（4）系统运行环境。新系统的目标要和现行的管理方法相匹配，与组织的改革和发展相适应，既符合当前需要，又适应系统的工作环境，如基础设施的配置，直接用户的空间分布情况，工作地点的自然环境以及安全保密方面的要求；还应考虑现行系统的软硬件状况和管理与技术环境的发展趋势。在新系统的技术方案中既要尽可能保护已有投资，又要有较强的应变能力以适应未来的发展。

2. 系统设计的原则

（1）功能性。即首先要充分考虑系统是否解决了用户希望解决的问题，是否能提供符合用户需要的信息输出。

（2）系统性。系统的代码要统一，设计规范要标准，程序设计语言要一致，对系统的数据采集要“数出一处，全局共享”。

（3）灵活性。系统要有较好的开放性和结构的可变性，尽量采用模块化结构，并提高模块独立性，尽可能减少模块间的数据耦合，使各子系统间的数据依赖降至最低限度，既便于模块修改，又便于增加新的内容，以提升系统适应环境变化的能力。

（4）可靠性。即系统要有抵御外界干扰的能力及受外界干扰后的恢复能力，要有较高的可靠性，如安全检查性、检错和纠错能力以及抗病毒能力。

（5）经济性。在满足系统需求的前提下，尽可能减少投资，一般在硬件投资上不能盲目追求技术上的先进性，以满足应用需要为前提；同时系统设计避免不必要的复杂化，各模块尽量简洁，以缩短处理流程，减少处理费用。

（6）高效性。提高系统的运行效率，包括处理能力、处理速度和响应时间等。处理能力即单位时间内处理的事务个数；处理速度即处理单个事务的平均时间；响应时间，即从发出处理要求到给出回答所需时间。

3. 系统设计的内容

（1）系统总体结构设计，包括系统功能结构设计、系统流程设计、系统模块结构设计。

（2）系统详细设计，包括代码设计、数据库设计、输入输出设计、系统界面设计、处理过程设计、设计规范制定等。

（3）系统物理配置方案设计，包括设备的配置、通信网络的选择和设计、数据库管理系统的选择。

（4）系统设计说明书的编制。

4. 系统总体结构设计

其主要任务是将系统合理划分为各个功能模块，正确处理模块之间的调用关系和数据联系，并定义各模块的内部结构。其具体任务有：

（1）系统功能结构设计。从系统整体功能出发，逐步进行功能分解。

（2）系统流程设计。在新系统数据流程图的基础上，根据信息处理的步骤和内容、信息处理的每一步所涉及的有关物理过程，包括输入输出的内容和形式、存储要求、信息加工所用的物理设备等以及各步骤之间的物理和逻辑联系，绘制出表达系统执行过程的系统流程图。

（3）系统模块结构设计。也就是将系统合理划分为若干模块。所谓模块，指一组程序语句或描述，它包括输入输出、逻辑处理功能、内部信息及运行环境等要素。模块化，指把系统分为若干个模块，每个模块完成一个特定的功能，然后将这些模块汇集起来形成一个整体，用以完成指定功能的一种方法。

5. 系统配置方案设计

（1）系统总体布局设计。即系统的软硬件及数据等资源在空间上的分布特征。从信息资源管理的集中程度看，系统总体布局可有集中式与分布式两种。集中式系统是一种集设备、软件资源、数据资源于一体的集中管理系统，其优点是：管理与维护控制方便；安全保密性能好；人员集中使用，资源利用率高。但应用范围与功能受到一定限制，可变性、灵活性、扩展性差。同时，由于对终端用户的需求响应不够及时，因此难以调动其积极性。分布式系统是被分成在若干地理位置上分散、在逻辑上具有独立处理能力，但能在统一的工作规范、技术要求和协议指导下进行工作、通信的一些相互联系且资源共享的子系统。目前，这些子系统一般以网络方式进行相互通信。其优点是：由于资源的分散管理与共享使用，可减轻主机压力，并能与应用环境更好匹配；各节点计算机具有一定的独立性和自主性，有利于调动各节点计算机所在部门的积极性；可变性、灵活性、扩展性强。但由于资源分散管理，其安全性较低，并给数据的一致性维护带来困难；同时，由于地理上的分散设置，系统维护工作难以进行，管理工作负担加重。

（2）信息系统硬件配置方案设计。对计算机硬件的基本要求是处理速度快、存储容量大、操作灵活方便。但计算机性能越高，投资也越高。一般来说，如系统的数据处理是集中式的，系统应用的主要目的是利用计算机的强大计算能力，宜采用主机—终端系统，以大型机或中小型机作主机。如数据处理是分布式的，则应用微机网络为宜。在计算机机型的选择上主要考虑应用软件对计算机处理能力的需求，包括计算机主存、CPU 时钟、输入 / 输出和通信数目、显示方式、外接转储设备及其类型等。

（3）信息系统的软件配置方案设计。主要是选择合适的操作系统、数据库系统和其他开发工具。

操作系统是整个系统中各类应用软件的运行平台，对其要求是：能充分满足应用开发的要求，具有较强的兼容性；具有很好的经济性及发展前途；可提供较好的网络系统工作环境。目前较流行的操作系统有 Windows、UNIX、WindowsNT 等，一般客户端采用具有图形用户界面的 Windows 操作系统；服务器端多选用 UNIX 或 WindowsNT 操作系统。

数据库管理系统的选择主要考虑数据库的性能、数据库管理系统的系统平台、数据库的安全保密性能、数据类型等因素。目前市场上有较多数据库管理系统软件，其中 Oracle、Sybase、SQLServer、VisualFoxPro 多用于大型 MIS 的开发；Informix 适用于中型 MIS；FoxbaSe 则在小型 MIS 中流行。

其他开发工具的选择可以比较灵活。这些开发工具中除开发语言外，还要考虑办公自动化方面的软件，包括文字处理、图像处理、表格处理以及电子邮件收发的软件等。

（4）网络结构设计。管理信息系统是网络环境下的系统，在系统中需要考虑如何将各子系统用局域网连接起来，还要考虑系统如何与外界连接。在网络结构设计中需要解决好的问题有：一是网络拓扑结构问题。网络的拓扑结构有总线型、星型、环型、树型、混合型等，应根据应用系统的地域分布、信息流量来选择适当的结构，一般应使信息流量最大的应用节点都处于同一网段。二是网络的逻辑设计问题。通常先将系统分成各个分系统或子系统，然后根据需要配置有关设备和考虑设备之间的连接结构。三是网络操作系统问题。目前，流行的网络操作系统有 UNIX、Netware 等，其中 UNIX 历史最早，适用于所有应用平台；Netware 网络操作系统适用于文件服务器 / 工作站模式；WindowsNT 由于 Windows 软件平台的集成能力而日益广泛。

6. 系统详细设计

（1）代码设计。代码即代表事物名称、属性、状态等的符号，一般用数字、字母或其组合表示。设计代码时要考虑：1）唯一性，即在一个编码体系中，一个代码唯一标志其所代表的事物或属性；2）可扩充性，为以后新代码预留足够位置，以适应不断变化的需要；3）避错性，易于理解，尽量避免误解，代码结构不易出错；④易记性，长代码要进行分段。

（2）数据库设计。即在选定的数据库管理系统的基础上建立数据库，其具体过程包括用户需求分析、数据库概念结构设计、数据库逻辑结构设计和数据库物理结构设计等几个阶段。数据库概念结构指通过对现实世界抽象形成的用户与数据库设计人员之间进行交流的语言，其中的基本概念有实体、实体集、属性、主码、域、联系等。数据库概念结构设计的实际操作是根据系统分析阶段形成的数据流程图和数据字典绘制出 E-R 图。数据库逻辑结构设计，首先是将概念结构设计形成的 E-R 模型即概念模型转换为计算机上数据库管理系统所支持的数据模型，然后进一步对数据模型进行优化处理。数据库的物理结构设计，则是在逻辑结构设计完成的基础上，设定数据在物理设备上的存储结构和存取方法。

（3）输出设计。输出即信息系统产生的结果或要提供给用户的信息。输出是系统开发的目的，因而在系统设计，一般都先作输出设计而后再作输入设计。输出设计的内容包括：输出信息使用方面的内容，包括信息的使用者、使用目的、使用周期、有效期、保管方法和复写份数等；输出信息的内容，包括输出项目、位数、数据形式等；输出格式，如图表、图形、文件等；输出设备，如打印机、显示器、卡片输出机等；输出介质，如输出到磁盘还是磁带上，是普通打印纸还是专用纸等。输出设计时，一般要方便用户，尽量利用原系统输出格式。

（4）输入设计。其基本要求是控制输入量，减少输入延迟和输入错误，简化输入过程。具体内容包括：确定输入数据的内容，包括输入数据项的确定、数据内容、输入精度、数值范围等；确定数据的输入方式，是联机终端输入还是脱机输入；确定输入数据的记录格式；确定输入数据的校验方法；确定输入设备等。

（5）用户界面设计。为方便用户操作，设计中一般应首选图形用户界面，界面应清楚、简单，有关用词要符合用户观点和习惯；界面要便于维护和修改，关键操作要具备强调和警示，错误提示信息要有建设性。用户界面方式常用的有菜单方式、填表方式和问答方式等。

六、管理信息系统的实施与维护

1. 管理信息系统的实施

信息系统的实施主要包括以下内容：

（1）物理系统的实施。包括购置计算机及外围设备、网络设备、电源等辅助设备以及机房设备等。

（2）软件选择和程序设计。所需选择的软件包括系统软件、辅助软件和应用软件等。程序设计是根据系统设计的模块处理过程描述和数据库结构选择合适的计算机语言，编制出正确、清晰、可读性好、容错性和可维护性强的程序。可供选择的编程工具有结构化程序设计语言、数据库管理系统以及某些可视化面向对象编程工具，如 Java、VisualBasic、VisualC++、PowerBuilcler、Delphi 等。程序设计时一般要注意标识符命名要规范化，标识符即文件名、变量名、常量名、函数名和程序名等由用户定义的名字的统称；要有适当的程序注释；程序布局要格式化；程序结构要简单化。

（3）系统测试。是对系统开发过程的最终审查，是保证系统质量和可靠性的最后环节。在管理信息开发周期中，系统测试占用的时间和花费的人力与成本往往占软件开发工作很大的比例。在较大规模的管理信息系统中，系统测试的工作量占软件开发工作量的 40% ～ 50%。系统测试的对象是整个软件，测试的目的是查找其中可能的错误。

一般在系统测试中可能发现的错误有以下几类：1）功能错误，编程时对功能有误解而产生的错误；2）系统错误，包括与外部接口的错误、参数或子程序调用错误、输入 / 输出地址错误和资源管理错误等；3）过程错误，指算术运算错误、初始过程错误、逻辑错误等；4）数据错误，包括数据结构、内容、属性错误，动态数据与静态数据混淆，参数与控制数据混淆等；5）编码错误，包括语法错误、变量名错误、局部变量与全局变量混清、程序逻辑错误和代码书写错误等。

测试的方法有穷举测试和选择测试。穷举测试即能够包含所有可能情况的测试；选择测试是以较少的测试发现问题，包括人工测试和机器测试两种方法。

系统测试过程包括单元测试、组装测试、确认测试和系统测试四个步骤。单元指程序中的一个模块或一个子程序，单元测试即模块测试。对每个模块完成了单元测试后，按系统设计将一些模块连接起来进行测试，即为组装测试。确认测试是进一步检查软件是否符合有关要求，也称合格性测试或验收测试。系统测试则是将信息系统的所有组成部分包括软件、硬件、用户及环境等综合在一起进行测试，包括以下内容：集成功能测试、可靠性与适应性测试、系统自我保护及恢复能力测试、安全性测试、强度测试。其中，强度测试即使系统运行在异常数量、异常频率和异常批量等条件下，检验系统的超大型负荷运行和超载能力。

测试中如发现软件错误需要排错，即确定错误在程序中的位置和错误的性质，并及时改正错误。排错的方法一般有试探法、跟踪法、对分查找法、归纳法和演绎法等。

（4）系统转换，即以新系统代替老系统。系统转换的方式一是直接转换，即老系统停止运行的某一时刻，新系统立即开始运行，因此可称切换。这种转换方式一般适用于小型的、不太复杂的或时效性要求不很高的管理信息系统的转换，且新系统需经过详细测试和模拟运行。二是并行转换，即新老系统并行工作一段时间，经考验后，以新系统正式和全面取代老系统。这是最安全、最保险的系统转换方式，但转换费用较高，因而并行过程不宜太长。三是分段转换，是直接转换和并行转换的结合，新系统分阶段一部分一部分取代老系统。一般适用于大型信息管理系统的转换，可保证平稳可靠转换，且比并行转换节省费用；但新老系统差别不大时不宜采用。

2. 管理信息系统的维护

管理信息系统投入运行后，需要进行必要的维护，以保证其正常可靠地运行。一般管理信息系统的使用寿命短则 4 ～ 5 年，长则可达 10 年以上。良好的维护也可延长其使用寿命。

系统维护工作的内容包括系统应用程序的维护、数据文件的维护、代码的维护和硬件的维护等几个方面。

系统维护的类型有以下几种：

（1）纠错性维护。系统测试往往难以发现系统存在的所有错误，因此在系统运行的实际应用过程有可能暴露原来隐蔽的错误，纠错性维护就是诊断和修正系统隐蔽的错误。

（2）适应性维护，即为了使系统适应环境的变化而进行的维护。由于计算机技术的迅速发展和用户需求的变化，管理信息系统要适应新的软硬件环境的变化和用户新的需求，必须进行适当的调整。

（3）完善性维护。在系统使用过程中，用户往往要求扩充原有系统的功能和提高其性能，完善性维护即为了满足此类要求而进行的系统维护。

（4）预防性维护。系统维护并非都是由用户提出要求后才进行的被动式维护，对那些具有较长使用寿命目前尚在正常运行的管理信息系统，有时需要根据可能发生的变化或为防止可能发生的问题主动进行必要的维护，此即预防性维护。

第四节　高等学校校园网络建设

一、校园网建设的意义和现状

高等学校计算机网络，简称校园网，指“校园内计算机及附属设备互联运行的网络”，或“利用网络设备、通信介质和适宜的组网技术与协议以及各类系统管理软件和应用软件，将校园内的计算机和各种终端设备有机地集成在一起，用于教学、科研、学校管理、信息资源共享和远程教学等方面工作的计算机局域网络系统”。它是由计算机、网络技术设备和软件等构成的、为学校教育教学和管理服务的，并可通过与广域网的互联实现远距离信息交流和资源共享的一个集成应用系统。它将计算机引入教学、科研和管理等各个领域，为教职工和学生提供先进的计算机和网络应用环境，具备为学校的各项职能、各方面的活动及各类人员提供全面的信息支持，为广大教师、学生和管理人员提供基于信息网络环境下的工作、学习的条件和手段的功能。它是高等学校重要的教学、科研信息基础设施，也是国家教育信息网络的重要组成部分。

校园网是教育信息化建设的重要组成部分，是教育技术装备现代化的主要体现，也是教育现代化的重要标志之一。校园网在教学过程中合理有效的应用，不仅改变了传统的教学模式、教学方法、教学手段，也促进了教育观念、教学思想的转变。校园网的应用，不仅可以拓展教师和学生的视野，而且有利于培养学生的创造性思维，有利于提高学生获取信息、分析信息、处理信息的能力和适应现代社会的能力。

由于校园网的重要作用，随着计算机网络技术的发展和计算机应用的日益普及，校园网络在高等学校得到迅速的发展。在一些发达国家的大学校园，校园网延伸到每个人工作、学习、生活的地方，即使在学生宿舍，也都能方便地上网，人均拥有一台入网计算机。

我国高等学校校园网络建设虽然起步稍迟，但发展极为迅速。自 1994 年中国教育和科研计算机网（CERNET）正式启动以来，至 2001 年年底，接入该网的高等学校已超过 800 多所。2004 年 11—12 月，教育部科技发展中心和中国教育和科研计算机网为全面了解全国高校校园网的网络建设状况，进行了“2004 年高校教育信息化建设与应用水平调查”活动。调查向全国高校发放问卷 1800 份，回收有效问卷 315 份。315 所高校中，已建校园网的高校占 92.7%，正在建设的高校占 6.6%，计划建网的高校占 0.6%——后两者主要是新建的高职院校或民办高校。其中拥有 1000M 主干带宽的高校已占调查总数的 64.9%，主干带宽为 100M 的高校约占 17.2%。而一些综合类大学和理工类院校已筹划于 2005 年升级到万兆校园网。高校校园网接入的计算机终端主要有两个用途：一是用于教学、科研和管理；二是供学生上机使用。315 所高校中，教学、科研、办公已经联网的比例为 98.4%，教室已经联网的比例为 90.5%，学生宿舍已经联网的比例也达到 74.3%。综合类高校接入校园网的计算机数量平均每校为 7280 台，其中平均每所高校用于教学、科研、管理的计算机为 3293 台；平均每所高校提供学生使用的计算机为 3665 台。随着校园网的建设进程，办公自动化系统、财务系统和教务教学管理系统在高校的应用已成型，多数高校也已经把信息技术与教学的整合提上议事日程，虽然目前提供在线学分课程的高校仅有 15.1%，但有 53.8% 的高校已计划为在校生提供在线学分课程。同时，各高校对教师接受信息技术培训的重视程度进一步提高，被调查的高校中，有 66.6% 的高校不定期地为教师提供信息技术知识和技能培训，24.8% 的高校定期提供技能培训。许多高校为加快校园网建设都积极自筹资金，315 所高校 2003 年和 2004 年教育信息化的资金来源中自筹资金的比例达 60% 左右。

调查结果同时显示了我国高校校园网络建设中的某些不足之处，一些高校对校园网缺乏全面的认识和理解，校园网建设缺少总体规划和指导，重视硬件设备的投入，但轻视软件建设，如从学校信息化投资结构来看，315 所高校中，硬件投资仍占主导地位，投资比例占总体投资的 78.3%，软件和服务投资比例只分别占总体投资的 17.3%、4.4%。同时，在学生宿舍网络建设和地区级网络建设方面也都投入不足；不同类型高校在校园网建设方面的差距也较明显。从使用情况来看，由于软件投入不足和缺少相应的培训，致使校园网使用率不高；一些高校校园网缺乏良好的管理与维护，或缺少运行资金，以致校园网不能正常运转；校园网产品质量参差不齐，有的产品可扩展性和升级性差，售后服务跟不上，造成一些学校建网后的维护费用和改造费用过高，乃至重复投资。在许多高校校园网发展中，也都面临着如何解决由于网络延展而形成的多人单一端口的问题、不同网络应用层的划分问题、不同品牌网络产品之间的兼容性问题及校园网在不断更新改造下的网络运营稳定性问题。从网络的安全保护方面来看，虽然大多高校都十分重视校园网络安全制度的制定，但组织实施薄弱和相关培训缺乏，以致制定与执行两者严重脱节。同时，校园网安全实施手段过于重视防御，对于风险评估和应急预案的重视程度不够。由于大量资金用于系统建设，投入网络安全管理的资金只是杯水车薪。这些问题如得不到很好解决，势必会导致校园网建设中投入与效益比例的严重失调，影响校园网建设的健康发展。

二、校园网建设的基本原则

校园网建设，简言之就是将各种信息资源通过高性能的网络设备相互连接起来，形成校园区内部的计算机网络系统，同时对外通过路由设备接入广域网。其建设目标具体而言则是建设一个以现代网络技术为依托，以办公自动化、计算机辅助教学、现代计算机校园文化为核心内容，扩展性强、覆盖面广的校园主干网络；将学校内的各计算机工作站、终端设备以局域网连接起来，并与有关广域网相连，在此基础上开发各类信息库和应用系统，从而建立能在网上宣传和获取教育资源，为学校各类人员提供充分的网络信息服务，满足教学、科研和管理需要的软硬件环境。从这样的建设目标出发，校园网建设的规划设计中一方面要充分体现为学校工作的服务性，即要紧密结合教育、教学、科研和管理的需要，充分体现现代教育思想，要与学校的发展规划相统一，并把服务教学、科研作为网络建设的着眼点和落脚点；要注重应用，注意加强应用软件和教学资源建设。另一方面则要体现系统的技术先进性，高度的安全可靠性，良好的开放性、可扩展性，应考虑采用目前比较成熟和先进的技术与产品，力求使校园网络和相关的各种电教设备、设施达到最新科学技术水平。此外，在力求“功能全面化、性能最优化”的同时，也要追求“效益最大化、费用最低化”，在考虑实用性、技术先进性和安全稳定性的同时，也要考虑建设的经济性，要根据学校财力、物力和规模等客观情况，统筹规划，适度超前，分步建设，有重点，分层次，逐步到位；要注重整体性，对各方面的需求、各个子系统建设和软硬件建设都要统一规划安排，并注意要“少花钱、花好钱、多办事”；既要注意配备好必需的设备和软件，又要充分利用好已有设备。

校园网的建设一般来说应考虑以下原则：

1. 服务性和应用性

校园网建设要适应学校的需要和发展，在校园网建设和规划中首先应进行充分的对象研究和需求调查，在了解学校的工作任务、运行秩序、活动特点和发展目标的基础上，明确校园网建设的需求和条件；在应用需求分析的基础上，确定校园网的服务类型，进而确定校园网建设的具体目标，包括网络设施、站点设置、开发应用和管理等方面的目标。要以满足教学、科研和管理的需要为根本出发点，校园网的覆盖面要大，要考虑到学校长远发展规划，考虑到师生员工工作、学习、生活多方面的需要；要注意方便师生员工的应用，如保证系统和应用软件全中文界面，且功能完善、界面友好、兼容性强、能使用户方便地实现各种功能。

2. 先进性与成熟性

要注意跟踪国际网络技术的新发展，要有先进的设计思想，在有关软、硬件产品和技术的选择上，应优先采用先进、成熟、标准化和市场覆盖率高的主流产品与技术，充分考虑产品支持的国际标准和网络协议，以保证产品较长的生命周期，并便于获得设备制造商的维修服务以及产品与技术的升级换代支持。

3. 开放性和扩展性

在分布式异构网络环境下的系统开放性，就是系统的互联性、互操作性和应用软件的可移植性，因而校园网系统设计应采用开放技术、开放结构、开放系统组件和开放用户接口，以利于网络的维护、扩展升级及与外界信息的沟通。扩展性即网络规划设计中，采用的网络结构和设备，既要满足用户发展在配置上的预留，又要考虑因技术发展需要而实现低成本扩展和升级的需求，使网络升级时可以最大限度地保护原有的硬件设备和软件投资。同时，扩展性往往与灵活性是密切相连的，应尽可能采用积木式模块组合和结构化设计，使系统配置灵活，这样可以适应校园网逐步完善的需要，使网络具有较强的可增长性，也方便网络的管理和维护。

4. 安全性和可靠性

可靠性主要指具有容错功能，能满足当地的环境和气候条件，抗干扰能力强。安全性主要指能防止数据受到任何破坏，有可靠的防病毒措施。在校园网的设计中，需要考虑两个层次的安全可靠性问题：一是整个网络的可靠性与安全性，要采用高可靠性、高安全性的网络体系结构，包括合理设计广域网的访问控制和内部虚拟网的访问控制、对外部网络访问链路的备份等；二是网络设备的安全性和可靠性，如采用可带电插拔的模块、配置双电源、端口冗余、设置网络设备的用户表及口令限制等。

5. 经济性和实用性

信息技术领域产品的更新换代极快，任何顶级产品与技术过半年之后便风光不再。因此，在校园网的建设中要注意投资合理，选购的产品要有良好的性价比。在网络系统设计和配置选型上，切忌一哄而上。不追时髦、赶浪尖，不盲目攀比而一味追求“高、大、全”（“技术高、规模大、功能全”），注意以实用为本，以“三用”（“能用、够用、用好”）为准则。要充分考虑经济方面的有关风险，避免投入后却不能发挥其使用价值而造成浪费。某些新推出的产品与技术，在未受到市场检验之前，不轻易采用。在这方面，国外许多名牌大学的做法值得借鉴，他们的校园网建成较早，面对层出不穷的网络新产品、新技术，只要现行系统能满足各类应用的需要，他们就不淘汰旧设备，即使需要升级，也不是全部推倒，而只做局部增扩，因而有的至今仍在使用老的系统。这种精打细算、注重节约的精神无疑是值得我们在校园网建设中效仿的。

三、校园网络的物理架构

校园网本身是一种局域网（LAN，LocaiAreaNetwork）。局域网，即通过传输介质网卡、集线器、网桥等把若干计算机连接在一起的网络，其地域范围一般在几百米以内。

网络传输介质，即网络中传输信息的载体，有双绞线、同轴电缆和光纤等。

双绞线（TwistedPair），由两根具有绝缘保护层的铜导线组成。一对或多对双绞线置于一绝缘套管中，便成了双绞线电缆。双绞线据其不同性能，可分为非屏蔽双绞线（UTP）和屏蔽双绞线（STP）。其中 UTP 可分为 3 类、4 类、5 类、超 5 类和 6 类五种，STP 则一般分为 3 类和 5 类两种。

同轴电缆（CoaxialCable），由内外两个导体组成，内导体是芯线，外导体是由金属丝织成的以内导体为轴的圆柱面。两层导体间有填充物以保持同轴和绝缘。同轴电缆通过同轴电缆接插件与 T 形接头连接。

光纤，即光导纤维，是一种能够传输光束的细而柔软的通信媒质，通常由透明的石英玻璃拉成细丝，再由纤芯和包层构成双层通信圆柱体。一根或多根光导纤维组合在一起，加上能吸收光线的外壳就形成光缆。光纤的特点是频带宽、传输速率高、传输距离远、抗干扰性能好、数据保密性高、损耗和误码率低；但衔接和分支比较困难。

网卡，网络接口卡的简称，又称网络适配器。作为一种 I/O 接口卡，插在计算机主机板和数据总线的扩展槽上，主要功能是提供与网站主机的接口电路，实现数据缓存器管理、数据链路管理、编码、译码及网内收发功能。

集线器，是以星型拓扑结构连接网络节点（如工作站、服务器等）的一种中枢网络设备，它通过其上的 RJ-45 插座可与带水晶头的双绞线连接，通过其上的 BNC 插座可与带 T 形头的细同轴电缆连接，通过逻辑的以太网总线网络或令牌环网提供中央网络连接，在物理上构成星型或级联的星型（树型）网络结构。

网桥，是将一个局域网段与另一个局域网段连接起来的网络设备，它提供对网络流量分段的能力，可以限制流向网络某段的信息流，从而提高整个网络的吞吐能力。网桥中还可以包含网络管理员输入的指令，因而具有信息过滤能力即防火墙能力，可以防止来自某些特定源地址信息的泛滥或不将其转发而将其丢弃。

局域网可分为共享式局域网和交换式局域网两种，共享式局域网中各用户共享高速传输介质，如以太网（包括快速以太网和千兆以太网等），令牌环（TokenRing）FDDI 等。交辨式局域网则是以数据链路层的帧或更小的数据单元（称为信元）为交换单位，以硬件交换电路构成的交换设备。后者因具有良好的扩展性和较高的信息转发速度，应用日益广泛。

校园网作为一种局域网必须与有关广域网连接，以进行信息交流和实现资源共享。

广域网，是通过远程通信信道及路由器、交换机、网关等，把若干个局域网或单机连接在一起的网络，其地域范围在 1km 以上。广域网多采用分组交换技术进行数据传输，常用的有 ATM 网、X.25 分组交换网、帧中继网（FR）等。

交换机，工作在链路层的网络设备，具有多个端口，每个端口具有桥接功能，可以连接一个局域网、一个网站或一台服务器。所有端口由专用的处理器进行控制，并经过控制管理总线转发信息。传统的交换机本质上是具有流量控制能力的多端口网桥，即二层交换机。把路由技术引入交换机，可完成网络层路由选择，称为三层或多层交换。交换机最常见的用途之一是在以太局域网上减少冲突并改善带宽。

路由器，工作在网络层的设备，它集网关、桥接、交换技术于一身。其最突出的特性是能将不同协议网络视为子网而互连，能够跨越广域网将远程局域网互连成大网。与网桥的根本区别在于它是面向协议的设备，能够识别网络层地址，而网桥只能识别链路层地址。

广域网中覆盖范围最大的就是因特网（Internet），即国际互联网。另外，由于城市现代化进程中城市信息网络建设迅速发展，城域网也已成为应用日益普遍的广域网。

一般用户连接广域网的方法是接入。接入技术要解决的问题是如何将用户连接到各种网络上。这已成为目前网络技术的一大热点。目前主要的接入技术有光纤接入、铜线接入、同轴电缆接入和无线接入等。光纤接入网（OAN）又称光纤用户环路（FITL），根据接至用户的距离，有光纤到小区、到路边、到建筑物、到办公室、到家庭等多种方式。铜线接入的常用技术主要有电话线调制解调器（MODEM）、高速数字用户环路、非对称数字用户环路、超高速数学用户环路等。同轴电缆接入类似于有线电视接入，用户端需安装电缆调制解调器（CabelMODEM）。无线接入指利用无线技术为固定用户或移动用户提供电信服务，可分为固定无线接入和移动无线接入两种，采用的无线技术有微波通信技术、卫星通信技术等。其中的通用分组无线服务（GPRS，General Packet Radio Service），是在现有的 GSM 系统上发展出来的为 GSM 手机用户提供分组形式的数据服务。

四、校园网络的具体构建

校园网络的具体构建是校园网络建设的主体工作，它在有关需求调查和目标设定的基础上进行，主要任务包括技术选型、布线设计、设备选择、软件配置等。

1. 技术选型

所谓网络的技术选型，广义上说，是对网络作为一个局域网在技术水平、结构特征和性能指标等主要方面某种程度的定格、定型和定位。近年来，多媒体技术的应用对网络的传输能力提出了更高要求，联网技术包括多层交换技术、虚拟网技术、广域网路由技术、防火墙技术、布线技术等也由此取得了长足的发展，因而，网络选型越来越需要考虑到多方面的技术因素。一般来说，网络技术选型中考虑的主要因素有网络规模、网络服务类型、速度、可靠性、使用与维护管理的方便性、价格、国际标准、未来前景等。网络技术选型时，应综合考虑和权衡上述各种因素，在若干成熟的技术中进行选择和集成，以建设一个技术先进、功能丰富、运作可靠、使用维护及升级方便的校园网。狭义的网络技术选型则主要是网络中主干网络的设计选择。网络中的主干网是一条高速通信链路，它通过桥接器 / 路由器与各子网相连，从而在各子网间形成一条信息高速公路。根据校园通信速率需求高的特点，应考虑采用较高层次的主干网产品。目前，根据网络中信息传输的方式和性能，校园主干网可选择的类型有光纤分布式数据接口 FDDI（FiberDistributedDataInterface）、分布式铜线数据接口 CDDI、异步传输模式 ATM、交换式以太网、快速以太网等，这些类型的网络都各有其优点，也有其相应的不足之处。其中的交换式千兆以太网因其能满足有关标准，技术较为成熟，具有良好的兼容性和可扩展性，能满足不是很特殊的网络应用需求，因而为不少学校所选用。

2. 布线设计

布线设计是网络构建中的一项基本工作。网络中的布线设计，首先是要确定网络的拓扑结构，即网络中的节点和网络链路分布连接的形态和特征。校园网的拓扑结构，取决于学校规模、组织机构布局和建筑分布的地理环境，取决于校园内网络站点分布及联网的范围和要求；需要针对校园内不同应用系统的需求，构造不同的应用子网，考虑不同的网络接入技术和网络访问策略。网络的拓扑结构有总线型、环型、星型、树型以及由它们的不同组合而形成的混合型。网络的拓扑结构一旦确定，网络传输介质如光纤、电线等就会永久或半永久性地铺设。不少学校校园网在建设中选用星型结构，因为全塑结构线较易变换为其他拓扑结构。

网络的拓扑结构设计与网络中心的选择是密切联系的，网络中心位置的选择会直接影响网络的布线结构和布线投资，应选择地理位置适中的楼宇建立网络中心。

校园网布线方法通常采用结构化布线系统。结构化布线系统是一种符合国际标准的、完整的、开放的电信布线系统，能支持话音、图形、图像、数据多媒体、安全监控、传感等各种信息的传输，支持各种传输介质，支持多用户、多类型产品的应用，支持高速网络的应用，为校园网通信系统提供有力支撑。结构化布线系统包括 6 个子系统：工作区子系统、水平支干线子系统、管理子系统、垂直主干子系统、设备子系统、建筑群主干子系统；指定的拓扑结构为星型拓扑。在结构化布线系统中，布线硬件主要包括配线架、传输介质、通信插座、插座板、线槽和管道等。

校园网布线中使用的网络传输电缆可分成室外电缆和室内电缆。室外电缆可采用双绞线和光缆。如果是网络互连之间的电缆，因具有较大带宽，建议采用光缆；如果是与单个计算机特别是与微机相连的且今后不会有大量视频传输的，可采用双绞线。室内电缆目前一般选择双绞线。

信息插座分布也是布线系统设计中不可忽视的一个问题。信息插座布到哪里，计算机网络才可能延伸到哪里。由于计算机网络在现代化校园中的重要作用，因此信息插座要尽可能广泛分布，每个有可能使用校园网的房间，包括教室、实验室、办公室、会议室和娱乐场所等，都要尽可能安装上信息插座，较大的房间和需求高的房间应分布几个信息插座。

校园网目前主要是有线网络,但有线网络覆盖范围扩展本身有一些难以克服的局限性。从设计施工方面来说，有线网络覆盖范围的扩展需要向信息点铺设网络线缆，一般都需要较高的费用；受到某些环境因素的限制，有线网络也难以覆盖校园的每一个角落；同时，当新的信息点产生的时候，往往需要对网络重新布线，以致引发一系列“蠕动需求”，带来高昂的改造投资；另外，对某些建筑进行网络布线时都会因某些特殊要求而增加网络造价，布线施工过程有时还可能对建筑造成无法预知的安全隐患；较长时间的综合布线施工也会在一定程度上影响学校正常的活动。从使用上来说，则程度不同地存在着线路可靠性差、误码率高、运行速度慢等缺陷。而单纯通过增加带宽或是增加网络设备，仅能满足一时之需，并不能彻底解决问题。

随着无线网络技术的发展和成熟出现的无线局域网络，为突破传统网络的局限性提供了可能。无线网络利用无线电波、微波、红外线和激光等在空间传输信息。与有线网络相比，无线局域网络有以下明显优点：

（1）移动性和漫游功能。在无线信号覆盖的范围内，局域网用户在任何地方都可实时进行信息访问。无线校园网络能支持移动办公与移动网络管理，用户在校园内可随时随地接入网络。因而可使网络遍及原来有线网络所不能到达的地方，满足信息化校园网络的覆盖要求。

（2）安装快速、简单。网络建设中可免除穿墙或过天花板布线的麻烦，少量明管布线不会对现有建筑有多少影响，施工周期明显缩短。当无线局域网络设备安装完成后仅需要很短的时间对网络设备进行参数配置，无线局域网即可开始运转；用户接入过程则更为简便。

（3）更好的灵活性和扩展性。无线局域网可以组成多种拓扑结构，可以十分容易地从少数用户的对等网络模式扩展到上千用户的结构化网络。灵活的无线局域网络临时组网方案可以轻松组建各种类型的无线局域网络，满足不同用户的不同需求。

（4）节省网络运营费用和网络投资。无线局域网络的维护费用明显低于有线网络。随着无线组网技术的成熟，无线组网的费用也已远低于有线网络。因此，无线局域网络的投资有更高的效益，特别是在网络需要频繁变化的动态环境下。

但无线通信也有不适合高速通信、较易受干扰、受天气影响大、红外线和激光因频率太高和波长太短而不能穿透固体等不足之处。

目前，已有一些高校在校园网建设中采取了无线网络的设计。

3. 设备选择

网络设备的选择即网络硬件的配备，包括网络服务器、工作站、路由器、交换机、集线器、网卡、网络线缆、光纤、收发器、无线收发设备等。对于网络设备的选择，如前所述，一般需要考虑的因素有技术是否先进、成熟，是否符合国家及有关标准，是否是主流厂家的产品，产品的性价比如何，是否支持未来的新技术，销售商售后服务如何等因素。网络服务器是网络的核心部分，应注意选用高可靠性、高稳定性、兼容性好并具有良好性价比的优质服务器。大、中型网的主干网中应采用光纤通信和中心交换设备。

4. 软件配置

网络软件包括系统软件和部分应用管理软件。系统软件是整个网络的运行基础，其选择直接影响着网络的使用效率。系统软件由操作系统、数据库系统和各类工具软件构成，是网络硬件的支撑服务系统。一般来说，保证校园网正常工作所需要的最基本的系统软件必须随硬件同时配置到位。

目前在我国市场上主要有 NovellNetware、UNIX、WindowsNTAdvancedServer 三大主流操作系统。选择时应考虑网络规模的大小，以及是否支持多种网络协议，能否满足校园网的数据量大、处理速度快、响应时间短以及多种信息媒体管理的需要。其中 WindowsNTAdvancedServer 是专门为客户机 / 服务器模式设计的，它具有良好的兼容性和开放性，常用作校园网主服务器和工作站的操作系统。

在系统配置或网络配置中，需要考虑有关网络协议。网络协议即网络中传递、管理信息的规范。如同人与人之间相互交流需要遵循一定的规矩一样，计算机之间的相互通信也需要共同遵守一定的规则，这些规则就称为网络协议。常见的网络协议有 TCP/IP 协议、IPX/SPX 协议、NetBEUI 协议等。TCP/IP 是“TransmissionControlProtocol/InternetProtocol”的简写，中文译名为传输控制协议 / 互联网络协议，是一种网络通信协议，它规范了网络上的所有通信设备尤其是一个主机与另一个主机之间的数据往来格式以及传送方式，是 Internet 的基础协议。IPX/SPX（InternetPacketExchange/SequentialPacketExchange）即网间数据包交换协议 / 顺序数据包交换协议，是由 Novell 公司开发出来应用于局域网的一种高速协议。和 TCP/IP 的显著不同就是它不使用 IP 地址，而使用网卡的物理地址即 MAC 地址。NetBEUI 即 NetBIOS（NetworkBasicInput/OutSystem，网络基本输入 / 输出协议），是一种短小精悍、通信效率高的广播型协议。使用最广泛的是 TCP/IP 协议，它不仅广泛用于 Internet 和 UNIX 环境下，局域网操作系统如 Netware、WindOwSNT、WindOwXP 等也都支持该协议。

在网络构建中，需要使用虚拟网（VLAN）技术。在传统的局域网中，网络中的站点被束缚在所处的物理网络中，不能根据需要划分相应的逻辑子网。各站点共享传输信道所造成的信道冲突和“广播风暴”成为影响网络速度的瓶颈问题。这一问题需要使用虚拟网技术解决，使网络中的站点不必拘泥于所处物理位置，就能根据需要加入不同的逻辑子网中。

校园网的具体构建，还包括有关配套设施，包括机房、配线间及电源系统等。一般主机房应通风、干燥；电源必须安全、可靠，要特别注意电源容量是否满足要求，电源不稳定地区应设置不间断电源（UPS）；电源的改造设计和布线要与网络设计、布线同时考虑。

五、校园网的信息资源建设

在校园网建设中，信息资源建设是极其重要的任务，它直接影响着校园网络应用水平及网络运行效率。目前，有些学校校园网建设中对此重视不够，以致网上信息资源匮乏，信息内容陈旧，信息更新迟缓，甚至无信息可流通，造成设备闲置和资源浪费。校园网建设的根本目的，就是要从应用集成和数据集成的高度，开发出形式多样、内容丰富的各类信息资源，充分满足校园内各项活动的信息需求和广泛的信息服务的需要。有人这样比喻：校园网络的平台搭建，好比修建高速路，应用软件好比高速路上的车，信息资源好比车上的货，有路有车有货，高速路才能真正发挥效益。校园网络的搭建，只是设备的集成，校园信息资源开发与利用的广度、深度与高度，才是衡量校园网建设是否成功的最终标准。

校园网信息资源建设要从学校师生员工对信息的应用需求出发，因此校园网信息资源建设是通过校园网应用系统建设具体实施的。有的高校把校园网应用系统主要分为网络办公管理信息系统、网络多媒体教学系统和网络通信服务系统，有的则主要分为教学应用系统、科研应用系统、办公应用系统和服务应用系统四个方面。

在校园网信息资源建设中，数字化教学资源建设是其核心内容和长期任务。校园网建网的目的之一是利用网络实现多媒体教学，因此，要切实重视和加强基于校园网络应用的教学资源库建设，积极组织开展网络环境下的教学和教学研究工作。要鼓励教师积极参与网上教学资源和网上课程开发，针对本校的教学特点，自行开发课程软件；鼓励师生充分利用交互式多媒体课堂和电子阅览室；在校园网建设计划中，应有一定比例的经费用于开发、引进高水平的教学应用系统和教学资源；为学生宿舍区提供的信息服务不仅是提供电子邮件、网上浏览等，还应包括图书资料、教学课件的远程查询与预约，网上论坛、网上交流、网上学校、多媒体网络教室、远程电子阅览室、远程视频点播等。

管理信息资源建设主要是为了面向办公自动化的需要，可以分为若干模块进行，如学校日常行政管理、教务管理、科研管理、学生管理、人事管理、外事管理、财务管理、食堂管理、校产管理、档案管理等。

通信服务资源则涉及多方面的信息需求。校园网一方面要为校园网内用户提供必要的通信服务，如 E-mail（电子邮件）、FTP（文件传输）、Telnet（远程登录）等；另一方面还要为校园网外的用户提供一定权限的访问，如远程信息查询、信息咨询等，以加强学校与其他高校和各个方面的信息交流，并为社会提供远程多媒体网上教育服务。因而校园网也是对外宣传服务的重要窗口，为此，需要十分重视校园网网页的设计和不断完善，特别是要注意在校园网页上及时报道和反映学校办学中的新活动、新动向和新成绩，使校园网更好地发挥信息发布功能和通过多媒体方式介绍学校的功能。

六、校园网的管理与维护

随着校园网的不断发展和应用,网络管理和安全防范问题也越来越重要和越来越复杂。校园网的管理，首先是网络施工管理。在校园网施工中，应制定严格的制度，加强对校园网的设计、施工、监理及验收等各个重要环节的管理。

网络的日常管理中要解决的主要问题，一是虚拟网的管理、分配，以解决好网络站点的增加、删除、移动等操作问题。二是对所有网络设备端口的监视和管理，包括网络设备端口的开放和关闭、网络的故障检测、故障自动报警功能、网络性能的统计和分析报告以及网络使用收费等。

要加强网络管理，需要有一定的组织保证。目前，各级教育主管部门都有专门机构和专人负责高校校园网建设的指导、组织和管理工作。许多高等学校都专门设立了网络管理中心，负责网络管理系统的建立和应用、线路和站点的监测、通信设备管理、用户和文件管理及收费管理、用户培训及网络安全管理等。

要加强网络管理，还必须抓好人员培训，这也是校园网能否正常运行和发挥使用效益的关键。在校园网建设中，一方面，要加强网络技术人员的专业培训，形成一支网络资源建设和网络运行管理队伍。另一方面则要切实抓好对教师和管理人员的信息技术知识和网络应用能力的培训，学校应组织面向全体教师和管理人员的培训。在安排培训对象和培训内容上要注意针对性和实用性。如有的高校把培训对象分为管理人员、系统维护人员、课件制作人员和应用系统使用人员，分期分批进行网络培训，以提高全体师生员工的网络应用水平。

校园网管理中目前面临的问题之一是校园网如何运营化管理的问题。高校校园网建设初期主要是为了满足教学、科研和管理的需要，网络覆盖范围主要是教学、科研区的各院系大楼、行政办公楼、图书馆等。但随着社会的发展和科技的进步，高校师生员工对信息的需求也不断变化。许多师生不满足于只在办公室、实验室上网，或只能通过 Modem 拨号方式低速上网，对在住宅、宿舍里高速上网的需求日益增加，校园网也延展到教工住宅区和学生宿舍区。需求的扩展带来了网络建设和使用费用的大幅度提升。要合理有效地解决这一问题，校园网的运营化管理不失为一条可选择的渠道。校园网的运营化管理，不仅可为校园网运行解决部分资金问题，也可保证广大师生在合理利用网络的同时对某些非合理的应用加以限制。有的专家认为，目前国内高校建成的校园网实质上是典型的企业内部局域网，而新一代高校校园网将是企业网与商业网相融合的混合型网络。随着网络应用需求的延拓，高校校园网势必会出现新一轮的扩展，尤其是商业网功能扩展，校园网的运营化管理也会成为一种必然趋势。但目前，高校校园网要实行运营化管理，还有一些政策、观念和技术方面的问题需要解决。例如，如何保证网络中不同类型用户的分级、分权管理，如何进行分类、灵活的计费等。

网络维护最重要的是网络的安全维护。校园网络安全问题需要考虑两个方面：一方面校园网应是一个开放的系统，一般来说不需要达到政府或商业公司那样的网络安全保密性；另一方面校园网又必须是安全的，要防范其受到恶意侵袭，一些科研成果也不应对任何人都开放。

一般网络的安全会涉及五个层次的安全风险问题：一是物理层安全风险，即面对诸如自然灾害、电磁干扰、设备被盗等物理侵害的安全问题；二是网络层安全风险，如交换机或路由器是否存在安全隐患的问题；三是系统层安全风险，即网络的硬件平台、数据库系统是否可靠的问题；四是应用层安全风险，如应用广泛的电子邮件服务是否安全的问题；五是管理层安全风险，如责权不明、管理混乱，也会造成校园网络的致命安全问题。

针对这五个层次的网络安全风险，校园网的安全维护要抓好以下三点：（1）采取必要的网络安全技术。一是物理安全技术，如需要对设备进行防雷击、信号屏蔽保护等技术保护。二是信息安全技术，包括使用防火墙技术，内部网中要建立防火墙，禁止外部用户未经许可访问内部数据或内部用户未经许可访问外部数据，以防外部侵犯。防火墙技术主要有分组过滤、代理服务器和应用网关几种。使用数据加密技术，防止任何人从通信通道窃取信息。访问控制，主要是通过设置用户口令、密码和访问权限保护网络资源。（2）建立健全必要的安全制度。（3）要切实加强对安全制度的执行力度。学校网络中心应负责做好与校园网相关的法律、法规和使用原则的宣传贯彻工作；对违反有关法规和制度的单位和个人，学校有关部门应按有关规定进行处理。

参考文献

[1] 王亚朴 . 高等教育管理 [M]. 华东师范大学出版社，1987.

[2] 薛天祥 . 高等教育管理学 [M]. 广西师范大学出版社，2001.

[3] 姚启和 . 高等教育管理学 [M]. 华中科技大学出版社，2004.

[4] 纪宝成 . 中国高等教育管理体制的历史性变革 [J]. 中国高等教育，2000（11）：3-8.

[5] 李江源 . 我国高等教育管理制度的特征及缺失 [J]. 高等教育研究，2001（2）：32-35.

[6] 胡建华 . 中国高等教育管理体制改革分析 [J]. 南京师大学报（社会科学版），2005（4）：75-80.

[7] 别敦荣 . 论高等教育管理权力 [J]. 高等教育研究，2001（2）：36-39.

[8] 赵曙明 . 美国高等教育管理研究 [M]. 湖北教育出版社，1992.

[9] 刘凡丰 . 欧美高等教育管理的基准法述评 [J]. 比较教育研究，2002，23（8）：59-61.

[10] 戚春玲，李益生 . 高等教育管理学 [M]. 辽宁大学出版社，2013.

[11] 孙贵聪 . 西方高等教育管理中的管理主义述评 [J]. 比较教育研究，2003，24（10）：67-71.

[12] 周洪娟 . 浅析普通高校成人高等教育管理方法的改革 [J]. 河北大学成人教育学院学报，2005，7（1）：18-20.

[13] 韩映雄 . 高等教育质量管理：体系与方法 [M]. 北京大学出版社，2013.

[14] 匡麟志 . 论提升高等教育管理水平 [J]. 湖南人文科技学院学报，2005（6）：121-123.

[15] 张会敏 . 基于指数的高等教育质量管理方法研究 [D]. 华东师范大学，2012.

[16] 王祖林，王万智 . 创新我国高等教育研究方法的基本路径 [J]. 现代教育管理，2012（11）：7-11.

[17] 张征 . 高等教育管理学研究取向之反思 [J]. 现代教育管理，2010（10）：93-96.

[18] 张彪 . 浅析高等教育管理中存在的问题及解决方法 [J]. 山东工业技术，2013（14）：250-250.

[19] 马宁，王凤芝 . 高等教育投资风险预警管理评价方法研究 [J]. 河北经贸大学学报，2007，28（1）：80-83.

[20] 张汝坤 . 高等教育数学信息化资源管理方法的研究 [D]. 东北石油大学，2012.

参考文献